普通高等教育广告学"十二五"规划教材编审委员会

主　任　邓相超

副主任　刘悦坦　段轩如

委　员（按姓氏笔画排序）

　　　　王晓东　王维义　邓相超　甲鲁平

　　　　成英玲　刘　波　刘东涛　刘成新

　　　　刘悦坦　李　鹏　何爱华　张　青

　　　　段轩如　倪鹏飞　薛振田

	李雪萍	刘丽彦	主　编	
徐　利	廖慧珺	乔　磊	副主编	
姜　芳	蔡颖君	徐　苒	参　编	
周在龙	刘建宁			

普通高等教育广告学"十二五"规划教材

本书荣获中国石油和化学工业优秀出版物奖·教材奖二等奖

网络广告策划、设计与制作

WANGLUO GUANGGAO CEHUA SHEJI YU ZHIZUO

化学工业出版社

·北京·

全书分为理论篇、设计篇和制作篇三部分，共八章。理论篇包括第一~三章，第一章概括了网络广告的基础知识和概念，总结其优劣势，并简单介绍制作流程。第二章分析了网络广告的传播环境，探讨其传播特点及途径。第三章论述了网络广告策划的特点、原则、预算与效果评定等。设计篇包括第四、五章，第四章着重阐述网络广告的版面设计原则和类型，第五章更加细致地分析了其元素设计，包括色彩、图像、文字、音频和视频等。制作篇包括第六~八章，分别介绍了图形处理工具软件Photoshop、动画设计工具软件Flash和网页制作工具软件Dreamweaver的使用方法。

本书可作为广告学、新闻传播学等相关专业学生的教材，也可供广告从业人员参考。

图书在版编目（CIP）数据

网络广告策划、设计与制作/李雪萍，刘丽彦主编．—北京：化学工业出版社，2012.5（2020.1重印）

普通高等教育广告学"十二五"规划教材

ISBN 978-7-122-14057-9

Ⅰ.网… Ⅱ.①李…②刘… Ⅲ.互联网络-广告-高等学校-教材 Ⅳ.F713.8

中国版本图书馆CIP数据核字（2012）第072847号

责任编辑：郝英华　　　　　　　　　　装帧设计：尹琳琳

责任校对：宋　夏

出版发行：化学工业出版社（北京市东城区青年湖南街13号　邮政编码100011）
印　　刷：北京京华铭诚工贸有限公司
装　　订：三河市振勇印装有限公司

710mm×1000mm　1/16　印张15½　字数300千字　2020年1月北京第1版第8次印刷

购书咨询：010-64518888　　　　　　　售后服务：010-64518899
网　　址：http://www.cip.com.cn

凡购买本书，如有缺损质量问题，本社销售中心负责调换。

定　　价：36.00元　　　　　　　　　　　　　　　版权所有　违者必究

编写说明

我国广告教育已经走过了二十八年的路程！在这二十八年里，广告教育从无到有、从有到大的发展，取得了令人振奋也引人注目的成绩。广告教育的发展不仅表现为办学数量的增长和规模的扩张，还表现为办学模式的科学化以及办学质量的显著提升。广告教育发展正在从"高速"走向"高质"，这是广告学科发展的内在需要和必然趋势。广告学作为新兴学科，在新闻传播学科的领域得到快速发展，已大大超过学科历史更为悠久的新闻学专业，呈现出蓬勃发展的势头。

在这二十八年的历程中，广告学专业的教材也是从无到有，不断丰富，不断完善。文章千古事，得失寸心知。要想建构一套能经得起岁月推敲的广告学教材，谈何易事！然仍有不少学者孜孜以求。我们不揣浅陋，也加入到了这个行列。

这套教材在编写过程中贯彻实用、够用的原则，基本概念的讲述力求简明、扼要，各章节之间承继连贯，论述科学，并辅以大量的优秀实例作论据，同时汲取了国内外近年来广告运作的新观念和新手法，以拓宽学生视野。本套教材有以下特点。

（1）力求为广告学专业各相关课程建立一个比较现代、科学、完善的基本体系，以便于读者能比较系统地从宏观层面与微观层面把握现代广告运作的重要理论。

（2）力求信息传播理论与广告运作的密切融合，理论与实际的密切融合。在科学体系建构过程中，注意解决好"两张皮"的现象。同时，扬弃空泛玄奥的理论，使论题尽量能切中实践的要害，对实际运作具有积极的理论启示价值。

（3）力求站在现代信息传播理论发展的高度，对广告运作的重要基本概念、基本理论脉络重新进行梳理，并做出富有独到见解的阐释。

（4）主编、副主编以及所有的参编人员，都来自于广告教育的第一线，他们经过十几二十年在广告教育与广告运作领域的摸爬滚打，积累了丰富的广告教学和广告运作经验。因此本套教材既能适应学生的学，也更能适合教师的教。

我们要感谢这套教材的每一位作者，这套教材字里行间都凝结着他们的心血与汗水。

我们诚心地期待着您的不吝指教。

普通高等教育广告学"十二五"规划教材
编审委员会
2011年7月

前言

　　21世纪是网络的时代，网络时代的意义不完全在于互联网本身，网络以其突出的特点，完全改变了传统的信息传播模式，对社会的各个领域都产生了重大影响，特别是以信息传播为基础的广告业。互联网不但改变了传统的传播方式，也颠覆了传统的广告传播方式，互联网作为广告行业的未开发地，很快就变成了各大企业争相抢占的市场；与此同时，网络广告作为一种新兴的广告形式出现在公众视野中。任何新兴事物的发展都需要不断研究和总结，网络广告是一个亟待开发和研究的领域，本身尚处在一个上升的发展阶段，需要有理论层面上的认识，这是本书写作的根本出发点。

　　社会的网络化发展也带来了人才培养模式的变化，为了适应社会变化对人才的需求，全国大专院校的广告学以及相关专业也根据自身特点相继开设了网络广告的课程，但由于网络广告尚处在起步阶段，市面上的相关书籍和教材更是少之又少。因此，给网络广告专业课程讲授提供更加系统和完整的资料，是本书写作的主要目的。

　　本书的编写人员多年从事网络广告以及相关课程的教学一线工作，积累了大量的理论知识和实践案例。本书既可以作为广告学专业的教材使用，也可以作为广告从业人员学习网络广告相关知识的参考用书。考虑到本书读者阅读基础和阅读目的的不同以及各大专院校在专业课程体系设置上可能存在的差异，希望读者根据自己的实际情况以及感兴趣的内容与方向，制定阅读计划。

　　作为一部基础性的教材，本书编者在对网络广告的传播、发展以及策划制作等领域进行了科学考察的基础上，从多学科整合分析出发，广泛借用传播学、广告学、艺术学以及计算机等学科视点，对网络广告的策划、传播、设计和制作的认知内涵作了力求精当的描述。考虑到网络广告知识的广泛性和复杂性，以及其应用实践的本质特性，本书在内容设计上采取了"先理论、后操作"的论述方式。本书在编写的过程中，力求涵盖当前有关网络广告理论与实践的主要内容，但也并不是面面俱到，仍然有一些未涉及或未深入探究的领域，如网络传播的理论框架和应用领域非常广泛，不是一本书所能够涵盖的，所以本书中只列举出网络传播中对网络广告至关重要的知识点，其他的基本未涉及；再如，第三单元的制作篇,对于三个工具软件的介绍和讲解,也是从网络广告的设计和制作过程中的常用命令和工具入手,而一些较为复杂的高级工具则基本未涉及。

本书的编写历时一年多,各编写人员都付出了大量的时间和精力,力求精益求精,在这里向他们表示感谢。全书由李雪萍、刘丽彦主编,徐利、廖慧珺、乔磊任副主编。其中,李雪萍负责全书的规划、编审、各章节间内容的协调以及第六章的编写工作,刘丽彦负责第七章和第八章的编写,徐利负责第一章和第三章的编写,廖慧珺负责第四章和第五章内容的编写,乔磊编写了第二章。姜芳、蔡颖君、徐苒、周在龙、刘建宁参加了部分编写工作。

鉴于编者水平有限,书中不足之处在所难免,欢迎广大读者不吝赐教。

编 者

2012年6月

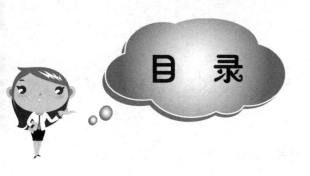

目 录

理论篇

第一章 网络广告基础 ... 2

第一节 网络广告概述 2
  一、网络广告的兴起与发展 2
  二、网络广告的定义 4
  三、网络广告的传播优势 5

第二节 网络广告的形式和分类 6
  一、网络广告的形式 6
  二、网络广告的分类 10
  三、网络广告的付费形式 11

第三节 网络广告与其他新媒体广告 11
  一、新媒体 11
  二、网络媒体与新媒体的优劣势比较 12
  三、我国网络广告的现状和前景 13

第四节 网络广告的制作流程 16
  一、网络广告的定位,主题的确定 16
  二、素材的搜集和整理 16
  三、网络广告的创意和策划 17
  四、广告的发布 20

第二章 网络广告的传播 ... 23

第一节 网络广告的传播环境基础 23
  一、互联网技术飞速发展 23
  二、互联网影响着我们生活的方方面面 23

CONTENTS

三、互联网的快速发展为网络广告的发展提供了条件 24
第二节 网络广告的传播特点 26
　一、网络广告传播的范围广 26
　二、网络广告的交互性强 27
　三、网络广告发布的针对性强 29
　四、网络广告发布内容实时、形式灵活 29
　五、网络广告能带给我们强烈的感官刺激 30
第三节 网络广告的传播途径 31
　一、Web植入式 31
　二、网站整体形象传播——网站推广 33
　三、手机短信传播 35
　四、电子邮件广告传播 36

第三章 网络广告的策划　　40

第一节 网络广告策划概述 40
　一、网络广告策划的概念 40
　二、网络广告策划的特点 40
　三、网络广告策划的原则 42
第二节 网络广告策划的基本流程 42
第三节 网络广告的预算和效果评定 53
　一、网络广告费用投入预算 53
　二、网络广告投放效果的评定 55
第四节 网络广告的监督与管理 57
　一、网络广告监管的必要性 57
　二、网络广告监管的内涵 58
　三、网络广告监管的难点 60
　四、网络广告监管的相关法律法规 61

CONTENTS

设计篇

第四章　网络广告的设计 ... 64

第一节　网络广告的视觉组成元素 ... 64
　一、背景 ... 64
　二、图像、文字、色彩 ... 66
　三、广告语 ... 66

第二节　网络广告的版面设计 ... 68
　一、网络广告版面的视觉流程设计 ... 68
　二、版面视觉流程设计的原则 ... 70
　三、视觉流程设计的三个阶段 ... 72

第三节　网络广告版面焦点的确定 ... 72
　一、以人物形象作为目光捕捉物 ... 72
　二、以商品图形作为目光捕捉物 ... 74
　三、以文字作为目光捕捉物 ... 75
　四、通过排版设计确定焦点 ... 75

第四节　网络广告版面的结构类型 ... 75
　一、横向型 ... 76
　二、中轴线型 ... 76
　三、骨骼型 ... 76
　四、纵向型 ... 77
　五、斜向型 ... 77
　六、曲线型 ... 78

第五节　网络广告中的交互设计 ... 79
　一、网页元素交互广告 ... 79
　二、富媒体交互广告 ... 81
　三、交互设计中的关键点 ... 82

CONTENTS

四、综合案例 83

第五章　网络广告组成元素的设计　88

第一节　色彩在网络广告中的设计运用 88
一、色彩的概念 88
二、色彩的心理感受 88
三、色彩在网络广告设计中的应用 90
四、不同色系网络广告的设计 95

第二节　图像在网络广告中的设计运用 98
一、网络广告中常用图像格式 99
二、静态图像的设计使用 100
三、动态图像的设计使用 103

第三节　文字在网络广告中的设计运用 104
一、网页文字设计的原则 104
二、网页字体种类 105
三、网页字体设计 107

第四节　网络广告中音频、视频文件格式 108
一、常用声音文件格式 108
二、常用视频文件格式 109

制作篇

第六章　图像处理工具软件——Photoshop　112

第一节　Photoshop基本工作界面 113
一、标题栏 114

CONTENTS

  二、菜单栏 114
  三、属性栏 115
  四、工具栏 115
  五、面板区 115
  六、状态栏 115
  七、工作区 115
 第二节 Photoshop的基本操作 115
  一、文档操作 115
  二、基本工具的使用 117
 第三节 图层的使用 120
  一、图层的概念 120
  二、图层面板 120
  三、图层的类型 121
  四、图层的操作 122
  五、常用图层属性 123
 第四节 通道操作 125
  一、通道的概念 125
  二、通道的种类 125
  三、通道面板 126
  四、通道的编辑 126
  五、实例操作 127
 第五节 蒙版的使用 130
  一、什么是蒙版 130
  二、蒙版的种类 130
  三、蒙版的具体操作 132
 第六节 路径工具和路径面板 133
  一、什么是路径 133
  二、路径工具的使用 133
 第七节 滤镜与综合实例 135

CONTENTS

　一、常用滤镜 136

　二、滤镜实例 141

　三、综合实例 143

第七章　网络动画广告制作工具软件——Flash　　153

第一节　Flash基本工作界面 153

　一、标题栏 154

　二、菜单栏 154

　三、时间轴 154

　四、场景和舞台 155

　五、工具箱 155

　六、属性面板 156

第二节　Flash的基本操作 156

　一、新建Flash空白文档 156

　二、保存Flash文档 157

　三、关闭Flash文档 157

　四、打开Flash文档 158

　五、设置制作环境 158

第三节　Flash绘图工具的使用 161

　一、选择工具 161

　二、线条工具 162

　三、铅笔工具 164

　四、矩形工具、椭圆工具、多角星形工具、基本矩形工具、
　　　基本椭圆工具 165

　五、颜色设置 168

　六、基本绘画工具 170

　七、变形工具 172

　八、钢笔工具 174

CONTENTS

  九、文字工具 176
  十、其他工具 177
 第四节　管理库资源 178
  一、元件 178
  二、建立和编辑元件 180
 第五节　声音处理 181
  一、应用声音 182
  二、声音属性 182
  三、编辑声音 184
 第六节　创建动画 184
  一、创建逐帧动画 185
  二、补间动画 187
  三、引导动画 189
  四、遮罩动画 192
 第七节　Flash作品的优化和发布 194
  一、测试动画 194
  二、Flash影片的优化 195
  三、Flash影片的导出 196
  四、Flash作品的发布 197

第八章　网页制作工具软件——Dreamweaver　202

 第一节　Dreamweaver基础 202
  一、Dreamweaver基本界面讲解 202
  二、站点的管理和维护 204
  三、创建网页 206
  四、创建基本文字页面 207
  五、插入特殊字符 208
 第二节　网页中的多媒体对象 208
  一、插入图像 208

CONTENTS

　　二、插入 Flash 动画 ... 210
　　三、插入其他视频或音频文件 ... 211
　第三节　超级链接的建立 ... 213
　　一、路径 ... 213
　　二、外部链接 ... 214
　　三、锚点链接 ... 215
　　四、电子邮件链接 ... 217
　　五、热区链接 ... 217
　　六、空链接 ... 219
　　七、脚本链接 ... 219
　　八、指向下载文件的链接 ... 219
　第四节　表格 ... 220
　　一、插入表格 ... 220
　　二、设置表格属性 ... 221
　　三、设置列、行和单元格属性 ... 222
　　四、拆分及合并单元格 ... 222
　　五、利用表格布局复杂网页 ... 223
　第五节　框架 ... 225
　　一、创建框架集 ... 225
　　二、删除框架 ... 227
　　三、保存框架 ... 227
　　四、框架属性 ... 227
　　五、框架集属性 ... 228
　　六、实例操作 ... 229

参考文献

理论篇

第一章　网络广告基础
第二章　网络广告的传播
第三章　网络广告的策划

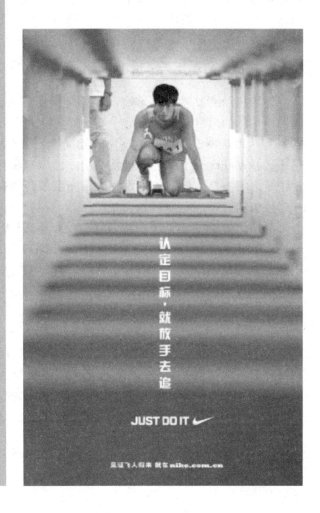

理论篇

第一章
网络广告基础

第一节 网络广告概述

截至2010年12月,中国网民人数达到4.57亿,互联网普及率攀升至34.3%。国内宽带网民规模为4.5亿,有线固定网络用户中的宽带普及率达到98.3%,网民平均每周上网时长为18.3个小时,互联网作为人们日常工具的价值正在日益增强。而且,随着互联网在全球普及率的逐年提高,网络已经全面走进我们工作生活的方方面面;与此同时,网络广告作为一种新兴的广告形式出现在公众视野中。网络广告具有广告的基本属性,同时也有其自身鲜明的特点。

一、网络广告的兴起与发展

计算机网络发展的纪元始自1969年美国国防部建立的ARPANET,这个连接美国四所大学的网络是世界上第一个分组交换试验网。1980年,TCP/IP协议研制成功,1991年,万维网开发成功,网络开始向社会大众普及。作为媒体发展的更高阶段,网络传播彻底改变了我们的传播环境,因为互联网能够容纳海量信息,拥有无限的行销推广能力。互联网的出现为广告拓展了新的媒体,给广告主和广告代理公司带来了巨大的商机。

网络广告诞生于美国。1994年10月,美国著名杂志《热线》(Hotwired)首开网络广告先河,推出了网络版的《Hotwired》,立即吸引了AT&T等14个客户在其主页上发布横幅广告,这成为了网络广告史上的里程碑,标志着网络广告的正式诞生。值得一提的是,当时的网络广告点击率高达40%,后来迅速席卷欧美大陆,成为当今欧美国家最为热门的广告宣传形式,并且正在迅速地扩展到世界其他国家和地区。1996年前后,美国许多广告公司陆续成立了专门的"互动媒体部"。从46届戛纳广告节开始,将网络广告列为继平面广告和影视广告之后的第三类评奖形式,网络广告由此成为了戛纳广告节的三大广告赛项之一。

1997年3月,Chinabyte(中国比特网)网站上出现了第一条商业性网络广告,标志着网络广告在中国的诞生,表现形式为468×60像素的动画旗帜广告,如图1-1所示。Intel和IBM是国内最早在互联网上投放广告的广告主。比特网获得第一笔广告收入,IBM为其产品——AS400小型机——的宣传支付了3000美元广告费。

这是中国互联网历史的一个里程碑,有了Chinabyte.com这个榜样,网络广告

图 1-1　比特网的旗帜广告

（图片来源于 http://www.chinabyte.com）

开始成为互联网企业最直接、最有效的赢利模式。中国网络广告市场由此开始发展，历经多年洗礼，慢慢走向成熟并逐渐形成了每年数十亿元的产业规模。

1998年7月，国中网（中华网前身）宣布"98世界杯网站"获得200万元广告收入。200万元对当时的网络广告而言，无疑是一笔巨额收入。以此为界，中国网络广告市场进入了快速发展的时期。

1999年1月，新浪拿到IBM价值300000美元的广告订单。

上述事件预示着中国网络广告市场已经开始成熟，中国的企业完全可以通过网络广告这种模式宣传自己的产品和形象，并产生可观的利润。

有市场就需要人才。2000年4月30日，北京广播学院成立网络传播学院，设立网络广告系。全国各大院校的广告学专业或者相关专业相继开设网络广告课程，这意味着中国的高等学府也开始有意识地关注到网络广告在未来的价值。

2000～2002年，随着互联网进入寒冬，网络广告的发展也开始进入蛰伏期。据有关统计数据，2001年中国网络广告市场为4.1亿元人民币，2002年市场规模为4.9亿元人民币。2003年春，"非典"突然降临，众多公司、企、事业单位放假，人们都在家中"坚守"，不敢轻易出门，在家中无所事事的人们，选择了用上网打发时间。传统广告模式传播面急剧下降，让很多一直青睐传统广告模式的企业看到了网络广告的巨大商机，于是网络广告在2003年开始全面爆发。有数据显示，2003年中国网络广告的市场规模急剧增至10.3亿元人民币，增长幅度达112%。

2004～2005年，由于互联网环境的改变，众多互联网公司开始赢利，大量投资重新进入互联网产业，网络广告市场也稳步增长，平均增长率在70%以上。

2006～2007年，传统的网络广告模式已经不能满足客户的需求，于是各种网络广告模式百花齐放，网络广告代理公司也成了资本的宠儿。中国排名前两位的网络广告代理公司好耶与华扬联众陆续被收购。

2010年，随着金融危机的影响在中国逐渐淡化，中国互联网广告运营商市场呈现良好的发展态势，市场规模达到59.5亿元。中国互联网广告市场迅速回暖。网络广告市场份额持续增长，据专业的数据统计，中国网络广告的营销规模在2010年达到了98亿元，使得更多的人对网络广告营销的效果越发青睐。

由于巨大的潜在消费市场，刺激着企业加大广告投入；伴随着网民数量的逐年递增，以及广告主观念的转变，网络广告作为这个时代的新生事物则凭借其传播范围广、速度快、运转成本低等优于传统广告的特点，以迅雷不及掩耳之势在当前竞争同样激烈的广告活动中占据了一席之地，并且拥有了广阔的发展前景。中国网络广告所占总体广告业比重虽然一直在增长中，但依然低于国际平均水平，这也预示着中国网络广告市场孕育着极大的市场发展潜力。

二、网络广告的定义

"广告"一词，据考证源于拉丁文，本意为"大叫大喊"，以吸引他人关注，后逐渐演变为"Advertise"，含义是"使某人注意到某件事"或"通知别人某件事，以引起他人的注意"，后又演化为"Advertising"，不单指一则广告，而是指一系列的广告活动。直观地讲，在网站上能看到的那些包含广告性质的文本、图像以及其他形式的载体，都可以纳入网络广告的范畴。

网络广告也是电子广告，通过电子信息服务把广告信息传播给消费者，而网络媒介的最大特点在于互动，信息的传播方式不是单向传递而是双向沟通。中国广告商情网就把网络广告定义为：在互联网上传播、发布的广告，它的广告形式、收费模式、广告特点等方面与传统广告形式，如指报纸、杂志、电视和广播等有很大的差异❶。

目前，关于网络广告的定义，众说纷纭，下面我们列举几种比较有代表性的定义。

林升梁认为：网络广告是广告主和广告发布者在遵循互联网协议的基础上，以网络为平台，由广告主自行或委托ISP建立的、基于WWW的站点或网页，以推销商品或提供服务为终极目标的经济信息或非经济信息的传播形式❷。

魏超认为：网络广告就是一种广告主以付费的方式运用网络媒体劝说公众的信息传播活动❸。

屠忠俊认为：网络广告是广告活动的一种，是运用网络媒体进行的广告传播活动❹。

网络广告，顾名思义就是广告主利用互联网发布的广告，是一种在网络上发布的广告，包括网幅、文本链接、多媒体等多种形式，它是在互联网上刊登或发布广告信息，通过网络传递给互联网终端用户的一种新兴的广告运作方式。传统广告大多从大众传播角度入手，而网络广告则将重点放到了互动与双向沟通上。随着互联网的蓬勃发展，越来越多的广告主，经历了一个对网络广告大致相同的认知和接受的轨迹，即，开始认为其可有可无，后来作为传统广告投放形式的必要补充逐渐被

---

❶ 熊雁，王明伟编译．网络广告．现代传播，1998（3）．
❷ 林升梁．网络广告原理与实务．厦门：厦门大学出版社，2009．
❸ 魏超．网络广告．石家庄：河北人民出版社，2000．
❹ 屠忠俊．网络广告教程．北京：北京大学出版社，2004．

重视，到今天网络广告发展成为一种相对主流且具备自身独立价值的广告新媒体，伴随着互联网的发展，视频、移动、搜索、社交、微博等诸多新兴网络元素风起云涌，扩展且丰富着现代网络广告媒介体系。目前的网络广告市场正在以惊人的速度增长，网络广告的效用越来越重要。与传统的报纸、杂志、广播、电视广告等媒体相比，网络广告具有得天独厚的优势，速度快捷，效果理想，是企业实施现代营销媒体战略的一个重要组成部分。

三、网络广告的传播优势

我们按照传播媒介的不同，把新闻媒体的发展划分为不同的阶段——以纸为媒介的传统报刊、以电波为媒介的广播和基于图像传播的电视，它们分别被称为第一媒体、第二媒体和第三媒体；互联网在报刊、广播、电视之后被称为"第四媒体"；而以手机、户外广告为代表的新媒体则被称作"第五媒体"。互联网被称为第四媒体，也是将它作为继报刊、广播、电视之后发展起来的、并与传统大众媒体并存的新媒体。它包含了人类信息传播的两种基本的方式，即人际传播和大众传播，却又突破了大众传统传播的模式框架。

1998年5月，时任联合国秘书长安南在联合国新闻委员会上提出，在加强传统的文字和声像传播手段的同时，应利用最先进的第四媒体——互联网。自此，"第四媒体"的概念正式开始使用。众多国际级的广告公司都成立了专门的"网络媒体部"，以开拓网络广告的巨大市场。网络广告作为一种全新的广告媒体，以其毋庸置疑的传播优势走进了我们的生活。

首先，网络广告打破了传统广告媒体的二维形式，它将文字、图像和声音有机地组合在一起，传递多感官、系统的全方位信息，让顾客如身临其境般感受商品或服务，大大增强了广告信息的传播实效性。

其次，网络广告有着较强的针对性，不同类型的网站投放不同的广告，这就使得目标受众群体有着相对明确的方向性，广告的投放过程做到有的放矢，广告带来的精准营销效应显著增强。

再次，网络广告的制作成本低、速度快、调整手法灵活。网络广告制作周期短，即使在较短的周期进行投放，也可以根据客户的需求很快完成制作，更加适应现代社会瞬息万变的特点，所以网络广告可以按照客户需要的改变及时变更广告内容。

最后，网络广告的时空限制少。通过互联网，广告发布者可以将广告信息24小时不间断地传播到世界的每一个角落。只要具备上网条件，任何人在任何地点都可以第一时间浏览最新动态，这是传统媒体无法比拟的。同时，网络广告的价格优势比较明显，其千人成本低，与报纸杂志或电视广告相比，目前网络广告费用还是较为低廉的，更易能得到企业和广告主的青睐。

虽然网络广告的优势很多，但是随着其不断快速发展，种种弊端也日益凸显：

如对受众对象的控制力太弱，注意力很难集中等。即使网络的普及率在年年增长，但它的受众数量短时间内还是无法与报刊、电视等传统媒介相抗衡。除此之外，有些网络广告质量低劣、形式纷繁复杂，容易让消费者感到厌倦，产生抵触情绪；且虚假广告占据一定份额，易使消费者产生信任危机，以致达不到应有的传播效果。

新的网络广告形式充分地利用了计算机技术、通信技术和多媒体技术，以最直观、最形象、最有效的方式与消费者交流，从而达到了提高企业形象、树立品牌意识、销售企业产品之目的，所以尽管网络广告在上述方面还存在着某些不足，但随着信息技术的不断发展，尤其是网络带宽等瓶颈的突破和监管力度的增大，这些问题必将迎刃而解。同时，由于广告主和广告商都设法探寻互联网这个接触消费者的最佳途径，因此，新的网络广告形式和广告模式还会层出不穷地涌现，潜力无限！

第二节 网络广告的形式和分类

作为一个新生事物，网络广告的发展速度非常迅猛，各类网络广告和Web站点以最快、最新的面貌呈现出来。网络广告从兴起直至今日，以其多种多样的形式，为企业选择广告提供了很大的空间，满足了企业主的基本需求。但随着社会的不断发展，企业之间竞争加强，企业希望网络广告在宣传企业品牌和推销企业产品等方面发挥更大的作用，也就要求有更多的网络广告形式来供他们选择。

一、网络广告的形式

最初的网络广告形式就是网页本身。很多企业建立自己网站的直接目的其实就是宣传企业及其产品或者告知能够提供哪些服务。然而，当越来越多的商业网站出现后，怎么让消费者知道自己的网站就成了一个问题，广告主急需一种可以吸引浏览者访问自己网站的方法，而网络媒体也需要依靠网络广告来赢利。就目前国内实际应用而言，网络广告一般有以下形式。

1. 横幅广告

横幅广告（Banner广告）是互联网广告中最基本的广告形式，也是使用频率较高的一种。横幅广告通常有四种尺寸形式：全幅，尺寸为468×60像素；全幅加直式导航条，尺寸为392×72像素；半幅，尺寸为234×60像素；直幅，尺寸为120×240像素。横幅广告一般是使用GIF格式的图像文件，可以使用静态图形，也可用多帧图像拼接为动画图像。除普通GIF格式外，新兴的富媒体能赋予横幅广告更强的表现力和交互内容，但一般需要用户使用的浏览器插件支持，如没有插件，容易出现浏览故障。

2. 按钮广告

按钮广告（Button）也是网络广告中出现最早和最常见的形式，可分为文字按钮和图像按钮，尺寸比横幅广告要小，可以更灵活地被放置在网页的任何位置，显示的只是公司、产品或品牌的标志，点击它可以链接到广告主的主页或站点。按钮广告通常有四种形式，即125×125像素（方形按钮）、120×90像素、120×60像素、88×31像素（小按钮）。按钮广告的不足在于其被动性和有限性，它要求浏览者主动点选，才能了解到有关企业或产品的详尽信息，但可以根据广告主的要求并结合网页本身特点设计外观和内容。

3. 文本链接广告

文本链接广告（Text Link）是以一排文字作为一个广告，点击可以进入相应的广告页面，这是一种对浏览者干扰最少，但却较为有效的网络广告形式。有时候，最简单的广告形式其效果却最好。采用文字标识的方式，往往是将广告放置在热门站点的Web页上，一般是企业的名称，点击后链接到广告主的主页上。此类广告一般出现在网站的分类栏目中，其标题显示相关的查询字，所以也可称为商业服务专栏目录广告。这种广告非常适合于中小企业，因为它既能产生不错的宣传效果，又花费不多。可以直接访问其他站点的链接，通过对热门站点的访问，吸引一部分流量到链接的站点上去。

4. 电子邮件广告

电子邮件广告是我们最常见的网络广告形式之一。一般可以分为广告赞助E-mail、E-mail短信广告、直接发送E-mail广告等。电子邮件广告是利用网站电子刊物服务中的电子邮件列表，将广告加在读者所订阅的刊物中，群发给相应的邮箱所属人；或者将广告主的广告内容连同网站服务商每日更新的信息，一起准确地送到网站注册会员的电子信箱中。其广告内容形式多种多样，有旗帜、按钮、文字等。电子邮件广告的优点是传输速度快，到达率高，各种电子邮件浏览者都能接收；其缺点是表现方式较为单调，传送没有目的性，不能够准确地对准目标消费群，容易引起接收者的反感，认为是垃圾邮件。

5. 插播式广告（Interstitial）

插播式广告（Interstitial）也叫弹出式广告，访客在浏览网页时强制插入一个广告页面或弹出广告窗口。它们有点类似电视广告，都是打断正常节目的播放，强迫观看。插播式广告有各种尺寸，有全屏的也有小窗口的，而且互动的程度也不同，从静态的到全部动态的都有。浏览者可以关闭窗口不看广告，但是它们的出现时间和网页位置不固定，而且肯定会被浏览者看到。

例如，浏览者浏览一个网站，看了两页后，突然出现广告页面把正在看的页面完全遮住，10秒后消失，有点像在电视节目中的插播广告。如图1-2所示，弹窗与插页广告都可让网站经营者设定广告显示频率，例如设定成一天一次，当同一个访客于同一天内第二次来访时就不会再弹。由于目前的浏览器均内建阻挡弹窗广告功能，因此约只有1/10的广告会成功弹出来。弹窗可分为Pop-Up及Pop-Under，前者弹出来遮住你的浏览器，后者弹出来躲在你的浏览器后。此类广告由于对访客干扰小而成为主流。

图1-2　插播式网页广告

（图片来源http://www.lenovo.com.cn）

6. 富媒体广告（Rich Media）

富媒体是指具有动画、声音、视频或交互性的媒体形式。富媒体广告（Rich Media）一般指使用浏览器插件或其他脚本语言编写的具有复杂视觉效果和交互功能的网络广告形式，是目前在网络上被广泛应用的高频宽带技术。富媒体可以将网络广告转换成一个互动的模式，和浏览者产生互动和共鸣，而不仅仅是一个静态播放的广告信息。与此同时，富媒体广告要占据比一般传统网络广告形式更多的空间和传输字节，但由于能表现更多、更精彩的媒体内容，因而大大提升了广告的效果及点击率，对于品牌知名度、消费者购买兴趣及产品内容的提升也有很大的影响。常见的有：游戏广告、声音广告、Flash 广告、电子邮件广告等。

（1）游戏广告　以游戏的形式来放置广告信息，以游戏为载体来进行广告宣传的一种全新广告模式，利用人们对游戏的一种天生爱好心理和游戏本身的互动性来提高广告认知度。游戏和广告在不断创造奇迹的互联网中被巧妙地结合起来，从而形成了一种以游戏为传播载体的网络广告新形式。游戏广告的互动性和娱乐性使其可以引起消费者的自发关注和主动参与，而且在这一过程中，消费者不会像对传统网络广告模式一样，产生抵触和反感情绪，由此达到一种相对理想的广告传播效果。相比较而言，游戏广告更加明晰浏览者的意图，重视浏览者的角色与地位，重视浏览者处理信息时的心理和态度，以及是否给他们带来乐趣。游戏广告最根本的目的是提高受众对广告的接受度、好感度和黏着度，因而回报率很高，但此类广告形式对产品要求较高，需要和游戏的内容以及游戏玩家有较高的关联性。

（2）声音广告　打开网页的同时，以声音形式播放的广告信息。此类广告实质是在网页制作时添加了浏览时的背景声音或利用插件来实现的一种特效。与"视觉强制"类网络广告不同，这种网络自动声音广告走的是"声音强制"的路线，只要一打开网页，不用点击，广告就会自动播放。这样，一方面网络广告的接受率得以大大提高，另一方面又不会影响浏览者阅读网页。在以视觉为主的网络环境中，自动声音广告将会对浏览者产生远胜于视觉广告的强烈印象。另外，只要上网，电脑开机时的音量处于正常状态，那么网络自动声音广告的音量也就处于正常状态；即使同时打开多个网页，网络自动声音广告也不会互相冲突。但对于此类广告的内容、形式等要素，如果处理不当则会适得其反，导致浏览者产生逆反心理。

（3）Flash广告　Flash动画和视频具有制作成本少、周期短、产品可多样化等特点。作为一种新兴传播媒体形式，Flash视频传播具有较高的自由度与互动特性。网络Flash广告主要包括Flash按钮广告、Flash电子邮件广告和Flash动画视频广告等。与传统网络广告形式相比，Flash广告可以通过目的性极强的一对一、一对多、多对多的传递方式将产品信息随Flash多媒体形式潜移默化地传递给目标受众，使浏览者在不知不觉中了解产品，同时又不易产生逆反心理。

由于Flash网络广告具有良好的媒体表现力，视觉效果也比一般动画好，因此被很多网站采用。但这类广告的缺点也是显而易见的：如果本地浏览器没有安装Flash插件，动画就无法正常播出，商品的详细信息就无法传递；同时，如果受到一定的带宽限制，则大大地增加了页面打开时间等，影响宣传效果。对于某些特定的商品广告，是否采用Flash形式的广告需要仔细斟酌，要想取得好的宣传效果，不但依赖于新的技术形式，而且要将形式和内容紧密结合。

7. 其他新型广告

其他新型广告包括了视频广告、赞助广告、路演广告、巨幅连播广告、翻页广告、祝贺广告、论坛版块广告等。相对前述几种，这几类广告的使用概率和受重视程度都要略低，在此就不再一一展开叙述了。

每一种网络广告形式都有其各自的特点和长处，网络广告策划中选择合适的广告形式是吸引受众、提高浏览率的可靠保证。

网上发布广告的形式众多，各有长短，企业应根据自身情况及网络广告的目标，选择网络广告发布渠道及方式。在目前，就所有的网络广告形式而言，我们总结出以下四种发布渠道。

第一，在国际互联网上注册独立域名，建立公司主页向公众发布信息，广告主将所要发布的信息内容分门别类地制作成网站主页，放置在网络服务商的站点或企业自己建立的站点上。第二，在一些人气旺盛、访问率高的热门站点，诸如知名搜索引擎、免费电子邮箱、个人主页、综合资讯娱乐服务网站等宣传产品信息与公司形象。第三，在访客众多的论坛或电子公告板上发布广告信息，或开设专门的版区来研讨和解决有关问题，传播新信息等。第四，以电子杂志或电子邮件等形式，定期以极低廉的成本发送信息到目标消费者。

二、网络广告的分类

经过多年来信息技术的发展,网络广告的形式已经基本稳定,但分类却相对混乱,缺乏公认的统一标准。中国互联网络信息中心(CNNIC)每年都要对网络广告的形式进行分类统计,虽然如此,网络广告的分类至今也不是很完善,所以我们这里着重介绍网络广告常见的以下三种分类方法。

1. 按投放形式分类

按照网络广告的投放形式,可以分为传统形式的网络广告、富媒体广告和电子邮件广告。传统形式的网络广告包括横幅广告、按钮广告等。

2. 按网站的功能分类

(1)发布在网络服务门户站点的广告　此类网络广告的形式是指在网络服务提供者(ISP)、网络内容提供者(ICP)的门户网站上做广告,如新浪网每年都有一大笔收入是来自网络广告,每一个大型的门户网站也都给网络广告的放置和传播提供了有利的条件。

(2)企业自己网站上的广告　某些大型企业通过搭建自己的企业网站环境或产品宣传服务器来建立专属的网络信息发布平台。此类网络广告形式常见于大型企业或商业活动的宣传期,需要投入大量的人力和物力进行维护,但对于产品特别是企业形象的推进有着积极的作用。

(3)搜索引擎广告　企业选择合适的搜索引擎发布自己的产品信息,此类网络广告的形式较为隐蔽,不容易引起浏览者的反感,搜索引擎服务机构根据广告费用的投入对关键词的搜索结果进行排序,因此也就决定了产品信息的点击率。此类形式的缺点是形式较为单调,需要浏览者主动搜索。

3. 按照受众的不同分类

(1)窄告广告　通过运用高端的网络技术和特定的窄告发布系统,根据网站上的内容自动选择和该网站相关联的广告进行精准发布,或者自动检测浏览网页者的Cookie设置从而得知该浏览者的IP地址、浏览习惯、所处地理位置而自动选择该浏览者可能会感兴趣的话题广告进行投放,从而达到精准投放的目的。

(2)定向广告　将广告传送给最有可能购买相应产品的网民。所谓"定向"实际上是对受众的筛选,即广告的显示是根据访问者来决定的,根据浏览者的偏好对其投放感兴趣的广告,这样就可以精确确定广告受众,提高广告传播效果。

(3)分类广告　指版面位置相对固定的一组短小广告的集合,这种方法是把广告按性质分门别类地进行有规则的排列,以便读者查找。这种分类类似于报纸杂志中的分类广告,通过一种专门提供广告信息的站点来发布广告。在站点中提供出按照产品目录或企业名录等方法可以分类检索的深度广告信息。这种类似于黄页的网络广告形式对于那些想主动查找广告信息的浏览者来说,无疑是一种快捷而有效的途径。

三、网络广告的付费形式

目前主要的网络广告计费方式有两种：按照时间或按播放数量计费，即按天（全流量）购买或按千人成本（CPM）购买某广告位。

按天购买，又称为全流量广告，即在一天的24小时中，广告播放次数是固定的，内容是相同的。目前，大多数国内网站的广告位是按天购买，但资源运用并不一定有效，在此基础上也出现了基于全流量前提下的分时段购买和全天的轮替等新的购买方式。

按CPM购买，指按每一千人次的浏览量为单位购买。比如买了100CPM，即表示有10万人次看到这则广告。这种购买方式可以比较合理地节省广告费用；比如，对于一些价格较高的广告位，按CPM购买，再利用Cookie技术限定每人只能看到3次，避免广告多次播放给同一用户，造成广告预算费用的浪费。

传统的网络广告付费运作模式有一定的效果但也存在着一定的不足。未来的网络广告运作模式将是树立品牌效应和按效果付费，树立品牌效应是企业占领网络市场份额，提高企业品牌知名度并与实际销售等手段的结合；而按效果付费则是按照网络的实际营销效果付费给网站，这种模式可以带来更多的实际销售。按销售付费广告对于广告主来说广告主花费的广告费用将按照一定的转化率比例直接带来销售收入。从网络广告趋势看，按效果付费模式将成为未来的竞争共识，如按效果付费的广告模式已经在美国等互联网商业高度发达的地区快速崛起。其中，谷歌的效果广告业务已经占据了整个美国互联网广告市场的40%。

第三节　网络广告与其他新媒体广告

现在比较流行的一个词叫做新媒体，所谓新媒体是相对于传统媒体而言的，它是一个不断变化的概念。只有媒体构成的基本要素明显有别于传统媒体，才能称得上是新媒体；否则，最多也就是在原来的基础上的变形或改进和提高。网络媒体与新媒体是现在社会信息传播中除传统媒体之外的两大重要媒体。

一、新媒体

传统媒体的定义相对于新媒体，指的是传统的媒介和传统的互动方式的媒体，包括电视、广播、唱片、图书、报刊和其他印刷类出版物等；而新媒体则包括了新型的户外、网络、手机等在传播手段和形式上有别于传统的广告形式。除了网络广告，我们指的新媒体广告从投放形式上来讲还包括以下三大类。

1. 户外新媒体

目前在户外的新媒体广告投放包括户外视频、户外投影、户外触摸等，这些户

理论篇

外新媒体都添加了一些互动因素,以此来达到吸引人气、提升媒体价值的目的。

2. 移动新媒体

移动新媒体指以移动电视、车载电视、地铁电视等为主要表现形式,通过移动电视节目的包装设计,来增加受众附着性,便于广告投放。

3. 手机新媒体

手机媒体是到目前为止是所有媒体形式中最具普及性、最快捷、方便并具有一定强制性的平台,它的发展空间将非常巨大。未来的两三年内,随着3G信号的逐渐普及和建设,手机媒体将成为普通人在日常生活中获得信息的重要手段。当然,3G手机媒体的运行也离不开网络这个巨大的支撑平台。

二、网络媒体与新媒体的优劣势比较

网络的传播速度快,网络媒体信息的覆盖面相当广,可以实现全国化甚至全球化,还可以利用多媒体技术在网上开设模拟现实等功能。其优势十分明显。

(1) 传播范围极大 网络广告的传播范围广泛,可以通过国际互联网络把广告信息全天候、24小时不间断地传播到世界各地。目前国际互联网连通了200多个国家和地区,全球网民数量已超过十几亿,中国的网民数量也达到了不可思议的4.5亿,并且这些用户群还以每年10%的速度不断发展壮大。这些网民具有较高的消费能力,是网络广告的受众,他们可以在世界上任何地方的互联网上随时随意浏览广告信息。这种效果是其他任何一种新媒体根本无法做到的。

(2) 非强迫性传送资讯 众所周知,广告大都具有强迫性,都是要千方百计吸引你的视觉和听觉,强行将信息灌输到你的脑中。你在公交站牌等车,看到的是大幅广告画,你想安静地坐电梯回家,电梯里充斥着楼宇视频广告……而网络广告则属于按需广告,具有报纸分类广告的性质却不需要你彻底浏览,它可让你自由查询,将你要找的资讯集中呈现给你,这样就节省了你的时间,避免无效、被动的、注意力集中。对网民的研究表明,消费者之所以点击广告,心理因素是主要动因,网络广告以消费者为导向,消费者拥有比面对其他媒体时更大的自由。一旦消费者做出选择点击广告条,其心理上已经首先认同,在随后的广告双向交流中,广告信息基本可以毫无阻碍地进入消费者心中,实现对消费者的有效劝导。

(3) 受众数量可准确统计 在互联网上可通过权威、公正的访客流量统计系统精确地统计出每个客户的广告被多少个用户看过,以及这些用户查阅的时间分布和地域分布,从而有助于广告商正确评估广告效果,审定广告投放策略。目前的网络技术可以实现实时监测网络广告的即时效果,有利于网络广告主在投放过程中的即时决策调整,最大限度地提高广告传播效果,减少决策失误,这和其他的新媒体广告一经投放便任其自生自灭的情况完全不同。

(4) 强烈的交互性与感官性 网络广告的载体基本上是多媒体、超文本格式文件,只要浏览者对某样产品感兴趣,仅需轻按鼠标就能进一步了解更多、更为详细、生动的信息，从而使消费者能亲身"体验"产品、服务与品牌。现今的3G技术虽然也正努力将手机发展成为一个便携的多媒体终端，但由于种种条件的限制，这还将是一条漫长的道路。

现在的网络广告不但宣传商品和企业，还让顾客如身临其境般感受商品或服务，并能在网上预订、交易与结算，大大增强网络广告的实效性。现今的淘宝网等网络购物机构就给网络宣传、网上交易这一系列商业活动的完成提供了范本。互动沟通使网络广告以其独有的个性，满足了消费者的不同需要，其魅力和娱乐性得到了网民自发的关注和参与，达到较为理想的广告传播效果。

虽然网络广告取得了长足的发展，潜力巨大，但不容忽视的是，由于监管体制暂时相对薄弱，虚假广告等问题导致诚信危机，广告收费指标的真实度和可信度还受到一定的质疑。这些问题的存在凸显了网络广告几个方面的劣势。

（1）有些网络广告形式单一　常见的图标广告、文字广告、电子邮件广告等，创意缺乏，点击率不够高，容易引起浏览者的抵触情绪，导致网络因受干扰而关闭。

（2）网络广告的监管　缺乏一定的法律规范。

网络广告市场还不够成熟，第三方监测远未形成市场共识，由于缺乏规范，加上审查和监测体系尚未健全，使得网络广告的信息传达更加复杂，较难形成规范性的体系。

（3）网络广告环境急需净化　网络广告环境亟须改善，例如作为网络广告顽疾的弹出广告依旧层出不穷且花样翻新，甚至不惜以牺牲网民的忠诚度为代价，电子邮件广告垃圾泛滥，以及网络广告侵权、虚假和欺诈现象相对严重，这些都对网络广告的发展形成了阻碍。

三、我国网络广告的现状和前景

广告在整个网络市场营销过程中是促进商品销售的重要手段和环节。无论是在工业经济时代还是在知识经济时代，广告对企业产品销售和企业的发展都有着不可估量的作用。国际知名企业纷纷在互联网上加大宣传企业品牌的力度，投入并建立网络营销渠道。从中可反映出，网络广告的多样化表现形式和创意广告将被广告商和企业所追逐。作为新兴的"第四媒体"，网络广告的出现和发展将给我国的网络市场乃至整个经济状况带来极大的变化。

1. 我国存在巨大的网络消费群体

近几年来，受全球性经济衰退的影响，各国网络广告收入的增长速度已经受到了很大程度的影响。但是对于中国那些流量很高的门户网站而言，前景却依旧非常光明。根据对网络用户行为进行追踪的网站Alexa.com提供的数据，新浪目前是全球第17大流量网站，在中国网络公司中排名第四，仅次于百度、腾讯和谷歌中国。这些门户网站不止是吸引了数亿人的眼球，同全球其他国家的消费者相比，中国消费者似乎更依赖于网站中的产品信息。更为重要的是，中国网络用户在电脑前比日本、韩国甚至是美国的用户，都花费了更多的时间用于查询产品信息。例如，新浪并不按照点击量收费，而是按照广告在网站上停留的时间进行收费。当中国用户寻找想要购买的商品时，他们可能并不会看电视或是纸质媒体，而是通过使用关键字搜索在门户网站的相关商品信息。

从我国网民的结构来看，大多数网民在16～35岁之间，随着网络普及率的扩大，这个年龄段中的网民数量也还在不断地加大。众多的人口数量、巨大的网络潜在消费群，都为网络广告的进一步发展提供了保证；同时，网络游戏玩家数量的不断增加无形中也扩展了网络广告的特定市场，按网络广告投放的精准特性和信息传播互动性，企业将与游戏互动的结合使网民由游戏者变成潜在消费者甚至品牌忠诚者。网络游戏式广告所具有的强大广告信息传播交互性、娱乐性已吸引了众多商家。商家们利用这一新形式进行广告活动，如可口可乐公司与《魔兽世界》的有机结合就是个成功的例子。

2. 电子商务悄然兴起

目前我国电子商务进入快速增长期，网上购物成为一种新兴消费方式，网络广告市场也相应面临着良好机遇。在电子商务时代，市场竞争将进入一个更激烈的阶段。而且，由于生产者与消费者二者中间环节的消失，广告的作用会更加突出。广告作为生产者与消费者之间的主要沟通形式，消费者对产品的选择将会更加依赖广告，中间费用的节省也使得企业有能力、有动力在广告中投入更多费用。因此，网络时代企业有效的信息传播的竞争，使得网络广告有着得天独厚的优势，并使之成为实施电子商务的重要环节。网络信息的快速传播为电子商务的发展提供了一条便捷的途径，也为不断发展的新型营销模式指明了新的方向。传统商业模式的供求关系也被互联网影响而不断改变。网络广告，成为了消费者在网络中最新接受到的服务方式和最直面的宣传。可以预见，未来网络广告将与网络营销全面结合，按目前网络状况的不断发展，网络广告将与传统主流媒体合作，整合传播，如互联网和有线电视以及手机网络的三网合一正在酝酿之中。网络的技术和营销不断发展变化后，我国未来的网络广告将成为一种具有巨大商业潜力的传播媒介。

当前的网络广告经营额年增长幅度已超过传统媒体。美国麦肯锡全球研究所最近的调查报告指出，互联网超越电视成为广告主体的势头已不可避免。统计资料显示，越来越多的广告客户青睐互联网而非电视。随着计算机水平的日新月异，网络传输速度将加快和上网费用持续降低。互联网的深入将使网络广告成为一种具有巨大商业潜力的传播媒介。在未来的互联网市场竞争中，网络广告将会发挥其优势，加上政府对信息化建设的重视和巨大投资，网络广告市场会更加繁荣。如图1-3所示。除此之外，投入网络的广告行业类型也趋向于多样化：从刚开始的IT企业，比如联想、诺基亚、Intel这类客户，发展到今天如房地产、汽车、药品等行业；

而消费品行业也开始介入网络广告市场,希望通过网络推广形象和产品。另外,企业的类型也有很大变化,由原来的一些跨国企业到现在的国内企业,包括民营、国营甚至私营企业,也愿意投入到网络广告中,网络广告的队伍正在我国逐步壮大。

不可否认的是,当前我国的网络广告还正处于起步阶段,面临着许多困难,外部条件与内部条件都需要进一步成熟。外部条件包括:互联网络硬件技术的进一步建设需要加强;公众对互联网络的熟悉、技术掌握程度与电脑的普及程度都有待提高;公众对于上网费用还未到普遍接受的程度等。内部条件包括:网络广告的管理法规尚未完善;网络广告制作、维护公司整体素质不一、水准良莠不齐等问题继续解决。这些难点,在一定程度上制约着网络广告的迅速发展。

纵然目前我国网络广告还存在诸多不足与困难,但其无可比拟的优越性将使它不断成熟,发挥巨大作用(图1-3)。始于上世纪末的信息产业革命改变着世界经济的格局,网络广告在这次浪潮中对市场和经济的发展产生着深远的影响。

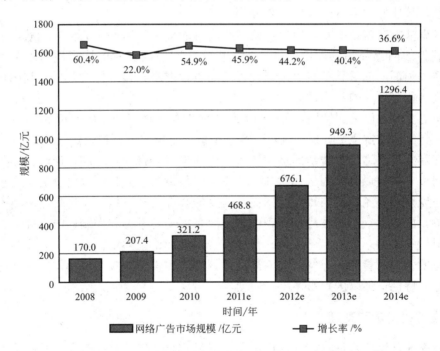

图1-3 我国网络广告市场规模及预测

注:网络广告市场规模包括品牌网络广告、搜索引擎广告、固定文字链广告、分类广告、视频及富媒体广告和其他形式网络广告,不包括渠道代理商收入。

(图片来源于http://www.iresearch.com.cn/coredata/2011q1_2.shtml)

第四节 网络广告的制作流程

一、网络广告的定位，主题的确定

产品定位的概念是由美国两个广告经理艾尔·里斯和杰克·屈劳特于1972年提出来的。为了适应消费者心目中的某一特定地位而设计企业的产品和市场营销组合的行为就是产品定位。通俗地讲，所谓的产品定位，就是产品的广告宣传目标以及实施后，产品在客户的心目中所占的地位。

正确进行网络广告定位，也就是网络广告主题的确定。任何形式的广告，无外乎在解决一个"说什么"和"怎么说"的问题，所谓"说什么"，就是指广告的主题定位，只有解决了"说什么"的问题，才能解决其他层面的问题。由于网络广告是针对网民传播的，因此应该注重对网络客户群的细分，要根据不同特征的客户群的需求、爱好等，结合广告主和企业提供的产品或服务的特点，确定网络广告宣传的主题，具体的定位方法有如下几种。

按诉求内容定位：功效定位，就是在广告活动中突出产品的特异功效，使该产品与其他的同类商品具有明显的区别，以增强网络消费者的选择性需求；品质定位，通过强调产品具体的良好品质而对产品进行网络宣传；价格定位，利用价格差异来确定各自对应的网络目标受众。

按消费者定位：如性别定位、特殊消费者定位、大量使用者定位等。

按竞争情况定位：如逆向定位、区别定位、重新定位、扩大定位等。

交互性是网络广告传播的最大优势，特别强调广告受众对广告活动的参与和控制。网络广告是以网络为媒体载体的，变单向传播为个人化的双向交流，给予了传播者与受众转换角色的自由。让网民在自发的心理驱动下接受广告信息，而不是强制灌输。广告受众不是被动地接受广告，而是主动地掌握和控制广告，并参与到广告的提供和传播之中。有鉴于此，传统广告创意理论里的定位法则可以作为网络广告定位的借鉴和参照，但同时要格外注意网络消费者的相关心理特性所导致的各种消费行为特性，加以区别对待。

二、素材的搜集和整理

优秀的网络广告创意建立在广泛占有资料、充分把握相关信息的基础上。不仅要搜集与创意密切相关的资料，还需要特别注意日常生活素材和一般知识的积累。当我们确定了网络广告的主题后，第二步的工作就是素材的收集和整理，例如，如何准确解析基于网络媒体的广告受众的消费特性，就是我们进行最终的网络广告创意前必须应具备的一个素材收集过程。

广告人首先应该是一个生活的有心人，随时随地地观察和体验生活。广告创意实际上是一个综合调动广告人一生知识、经验及记忆印象，并将此按特定意图重新组合的过程。在这个组合过程中，广告人需要对搜集的资料进行分析、归纳和整理，依据广告目标，列出广告商品与竞争商品的共性、优势或局限，通过比较找出广告商品的利益点，即诉求点，以寻求广告创意的突破口。

国际广告大师李奥·贝纳在谈到其天才创意时说：创意秘诀在哪里？就在他的文件夹和资料剪贴簿内——文件夹是他随时随地记录下来的使其感动的"只言片语"或构想，而资料剪贴簿是他每星期从报纸杂志上剪贴下来的各种广告。广告素材的搜集和整理实际上是一个综合调动广告人一生知识、经验及记忆印象，并将此按特定意图加以重新组合的过程，网络广告也不例外。

素材的整理则是广告人在明确了广告主的产品主题定位、广告目的等元素以后，依据自己积累的广告形式、方式、手段等经验元素，"厚积薄发"的一个中间加工过程。这个过程的前提条件就是对所搜集的广告素材的完全掌握和灵活运用，而优秀广告创意的成功必须植根和服务于此。

三、网络广告的创意和策划

随着网络媒体已经成为今天的主流和强势媒体，要求我们根据广告业自身的发展，加大对网络广告的设计模式的开发和创意研究。现代网络广告设计的核心在于创意，网络广告设计的创意需要传统创意人的灵感，也需要技术支持，因为创意的优势不仅仅是视觉、听觉这些元素，还有广告形式上通过整合而制造的新互动。广告创意是个极为复杂的创造性思维活动过程，现代网络广告设计的创意最为独特之处就在于其互动性，但它并不能随兴致所至，而要遵循一定的原则，告设计要求"创意＝创异＋创艺＋创益"，也就是说设计人员应该在创意和现实之间找到平衡点，不仅注重标新立异，有艺术品位，更要创造效益。

优秀的网络广告策划和创意必然会立即唤起人们的共鸣，当然，这必须要有精心的构思，才能有效地表现作品的主题、意境和风格。而构思的基础，却来自于对市场各类有价值材料的掌握与分析，来自对广告的"形式、方式、手段等元素"的完全掌握和灵活运用，来自对中外许多优秀广告作品的模仿与借鉴，当然还来自于依靠集体的力量去相互"激荡"，运用创造性的思维方法按广告目标去组合信息，导致崭新创意的产生。

从广告人的角度看，网络广告的创意渗透到优秀广告策划的全过程，并引导广告策划走向成功或失败。而从社会学的角度看，优秀广告创意还必须加入一定的文化背景，不同民族的文化由于长期的沉淀积累，已经形成了某些恒久不变的共同的道德行为准则，网络传播的诞生以及随之出现的网民从某种意义上来说也是具有一定文化背景的固定群体，我们必须及时把握某一阶段此类消费者的潮流和动向，从而真正提炼出优秀的广告创意。

在传统的广告策划中，经久不衰的3B原则在网络广告的策划中依然适用。所谓3B即Beauty（美女）、Baby（孩童）、Beast（动物）。襁褓中的婴儿、宛若天仙的

美女、可爱的动物，最能博得人们的喜爱和欣赏。网络广告如能借鉴传统广告创意中的3B元素作为表现主题，必能达到最大的AIDMA（Attention，Interest，Desire，Memory，Action）效果。

网络广告策划中极具魅力且能够体现水平的部分就是创意了。无论是广告代理商还是广告主自己在进行网络广告策划，任务都是使自己的品牌、广告形式、诉求内容适合目标受众的要求。在策划的前期部分都已经相当完善的情况下，广告创意就是决定最后广告表现的关键了，它也是吸引受众注意并来浏览广告信息的决定性步骤。但现如今的网络广告创意却存在着下面的误区。

误区一：本末倒置，炫耀创意

网络广告创意设计的首要任务是吸引注意，一个广告创意如果不能吸引消费者的注意，那注定是一个失败的广告创意。但是如果吸引注意的表现手法太刺激或太强烈，以至消费者只是记住了吸引注意的手法和故事情节而忘了是什么产品，那就本末倒置了。很多广告特别是网络广告，由于急于吸引大量的网络消费者的眼球，从没有创意到过分创意，为创意而创意，炫耀创意，使消费者的目光集中在炫耀创意的一些手法与情节中，从而忽略了产品生产者的本来目的。所以，在广告表现上要恰到好处，掌握好分寸，才能真正地表现到位。

任何广告的目的无非就是两点：一是销售产品；二是提升品牌形象。网络广告也是如此，不能不问产品特性一概而论，什么产品广告都需要过度地吸引注意力，基于此：成功的网络广告创意设计必须是贴切的、新鲜的；成功的网络广告创意设计必须是具有震撼力的；成功的网络广告创意设计必然是恒久的、有生命力的！而网络广告策划设计的关键则是互动性。

误区二：互动性缺失

网络广告与传统广告的最大区别，就是要更多地去考虑用户的体验与感受。现在网络广告的创意早已从广告本身转移到广告与用户的互动，甚至用户对广告内容的创造上来。以前，在对待网络广告设计的创意时，我们注重的只是创意本身，很少会去考虑这个创意与用户行为、用户体验之间的关联。但在未来网络广告的发展中，广告主应该把主动权交给用户，才能充分利用网络的优势与潜能，把网络广告的价值发挥到最大。网络广告的创意要强调互联网本身的媒介特性，即交互性和实时互动性。好的网络广告收获的不仅是一个用户的体验，更应该能够唤起该用户发动身边好友去共同感受，只要受众对该广告感兴趣，仅需轻按鼠标就能进一步了解更多且更为详细、生动的信息。受众在信息获取方面有了更多自主权的同时，媒介交互功能也大大增强：既是"反馈"的渠道，又是"评说"的平台。这正是现代网络广告的优势。网络消费者在浏览广告的时候，不仅可以快乐地欣赏，同时还可以积极地参与。网络广告使广告主、网民、目标消费者以及发布者之间都有很好的沟通和交流，这是网络广告最大的优点，而其他媒体的广告局限性很强。

误区三：忽视消费者的感受

现代网络广告设计的创意魅力在于允许你调动生活中的一切元素，不仅仅是视觉、听觉这些元素，还有在广告形式上通过整合而制造的新互动。只有这样进行策划设计，才能创造出品质纯正、生机勃勃的网络广告作品来。在互动广告逐渐活跃的今天，如何做到在尊重受众心理的前提下，保证广告导向与受众导向的一致性，做到在尊重受众的前提下追求利益的最大化，如何通过广告设计的创意，让受众在自发的心理驱动下去参与广告过程以及如何把互动广告的附加功能转化为广告的直接功能与目的，是摆在互动广告设计创意人员面前的重要课题，也是互动广告成功与否的关键。当然，网络广告创意仅仅有互动性还不够，还必须更单纯、直接，而且能够吸引眼球。

网络广告的创意可分为两种：一是内容、形式、视觉表现、广告诉求的创意，二是技术上的创意。例如图1-4所示的润妍洗发水网络广告创意：首先，这是一个适合东方人用的品牌，又有中草药倍黑成分，所以从设计的角度上只用了黑、白、灰、绿这几种色，但以黑、灰为主，这样画面显得很干净，有东方味道。广告创意采用一个具有东方风韵的黑发少女来演绎东方黑发的魅力。广告制作人员通过flash技术，利用飘落的树叶（润妍的标志）、飘扬的黑发和少女的明眸将"尽洗铅华，崇尚自然真我得东方纯美"表现得淋漓尽致。

图1-4　润妍洗发水网络广告

（图片来源于http://www.vecn.com/runyan）

严格来说，网络广告版面小，规格统一，创意发展的空间受到局限。所以，网络广告的创意制作，必须想办法突破版面限制，吸引网民浏览。

1. 信息要简洁、易懂

清晰有力的文案，反而比制作繁杂的影音效果更能吸引网民点击。如何在短时间内让浏览者了解到产品最主要的信息，在网络广告的策划中显得尤为重要，浏览者只需用眼角轻轻一扫就能够了解并掌握广告的主题文字或图片。如果感兴趣将进一步点击，如不感兴趣则会放弃。这样不但大大地节约了广告投放的费用，也最大限度地减少浏览者的抵触情绪。

2. 信息形式的多样化

喜新厌旧是网民的基本特征，电视广告可以一播就是一年，而网络广告的生存期是在两三周左右。对网民而言，某个广告在网页上挂的时间越长，点击率越低，所以当曝光率达到某个程度后，就必须考虑这个广告要换一个表现形式了。任何一种网络广告形式在刚出现时都是新鲜有趣的，但是随着网民对网络操作逐渐熟悉，此种形式的吸引力就会大大下降。网民上网的目的是为了寻找特定网站及特别的信息，而不是花时间点广告，进入一个他们不想进的页面。所以网络广告形式的多样化尤为重要，单调、枯燥的形式不但不利于商品的网络宣传，还会引起浏览者的反感，丰富多彩的形式能够吸引大量的潜在浏览者进入，网络广告不只要卖商品，也要扮演提供多种信息的角色。

如赠品式广告是比较有效的网络广告形式，可以增加点击率。但是我们要注意，要提供消费者除赠品信息以外的足够的商品信息，否则即便点击率增加了，传播效果其实是有偏差的。

3. 合理安排网络广告发布的时间因素

网络广告的时间策划是其策略决策的重要方面。它包括对网络广告时限、频率、时序及发布时间的考虑。时限是广告从开始到结束的时间长度，即企业的广告打算持续多久，这是广告稳定性和新颖性的综合反映。频率即在一定时间内广告的播放次数，网络广告的频率主要用在E-mail广告形式上。时序是指各种广告形式在投放顺序上的安排。发布时间是指广告发布是在产品投放市场之前还是之后。为了实现网络广告的实时传播，让更多的目标受众来点击或浏览相关广告页面，保证较高的有效点击率，就必须要考虑网络广告的时段安排技巧。做好时段安排也有利于费用的节约，如在深夜播放针对儿童的广告是不合适的，只有针对你的特定商业用户在较为固定的时间内做远程广告播放，这才会有效。例如，上班族习惯工作的时候上网，学生习惯节假日上网且时间不会很晚，高校老师习惯晚上上网，这些都是不同受众的不同上网习惯，他们的不同生活习惯对网络广告的传播效果会产生很大的影响。

广告主在网络广告时段安排时必须要意识到这一点，并根据具体的广告对象、广告预算、所期望广告效果的强弱等，参照竞争者的情况来做决定。到底该选择哪一种广告形式还需要在策划平台的基础上根据具体的情况来决定。

四、广告的发布

网络广告主如何通过网络媒介发布企业的广告？从目前来看，一般有以下几种方式，企业或商家可以根据自身的需求，从中选择一种或几种广告发布方式。

1. 企业网站或主页形式

这种在互联网上做广告的形式,是设立公司自己的网站或哪怕是简单的主页,这类形式是公司在互联网上进行广告宣传的主要形式。按照今后的发展趋势,一个公司的网站或主页地址是独有的,是公司的标识,将成为公司的无形资产。

2. 网络内容服务商(ICP)

ICP 由于提供了大量的互联网用户需要的、感兴趣的免费信息服务,因此网站的访问量非常大,是网上最引人关注的站点。在这些网站上发布的网络广告主要形式是网幅广告。

3. 免费的互联网服务

在互联网上有许多免费的服务,如免费的 E-mail 服务,很多用户都喜欢使用。免费的互联网服务能帮助公司将广告主动送至使用该免费 E-mail 服务、又想查询此方面内容的用户手中。

4. 黄页形式

在互联网上有一些专门的用以查询检索服务的网络服务商的站点,如百度、谷歌、搜狐、Yahoo! 等。这些站点就如同电话黄页一样,按类别划分便于用户进行站点的查询。在其页面上,都会留出一定的位置给企业做广告。在这些页面上做广告的好处是:一,针对性好,在查询的过程中一切都是以关键字区分的,所以广告的针对性较好;二,醒目,处于页面的明显处,易于为正在查询相关问题的用户所注意,容易成为用户浏览的首选。

5. 网上报纸或杂志

随着计算机的普及与网络的发展,网上报纸与杂志将如同今天的报纸与杂志一般,成为人们必不可少的生活伴侣。对于那些注重广告宣传的公司或企业,在这些网上杂志或报纸上做广告也是一个较好的传播渠道。

6. 虚拟社区和公告栏(BBS)

虚拟社区和公告栏是网上比较流行的交流沟通渠道,任何用户只要遵循一定礼仪都可以成为其成员。任何成员都可以在 BBS 上发表自己的观点和看法,因此发表与公司产品相关的评论和建议,可以起到非常好的口碑宣传作用。这种方式的好处是宣传是免费的,但要注意遵循网络礼仪,否则将适得其反。

在以上几种通过网络媒介发布广告的方式中,以第一种即公司网站或主页方式为主,其他皆为次要方式,但这并不意味着网络广告只应取第一种而放弃其他。虽说建立公司网站是一种相对比较完备的网络广告形式,但是如果将其他几种方式有效地进行组合,将是对产品和企业宣传推广的一个必要补充,并将获得比仅采用公司网站形式更好的效果。

任何广告主在决定通过互联网做广告之前,必须认真分析自己的整体经营策略、企业文化以及广告需求,将其与企业自身从整体上进行融合,真正发挥网络的优势,为企业提供全方位的服务。

小结

　　网络广告，是一种利用网站上的广告横幅、文本链接、多媒体等方法，在互联网刊登或发布广告信息，通过网络传递给互联网终端用户的一种新兴广告运作方式。网络广告有互动性强的独有特色，相对于其他新媒体广告，其优、劣势都十分明显，且具有巨大的发展潜力。网络广告的创意策划与设计，需要根据网络消费者的特点借鉴传统广告的相关理论。

　　本章通过对网络广告概念、分类以及表现形式等基础理论的介绍，希望可以帮助大家对网络广告形成一个初步的感性认知，同时便于后续各章节理论的顺利展开。

 习题

1. 如何理解网络广告的概念？
2. 理解并简述中国网络广告的大致发展历程。
3. 谈谈你对网络广告发展前景的看法。

第二章
网络广告的传播

随着互联网技术的飞速发展，网络成为人们生活中不可或缺的重要部分。网络正在悄然改变着人们的生活方式、生活态度及消费方式。基于网络的迅猛发展，网络广告行业也随之不断繁荣壮大。中国互联网用户数量超过世界上任何一个国家，居于榜首；加之中国经济发展增长速度强劲，为网络广告行业的发展提供了有利的先决条件。网络广告这一新媒体正在以极强的生命力冲击着传统媒体和人们的视野，同时也不断孕育新机会。网络广告这一传播方式得以迅速扩张，这主要得益于其本身所拥有的很多传统媒体所不能代替的优点。随着信息化时代的到来，网络广告必定以其自身的方式在广告市场中不断拓展、不断进步。

第一节　网络广告的传播环境基础

一、互联网技术飞速发展

互联网技术是网络广告传播技术的重要基础，网络广告的迅速发展得益于互联网技术的飞速发展。互联网的出现给人类的生活方式带来了很大的改变，也从一定程度上影响着社会各行业的发展。互联网技术是计算机技术和数字信息技术相结合的产物，它集信息传输、接受、共享于一身，较为全面地实现了各个点、面、体信息的交流、联系及共享，是区别于现实社会的一个虚拟平台，成为现代人们生活中不可缺少的一部分。

互联网技术从诞生至今已有60多年的发展历程，在这短短的几十年里，从鲜为人知到逐渐普及，速度之快、范围之广、影响之大令人惊叹，其影响力已不容人们忽视。随着互联网技术的不断提升，计算机网络的逐渐普及，网络功能的日益完善与强大，人们利用网络进行信息的搜集、传播和交流越来越频繁。时至今日，我们已经离不开网络这一便捷而又神奇的工具。人们利用网络阅读文字、查阅资料、查看图片播放视频、进行信息的互动交流、传输下载、游戏娱乐、聊天休闲等，通过文字、图片、音乐、视频等获得信息知识和愉快的心情。

二、互联网影响着我们生活的方方面面

互联网借助软件工具带给人们一种近乎于完美的生活体验，给我们的生活带来了很大的便利和乐趣。甚至超越生活本身给人们带来的超级美好的体验感受。在网

络提供给人们的这个虚拟的平台里，人们可以通过虚拟世界来体验生老病死、游戏娱乐、结婚生子、交易买卖等。网络提供给我们很多想要的信息，轻轻一点鼠标会得到很多想要的信息，省时、省力，过去需要在图书馆可能花上数天才能寻找到得资料，现在只要在网络上搜索，几分钟就可以找到。搜索时代的来临给我们带来了快捷、有效的巨量信息，似乎无所不能、无处不在。网络同时也在改变着我们的交流方式，即时通信工具、E-mail、社交网站等方式占据了原本以电话、写信为主导的通信手段；并且通过手机和微博可以即时表达自己的心情、状况，快捷便利。网络购物平台的发展，潜移默化地改变着我们的购物方式甚至是生活方式和生活态度。网络的力量渗透到人们生活的点点滴滴，这为广告的传播和发展提供了一个重要的基础和平台。数据统计，中国网民规模已近5亿，互联网正在对社会、经济、文化等各个领域产生巨大的影响，互联网作为人们日常工具的价值正在日益提升。

三、互联网的快速发展为网络广告的发展提供了条件

随着互联网在全球普及率的逐年提升，网络广告正在以一种前所未有的高科技广告运作方式出现到网站上的各个角落。前面提到，网络无疑已经渗透到我们日常生活的各个方面，成为人们生活、学习、工作的重要通信工具，越来越多的迹象表明，大型广告运营商已将更多的目光投向了网络市场。通过创建多媒体网络在线广告联盟，以及以游戏网站作为广告传播载体，扩大公司的知名度。另外，还可以将广告插入网络视频之前等方式，来提高商品知名度等。凭借网络广告的惊人魅力，各商品的销售成绩也得以快速提升。然而，这还仅是一个开始，如今的网络广告业务还在以惊人的速度增长，在未来几年中，有线电视运营商、电信公司及无线电话运营商预计将会推出速度更快的网络接入，网络带宽的增加无疑可以帮助广告运营商推广更为丰富多彩的服务。网络媒体成为一种全新的广告媒体，在继承传统广告优点的基础之上，更以全新的面貌诠释着广告的魅力，并使得网络广告成为当今最热门的广告形式。

1. 互联网发展了多种形式的交流平台

互联网经过多年的市场发展和用户培养，积累了大量的用户、社区、电子商务、视频、娱乐等平台，媒体的价值也日趋提升，使得网络广告在投放种类、形式等方面都有较大突破；各种广告联盟形式也在探索深度开发媒体平台价值，使得网络广告和网络平台形成互利链。随着网络受众的需求多元化，各门户网站进行整合，在增强本身内容的丰富度和深刻性的基础上，加大论坛、搜索、博客、视频、校友录等多种功能的整合，最大化满足网民的多元化需求，为网络广告的发展提供契机。

互联网技术的普及为广告传播载体从平面媒体逐步转移到电子领域提供了可能性，越来越多的民众接受了互联网，使得网络成为仅次于平面媒体、电视媒体的另一种推广市场及传播广告的绝佳媒体；并且随着网络技术的不断进步和人们对它的

不断认同,在不久的将来网络将成为广告商最愿意选择的新媒体类别。网络的发展和普及使得广告进入网络广告时代,使得广告投放有了更多的选择,新型的广告传播形式得以发展。宽带时代的到来使得网络领域发生剧变,其中蕴涵的广告商机不言而喻。网络广告是近年来兴起并高速发展的广告形式,最先在中国互联网上投放广告的广告主是Intel和IBM,1998年中华网报道世界杯足球赛过程中的广告收入获利200万元,标志着网络媒体广告在内地成功登陆。那时依附于网络传输的网络广告形式就开始了与传统媒体广告的抗衡。时至今日,网络已经开始新老分化,网络广告被人们所喜爱是因其兼具图、文、视频等多方位功能,比读文时代、读图时代的广告有更多的趣味性与互动性,广告主期待更多的技术创新及更好的广告创意来丰富网络广告的表现力,以取得更好的广告效果。

2. 3G为网络广告的多元化发展提供了技术平台

3G的推出为网络广告的多元化发展提供了技术平台。度过了几年的导入期,随着3G技术的普及,中国手机无线广告市场即将进入成长期和快速发展期。产品信息、促销和优惠活动是目前手机广告的主要信息。手机作为一种集多媒体、移动性、随身性、交互性、定向传播、即时反馈等特色于一身,可以有效集成资讯、娱乐、服务、教育等多项功能的新兴媒体,正日益成为广告主的新宠。在3G利好的前提下,传媒业与之合作是社会发展之必然,促使3G广告随之迅猛升级。中国移动互联网广告市场规模近几年来急速扩张,企业与传媒签署合作协议,通过电视、视频和3G网络共同拓展业务。2010年,浙江卫视利用天翼3G技术、卫星、微波等多种技术手段进行元宵夜节目直播,全景展现不同地区的元宵节习俗,实现3G传输技术在电视直播中的首次应用。在此之后,越来越多的传媒集团均积极拓展新媒体产业领域以及新媒体业务。3G技术大大提高了传统网络语音与数据的传播速度,可提高图像、音乐、视频等移动多媒体业务,也提高了网页浏览、电话会议、电子商务等信息服务的质量和速度。3G技术搭建了一条"信息高速路"——3G数字网络技术的发展,使得手机成为真正拥有了独特魅力的媒体形态。以3G数字通信为基础的手机媒体,是流动着的媒体空间,与传统媒体及传统网络媒体不同,手机媒体具有更随时、随地、随身、随意的特点,冲破了传统网络的局限性,使得传播者与受众之间的反馈更加高效、便捷。

在3G技术成熟的前提下,以手机网络为载体的手机广告实现了多样性的发展。手机媒体集海量存储、高速传达、自由移动、便捷搜索、自由沟通等优点于一身,对传统的语言传播、文字传播、广播、电视传播、网络传播等媒体传播形式进行整合,成为一种全新的移动传播媒介,具有明显的跨媒体性质和优势。3G时代的数字媒体还可以更好地根据客户需求,制定个性化服务,进行精准、低成本的数字化营销。以计算机网络、手机、电子显示屏等先进终端作为销售渠道的载体,将会最终改变传媒产业的格局,更好地为广告业服务。搭乘"3G应用"利好这艘帆船,传媒业将突破发展瓶颈,实现全媒体融合,使得网络广告具有更好的发展平台。

一般来说，手机广告可以分为三种模式：第一种是短信广告模式；第二种是无线网络的广告模式；第三种是手机互动营销模式。手机广告具有分众、定向、及时、互动等优势，广告主可以以分众为传播基础，以互动为传播回馈，针对不同的目标消费者进行"一对一"的传播，在广告中体现目标消费者所关注的部分信息，每个受众所接受的内容因人而异。这样，每个受众属于单独被传播，具有一定的私密性，同时可以与广告主进行深入的沟通与互动。如宝马3系轿车，以手机新媒体为载体，使广大车迷可以24小时随时欣赏宝马3系轿车视频广告，还可以下载经典壁纸和彩铃，实现了广告资源的最大化利用。但目前的手机广告设计多以单纯的网络广告直接移植的方式为主，不一定能适应手机媒体的显示。这样，无线蓝牙就成为了手机广告的新阵地。蓝牙最大的特点就是具有自发传播性，Nike在Air Force 25周年纪念仪式上，运用蓝牙技术向游客发送电子邀请卡，并在北京798艺术区的Nike博物馆活动现场提供限量版图片下载服务，通过与现场观众的互动扩大Nike品牌的影响力。在3G技术的推动下，以计算机和手机等流动媒体为载体的网络广告日益向着多元化，多样性的趋势进展。

第二节　网络广告的传播特点

网络广告是继报纸杂志广告、电视广告、电台广告之后的又一种重要广告形式，其与传统的广告形式相比，具有传播范围广、交互性强、针对性强、内容实用、形式灵活、刺激强烈等独特的优势。网络广告正在以其独特的冲击力改变着广告业界的操作模式。网络广告的传播冲破了时间和空间的限制，这是其他传统媒体无法达到的。网络广告的受众是年轻化的一代，他们对新事物的接受能力强、购买能力强，更使得网络广告得以迅猛发展。网络广告正处在发展初期，具有无限的生命活力，较传统广告传播模式更能适应高科技时代的信息传播需求，为广告业创建一个全新的广告信息传播模式。

一、网络广告传播的范围广

网络广告传播范围与网络的覆盖范围同样广泛，传统广告发布主要是通过广告代理商来实现，而在网络上发布广告对广告主来说有更大的自主权，可以有多项选择。曾经风靡一时的"贾君鹏，你妈妈喊你回家吃饭"的帖子，发出后短短五六个小时内被四万名网友浏览，引来超过近两万条回复，可谓网络传播速度和范围的最好例证。网络广告有着相当规模的受众，传播范围之广，且传播速度之快，是现今其他任何广告形式所不能比拟的。

到达率是衡量一种媒体的广告效果的重要指标之一，它是指向某一市场进行广告信息传播活动后接受广告信息的人数占特定消费群体总人数的百分比。在消费群体总人数一定的情况下，接触广告信息的人数越多，广告到达率就越高。电视、广播、报纸的媒体覆盖域都很广泛，而且是人们日常生活中获得各类信息的主要途径，广告主在这些媒体上投放广告，其到达率是比较高的，但是由于广告过多、过滥和广告媒体中广告的随意插播，镶嵌行为导致受众对广告产生厌烦心理而躲避广告，造成广告信息到达受众的比例严重下降，传统媒体的到达率已大幅降低。

一场奥运比赛的现场直播可吸引全球数十亿电视观众的眼球，其广告信息并读性是相当高的。但随着卫星转播，有线电视的发展以及电视频道的增多，同时互联网作为网络媒体的发展以及网络数字电视广播的发展，使得更多的人离开电视屏幕走向电脑屏幕。网络广告由于视听形象丰富，传真度高，颜色鲜艳，易于记忆而注意率最高，给网络消费者留下深刻印象。一些网站和网络游戏都有一定数量的用户，广告主选择性和广告效率也较高。网络覆盖到哪里，网络广告就可以覆盖到哪里，传播范围由此而极其广泛。

二、网络广告的交互性强

1. 一对一的互动方式与电子营销结合

富有交互性是互联网络媒体的最大优势，传统媒体基本上只能进行大众传播，而在互联网上，既能进行大众传播，又能进行个人传播、人际传播、群体传播和组织传播，通过网络实现信息互动传播，彻底改变传统媒体信息的单向传播模式。用户可以获取他们认为有用的信息，企业也可以随时得到宝贵的用户反馈信息，广告主还可通过设计在线表单的方式获取用户反馈信息，缩短用户和广告客户之间的距离；换言之，互联网与其他任何媒介相比，赋予了消费者更多的直接与广告主进行互动活动、进而建立未来关系的能力。网络广告可以做到一对一的发布以及一对一的信息回馈，对网络广告感兴趣的网民不再被动地接受广告，而是可以主动地做出反应。这种优势使网络广告可以与电子营销紧密结合，大大提高了广告受众的反应速度。根据数据现实，网络广告市场的电子营销投放规模将在未来的一段时期内继续扩大。

2. 节约了消费者的时间

网络广告突出的交互特性可节约消费者的时间。网络广告的受众是最具活力、最年轻、购买力最强、受教育程度最高的群体，传统媒体零互动、强迫接受的广告方式明显不符合这类人的兴趣，很多人因而产生抵触情绪而使广告效果大打折扣，而网络广告的交互性则无疑可以帮助广告主直接命中最有可能的潜在消费者。当我们收看电视广告时，选定了某个频道自己就无法决定播出什么，只有看或者不看的选择，也无法向电视台去询问有关广告中产品的情况，因此电视广告就不具有交互性。当某人收到某个商场寄来的产品目录，如果对某个产品感兴趣时，可以打电话询问，这种直接营销方式就有了一定的交互性，但顾客与商家之间的交流不是实时的，因而仍然不能称其为交互营销。

网络广告采用交互界面，可以使访问者对广告的阅读层次化，除了产品的概况外,感兴趣的访问者还可以阅读有关企业和其他产品的资料。借助于电子邮件,广告浏览者可以方便地在线向广告主请求咨询或服务,随时通过文字、图像、声音等方式向企业提出自己的意见和要求,企业和广告主也能够在很短的时间里收到信息,并根据客户的要求和建议及时做出积极反馈。网络广告提供的这种交互功能,可以非常方便地满足消费者边浏览广告,边在线订货、购物的需求。这就顺应了人们快节奏工作和生活的需要,从而吸引更多的消费者。

网络广告的载体基本上是多媒体、超文本格式文件,受众可以选择感兴趣的产品了解更为详细的信息,使消费者能亲身体验产品、服务与品牌。同时,这种以图、文、声、像的形式传送多感官的信息,让顾客如身临其境般感受商品或服务,并能在网上预订、交易与结算,将更大地增强网络广告的实效。当我们通过电脑浏览一幅交互式网络广告或者一个多媒体形式的产品演示时,用户可以根据自己的兴趣点击某个部分进行详细的研究,甚至可以改变各种图像的显示方式,选择不同的背景音乐,或者根据自己的指令组合为新的产品模型,也就是说真正实现了交互营销。

3. 丰富多彩的交互形式

网络交互性的特征在于用户可以实时参与,这种参与可以是有意识的询问,在一定程度上对原有顺序和内容的改变,也可以是随机的、无意识的点击等行为。交互的程度除了设定程序的组合之外,也与参与者的兴趣和方式有关。在评价一个网站时,我们通常会看到诸如"缺乏交互性"或"具有较好的交互性"之类的评论。除了网站本身之外,在网络营销中,常用的互动手段包括搜索引擎、电子邮件、反馈表单、即时信息、论坛、网络广告、电子书、电子贺卡、在线调查表等,也都具有不同程度的交互性。但这些方法的交互性并不是自然产生的,还需要借助一定的技术手段才可以实现。比如一个企业网站,如果采用静态网页,便体现不出交互的功能;网络广告如果仅仅是一幅图片或者动画,要被动地等待用户的点击,其交互性也不够明显。Email作为最重要的网络营销工具,不同的操作方式,其互动效果也有很大的差别,这与受众的需求特点、邮件的格式、内容的设计,以及发送时间、发送频率等都有很大的关系,只有掌握了其中的规律,才能让交互性在营销中发挥出更大的作用。

网络广告的交互式形式逐渐被人们接受和习惯。最新调查结果显示,在用户对网络广告的看法方面,选择有时点击和经常点击的人的比例在逐渐增加;在用户是否愿意收到网络广告邮件作为选择物品或服务的参考方面,表示愿意的比例较之之前的统计有所提高。这说明网络广告这种形式正逐渐被人们所接受。

4. 便于统计广告效果

利用传统媒体做广告,很难准确地知道有多少人接受到广告信息,而在互联网上可通过权威、公正的访客流量统计系统精确地统计出每个广告被多少用户看过,以及这些用户查阅的时间分布和地域分布,从而有助于企业或者广告主正确评估广告效果,审定广告投放策略。同时,企业可以利用网络实时监测功能对访问者类型、访问的时间、访问的地区进行统计,从而了解到广告的实际效果,并随时修改广告出现的频率或实时改变创意。

网络广告传播具有与消费者深度沟通的优势,在广告市场这样一个具有巨大潜力和规模的市场,同时也是尚未成熟的市场,其复杂化和规模化使广告主们都遭遇过市场细分的问题。各个阶层的消费者之间有很大的消费习惯差异,所以对于广告主们掌控消费者市场有一定的难处。传统广告以大众为主,无法做到与受众深度沟通,而网络广告在这方面则比较成熟。

三、网络广告发布的针对性强

网络广告的发布有着比较强的针对性。不同类型的网站投放不同的广告,这样使得目标受众比较明确,做到有的放矢,这样广告带来的营销效应才会更加明显。网络广告打破了传统广告媒体的二维形式,传递多感官的信息,这种图、文、声、像相结合的广告形式,将大大增强网络广告的实效性。互联网数据中心2011年中国互联网调查显示,我国互联网用户72%集中在经济较为发达地区,78%家庭人均月收入高于3000元,64%年龄在18～35岁之间,58%受过大学以上教育。因此,网络广告的目标群体是目前社会上层次最高、收入最高、消费能力最高的最具活力的消费群体,明确的目标消费群,为今后拥有显著的广告效果提供了前期保障。

与传统媒体不同的是,网络媒体广告的投放是准确识别目标群体的行为。传统媒体覆盖范围广,但到达率并不高;而网络媒体广告覆盖精准,目标受众划分细致,更有利于市场推广和实现媒体投放价值。从现代广告信息的传播角度来分析,广告信息借助于网络媒体,通过各种艺术技巧和形式的表现,使广告具有鲜明的美感,使消费者在美的享受中接受广告信息,因此网络对消费者的影响高于其他媒体,对人们的感染力最强。网络广告同时具有"感觉补充型"的传播特点,有的消费者更愿意看到真实的商品形态,以便于更具体、感性地了解商品。这一点,网络广告也可以同时做到。对广告主来说,广告没有命中目标消费群是费用浪费的主要问题,不仅使广告资源浪费,而且会出现很多网民眼中的视觉垃圾。传统媒体广告投放的目标就有些模糊,受众分散造成广告资源的浪费,而网络广告则根据广告主的要求定向投放。所以,网络媒体通过对受众细分,以及使广告信息达到对目标受众生活轨迹的覆盖,能够囊括到的有效消费人群比例较高,具有更强的针对性;同时,丰富形式,使广告的娱乐性、针对性、投放后的收益都大大胜于传统媒体广告。

四、网络广告发布内容实时、形式灵活

网络广告具有发布内容实时、形式灵活的特点。网络广告的网络广告制作成本低、速度快、更改灵活。网络广告制作周期短,即使在较短的周期内进行投放,也

可以根据客户的需求很快完成制作；而传统广告制作成本高，投放周期固定。另外，在传统媒体上做广告发布后很难更改，即使可以改动往往也需付出很大的经济代价；而在互联网上做广告能够按照客户需要及时变更广告内容。这样，经营决策的变化就能及时实施和推广。还有，网络广告的限制少，通过国际互联网络，网络广告可以将广告信息24小时不间断地传播到世界的每一个角落。只要具备上网条件，任何人，在任何地点都可以阅读。这是传统媒体无法做到的。网络广告的价格优势比较明显，其千人成本比较低。与报纸杂志或电视广告相比，目前网络广告费用还是较为低廉的。这使得其性价比比较高，更能得到广告主的青睐。网络广告是具有动画、声音、视频、图像，文字交互式的信息传播方式，以此技术设计的广告都可包含于网络媒体广告。网络媒体广告对于改善广告信息传播的冲击力是一个很有价值的方式，网络媒体广告的对立面是传统静止广告，而网站设计、电子邮件、按钮广告、旗帜广告、弹出式广告、插播广告等形式都是网络广告的灵活表现。网络的数字化特性促进了广告在创意表现和互动传播形式得到不断升级和充实，灵活多样。网络媒体广告在视觉传播方面与传统广告相比，实时、快捷，更加动态化、科技化、互动化、多媒体化，更能满足受众的个性化需求，更突出人性化设计，更加具有时代特点。值得注意的是，网络广告从业者通过对先进技术的学习研究，以及网络产业结构的逐步完善，网络广告势必会更加专业，拓展新的发展空间，给广告业带来新的繁荣。

五、网络广告能带给我们强烈的感官刺激

人类是最复杂、最丰富、最细腻和最理想的视听结合的有机体。因而，只有了解人类的消费需要、生理感知才能进一步创造和发展满足人类需要的视听语言思维。因此，网络时代的广告应当建立在人的感官基础之上，选择视听的最佳组合。媒介的发展，一直是伴随着科技的进步和人类审美情趣的不断提高而不断进步的，媒介在历史上的每一次发展和变革，无不来自人类需要满足和创造发现的相互激励、相互促进。

网络广告通过对人们感官的刺激来吸引消费者的注意。事实上，无论是通过何种媒介传递广告信息，都是通过光波、声波等刺激作用于人的感觉器官，让消费者看到、听到，进而用大脑对这些感觉的信息进行加工、解释，形成具有意义的、连贯的现实映像。网络时代，虚拟空间中的消费可以打破时空距离的物理界限，要把远在天边的消费者吸引到网络商家身边，无疑要依靠广告独特的魅力来实现，广告对象必须采用刺激、富有动态的对比及变化，并诉诸消费者的多重感官刺激。具有强烈的感官性的网络广告对于吸引消费者的注意，拉近消费者与广告商品的距离非常有效。

众所周知，观念的培养需要时日。现代生活中，我们难以回避广告劝服所带来的消费行为的引导乃至生活模式的塑造。马斯洛在其著名的"需要理论"中将人类的需求分为生理需要、安全需要、归属需要、尊重需要和自我实现的需要等多种层次。身处网络时代,人们对于几乎所有物品的需求都超越了其物理属性本身,而融入了更高的要求。人类内在的生命质量涵盖了自由、尊严、诚实、关爱、权力与责任、挑战极限、实现自我等多个方面的精神理念。这种质量的要求在现时代已深入进了消费生活的各个层面。网络时代,广告不仅要满足人们感官的消费需求,更要满足人类日益丰富和时刻发展的审美需求、观念需要。在未来的世界,在物质与精神新产品无以计数、令人眼花缭乱的市场环境,广告主必须借助媒介传播的深度、广度及速度来吸引人,消费者的眼球代表的是注意力,而人们的注意力可能成为世界上最宝贵的资源。与注意力这样的财富相比,传统产业的货币财富显得微不足道。

吸引受众的最好方式是依靠精彩的内容吸引住受众的"眼球"。网络对人的眼球的吸引程度,直接决定着广告带给商家的经济收益程度。亚马逊网上书店的销售成功案例给我们最大的启示就是互联网销售是一股巨浪,而扬帆起航驾驭这股浪潮的就是顾客的眼球经济。对于网络广告来说,最大的挑战就是如何让人们从中获得乐趣和体验,从而倾注更多的关注度。网络广告的产生使消费者的注意力产生了经济效益,实际上网络广告就是信息时代里的眼球经济。

第三节　网络广告的传播途径

相对于传统广告的传播途径,网络广告的传播途径更加多样化,形式更加新颖,效果更加明确。网络广告的传播途径有多种形式:Web植入式、网站整体形象传播、手机短信传播、E-mail网络广告等。最初的网络广告就是网页本身,当越来越多的商业网站出现后,怎么让消费者知道自己的网站就成了一个问题,广告主急需一种可以吸引浏览者访问自己网站的方法,而网络媒体也需要依靠网络广告来赢利。网络广告传播在现在科技不断进步、经济不断复苏的大环境下正以一种不可抵挡的气势飞速发展、壮大;与此同时,企业主和广告商把注意力转移到网络这个新时代的传播媒体,借助网络广告的实时多样、动态突出、传播速度快、针对性强、交互性强、感官刺激强烈等优势提升广告业的整体水准和广告的效果。最早出现的网络广告形式是网幅广告(banner),它和传统的印刷广告有点类似,但是有限的空间限制了网幅广告的表现,它的点击率不断下降,目前平均的网幅广告点击率已经不到1%。面对这种情况,网络广告界发展出了多种更能吸引浏览者的网络广告形式。在这一章中,我们将介绍当今网络广告界常用的一些网络广告的传播途径。

一、Web植入式

1. 什么是Web植入式广告

Web植入式广告也是网络广告传播中的一个重要形式。我国的互联网络信息

中心在对于网站流量术语的解释说明中，Web植入式定义显示为"在空隙页面中插入的页面信息"。实际上Web植入式广告形式也就是我们常说的"弹出式广告"，即在访客登录一个网页时，自动弹出一个插入广告页面或广告窗口。也有学者将Web植入式广告定义为"插入式广告"或"嵌入式广告"，即在等待网页下载的空当期间出现，以另开一个浏览视窗的形式的网页广告。虽然一些网站或机构对"弹出式广告"和"插播式广告"的理解有一定的差别，但基本上也可以将这两者理解为同一类型，或者说，"弹出式广告"是"插播式广告"中的一个类别。

2. Web植入式广告的优缺点

Web植入式有点类似电视广告，稍微打断了用户本想打开的网页，稍带强迫性。插播式广告有各种尺寸，有全屏的也有小窗口的，而且互动的程度也不同，从静态的到全部动态的都有。浏览者可以通过关闭窗口不看广告（电视广告是不具备这一特点的），但是它们的出现没有任何征兆。广告主很喜欢这种广告形式，因为它们肯定会被浏览者看到。只要网络带宽足够，广告主完全可以使用全屏动画的插播式广告。这样屏幕上就没有什么内容能与广告主的信息"竞争"了。植入式广告的缺点就是可能引起浏览者的反感。互联网是一个免费的信息交换媒介，所以在最初的时候网络上是没有广告的，有一小部分人认为互联网的商业化和网络广告都是无法容忍的，当然这只是一小部分，而大多数网民有自己的浏览习惯，他们选择自己要看的网站，点击他们想点的东西，当网站或广告主强迫他们浏览广告时，往往会使他们反感。为避免这种情况的发生，许多网站都使用了弹出窗口式广告，而且只有1/8屏幕的大小，这样不影响正常的浏览，避免了不必要的矛盾冲突，削弱了用户对其的反感程度，甚至是因为广告本身的吸引力而忘却本应进行的其他事宜，加强了用户的亲和度，增强了广告效果。

3. Web2.0的出现

2004年3月，时任欧雷利媒体公司（O'Reilly Media Inc.）副总裁的戴尔·多尔蒂（Dale Dougherty）在一次头脑风暴会议上提出了"Web2.0"概念，此后，全球互联网传播在传播技术和传播理念上经历了从Web1.0到Web2.0的发展与转变，"WebX.0"也成为人们按技术的换代升级来区分互联网思想体系的代名词。随着新的网络技术的发展，小众传播也体现了新的特点，并形成了独有的交互机制。

Web2.0是相对于Web1.0而言的新一类互联网应用技术的统称。Web1.0的主要特点在于浏览者通过浏览器获取信息。Web2.0则更关注用户的交互作用，用户既是网站内容的浏览者，也是网站内容的制造者。所谓制造者，就是指互联网上的每一个用户不再仅仅是读者，同时也成为作者；不再仅仅是在互联网上冲浪，同时也成为波浪的制造者，在模式上由单纯的"读"向"写"以及"共同建设"发展，从而更加人性化。Web2.0的两个最显著特点，即用户之间交互性与用户在交互内容上的自主性。门户网站上的广告带有几分强制性，相当于报纸、杂志的广告的电子版,但在 Web 2.0 时代,广告以一种更加不着痕迹的方式出现,或者只在你需要的时候出现。

无论是目前流行于欧美,国内却鲜有的 BT 行为定向广告,还是谷歌创立的 AdWords 关键词广告,或是百度更加本土化的竞价排名,以及用户体验放在第一位的社区类网站;无论提到的植入也好,内容营销也好,消费者接受信息的频率一直在不断提升。Web2.0 植入式广告以越来越亲切而新颖的形式出现在我们的视野里,有更多的机会使消费者和网民真正能够感受到产品的好处。这个过程也使得强制性的广告慢慢变得平和,最终融入性、参与性的广告会变成数字媒体的主流。人们在工作学习中发现一些新的习惯和现象正在改变着我们的生活:天热了,有朋友在网络上送根"梦龙"冰棍解馋;口渴了,朋友贴心地在网络上送上一瓶鲜榨"悦活"果汁。如此贴心的关怀其实都是一些网络上的虚拟物品,是各类网站希望通过此类植入广告探索更多的盈利机会,尽管商业味道颇浓,却还是让不少白领人士十分受用。调查结果显示,越来越多的用户会注意到网站中的植入广告,并对广告创意表示欣赏。

4. 网游 Web 植入式广告

Web 植入式广告还包括网游中广告的植入,能够增强用户的体验感。Web 植入式广告将品牌融入娱乐元素中,容易取得消费者的认同与好感,在不知不觉中传播品牌影响力。网络游戏的主力受众群是白领人士,工作重压使他们更愿意接受轻松的传播方式。相对于传统广告形式,网游 Web 植入式广告是一种更能够将广告主的产品及其服务等一些具有代表性的视听品牌符号融入到广告表现中,给受众留下相当深刻的印象,以达到广告目的的方式。用户的体验感是网站运营商投放广告的主要顾虑之一,如何在不干扰用户体验的前提下适度投放广告,并取得良好的推广效果,是引发大家思考的问题。大多数门户网站的 Web 植入式广告都融在热门游戏中,使广告以较为有趣的方式呈现。从用户使用过程看,他们并没有对这类广告产生反感,对于一些陌生品牌,相反会产生好感。但投放方式对广告本身的创意要求非常高,往往习惯出奇制胜。推出网游 Web 植入式广告应和网站主要面向人群相吻合,投放网域也要仔细调查,针对用户群有的放矢,效果才会更加突出。调查显示,校内网植入广告阿迪达斯"篮球巨星"游戏成为用户印象最深的交友网站植入广告,有近 50% 的用户对其印象深刻。校内网主要针对在校学生,而阿迪达斯的用户群也是在校学生,所以收到不错的效果。

二、网站整体形象传播——网站推广

网站推广就是以国际互联网络为平台,充分利用数字媒体化的信息和网络媒体的交互性来帮助营销目标实现的一种新型的市场营销策略方式。总体来说,网站推广就是以互联网为主要手段进行的,为达到一定营销目的的推广与传播活动。网站推广也就是指将网站推广到国内各大知名门户网站如搜狐、新浪等和知名搜索

引擎。

网站推广的最终目的是让更多的用户知道你的网站所在的位置。其定义,顾名思义,就是通过网络传播手段,把你想传播的有用信息推广到你的受众目标。换句话说,凡是通过网络手段进行的推广,都属于网络推广。其具体内容包括:通过传统的平面广告、企业形象策划系统去宣传;通过网络技术的方式,链接、网络广告等方式去宣传与推广。

1. SEO网站推广

SEO网站推广(Search Engine Optimization),中文名称译为搜索引擎的合理优化,为近年来较为流行方便的网络营销方式,主要目的是提高特定关键性文字的曝光率以增加网站的影响度,进而增加销售的机会,分为站外SEO和站内SEO两种。SEO的主要工作方式是通过了解各类搜索引擎如何获取互联网页面、如何进行索引以及如何确定其对某一特定关键词的搜索结果排名等技术手段,来对网页进行相关的优化,从而使特定关键词提高搜索引擎排名,进一步提高该网站访问数量,访问数量的提升最终决定了提升网站的销售能力或宣传能力。

2. 国内、国际网站推广

国内网站推广是指将网站推广到国内知名网站和搜索引擎,主要有搜狐、新浪、网易、百度、雅虎中国、谷歌中国等网站,以及各行业门户网站和电子商务网站的首页。国内网站推广主要分为以下几种:商业普通推广、竞价排名、中文地址栏搜索、行业推广等方式。商业普通推广主要包括有搜狐、新浪、网易等主要商业网站的日常推广与传播;竞价排名有搜狐竞价广告、百度竞价排名等;中文地址栏搜索有通用网址搜索等;行业推广主要有一些行业联盟以及专业的推广软件在各行业网站做推广宣传。

国际网站推广是指在全世界的网站进行推广,主要是指在全球各大知名网站做网站推广。目前最好的国际推广网站当属Google,Google的数据量是全球最大的,查询信息最方便简捷,全球市场占有份额最大,全世界访问人数最多。Google是包括Yahoo!、AOL在内的全球500多家著名搜索引擎的提供商。

谷歌中国、百度、搜狐、新浪、雅虎中国等网站及其搜索引擎逐渐成为人们生活中的一部分,通过搜索或网站推广发布的广告信息越来越深入人心。越来越多的网民因为这些网站推广策略及其搜索引擎而改变了使用互联网的习惯,不再是被动接受信息,而是主动寻找自己所需要的信息,而这正是网络广告主的商机所在。搜索引擎广告正是利用网民搜索关键词而对网民所需要的信息类别做出分类,从而在页面一侧显示出和关键词相关的企业链接。搜索引擎广告一般利用纯文本链接的形式,对有效传播广告信息起到很大的作用。

对于整体网站推广中的搜索引擎中的广告视觉设计,主要体现在图片搜索和推广视窗中。由于图片搜索只能在有限的空间中表现最精彩的部分,色彩鲜艳、视觉冲击力强的图片无疑更能够吸引受众的目光,而推广视窗中的广告也应该注重趣味性与互动性的设计，不然很容易淹没在网络广告的大潮中。

3. 企业网站推广

通过数据调查显示，绝大多数人上网查询信息时使用的都是搜索引擎。访问量最大的是各大门户知名网站；而企业的一些信息数据都集中在大型电子商务网站，如阿里巴巴、慧聪等；个人买卖商品都去淘宝、梦芭莎、京东商城等C商务网站；还有各种专业的行业网站，如各种化工网站、建材网站、培训网站等；另外，一些论坛也能在网上聚敛大量的人气。因此，我们要给某一类企业网站做的推广就是要使该企业的网站信息在此类商务网站中占据有利的位置，让人很容易看到该企业的商品信息或企业形象，这和在电视、报纸上打广告是一样的。所以，网站通过全面推广才能有较高的访问量，让企业通过互联网获得最大的效益与收益。

三、手机短信传播

手机经历了有线电话、无线对讲机、无绳电话、寻呼机、小灵通、大灵通、3G时代，手机传播将带领我们迈入全新的信息时代。从纸媒、广播、电视到互联网，手机已经给我们的思想、行为和社会生活带来许多根本性和革命性的变革，手机当之无愧地成为继互联网之后最受关注的媒介。而手机短信传播的方式也将随着科技的不断进步进入到4G时代甚至是更为先进的信息数字化时代，广告业将在此番浪潮的引领下开辟另一番新天地。

想当年比尔·盖茨曾因乞丐都拥有电子邮箱而大发感慨；如今，手机之父马丁·库帕如果在街头遇到乞丐使用手机，绝不会莫名惊诧，因为手机已经像空气一样弥漫在我们的周围。手机正日渐成为与人体不可分割的电子器官，变成日常生活中触目皆是的一道风景，以至有人误认为手机成为网络之后的"第五媒体"。新华出版社推出的靖鸣和刘锐合著的《手机传播学》一书正逢其时，解读了手机传播的多层面问题，诸如技术、社会学、人类沟通、法制与伦理等领域复杂而诡谲的趋势，以及由此可能改变以往社会生活的惯例。一些学者已经涉及了更加深入的问题，以不同思路建构了手机研究的学术框架，譬如童晓渝、蔡信和张磊编著的《第五媒体原理》，匡文波的"手机媒体及其管理研究"项目及其最终成果《手机媒体概论》，朱海松著的《第五媒体：无线营销下的分众传媒与定向传播》等，以及美国媒介哲学家保罗·莱文森的《手机：挡不住的呼唤》，奥地利学者格拉尔德·赖施尔和海因茨·苏恩德的《第四个"W"——移动电话的妙用》等，都表现出对手机传播这一事物在理论层面上的关注。从理论的角度来辅助实际的项目研究，相信通过手机短信传播广告的途径会以越来越成熟的姿态面向受众。

手机媒体是到目前为止所有媒体形式中最具普及性、最快捷、最为方便并具有一定强制性的平台，它的发展空间将非常巨大。手机媒体集多媒体、移动性、随身性、私密性、交互性、定向传播、定向记录、即时反馈等特色于一身,是一种比较理想的新型网络媒体。未来的两三年内,3G手机逐渐普及,手机媒体将成为普通人在日常生活中获得信息的重要手段,手机短信传播也将成为网络广告传播的一个重要形式,手机作为个人的通信工具,最大的功能是由使用者发出短信,还可"群发",并能接收新闻媒体和政府机构发出的信息。这个特殊性说明手机媒体是"一对一"兼有"一对多"功能的个人微型电子通信媒介。在传播学领域,国内外关于手机的研究是由手机短信引发的:手机短信传播的功效在哥伦比亚航天飞机失事事件中大显身手;我国在非典时期疫情也因手机短信诱发了广泛的谣言。研究手机传播开始进入学者的视野。手机产生的广告信息初步形成传播格局后,给社会文化和受众心理带来嬗变,由手机短信语言打造的手机报纸和手机视频内容有利于广告新语言形式及风格的形成,为广告业的发展再添辉煌。

手机短信的广告传播形式,有利于商品的促销和消费者信息的快速接受,对于研究手机这一新媒体有很强的现实意义和理论价值。将手机置于传播学框架下,从人际传播和大众传播入手,展开个性化的理论诉求。依据巴赫金的狂欢理论,手机短信内容的幽默色彩,手机传播的颠覆性、宣泄性、游戏性和无等级性都为大众文化提供了一个大型的"狂欢广场",最符合大众媒体发展的轨迹,成为最便利的大众信息接收终端。

四、电子邮件广告传播

电子邮件广告也是网络广告传播的重要形式,也称为E-mail广告。在网络社会中,各地的本土文化可以通过互联网这一渠道广泛传播,各种广告信息也可以通过网络的渠道纵横四海。E-mail网络广告也是伴随着网络新技术在网民中的普及而发展起来的。电子邮件广告分为两种:一种是在电子邮箱的页面中出现广告;另一种是将广告信息以邮件的方式直接发送给受众,是直接邮寄广告在新媒体环境下的升级版。

E-mail网络广告具有很强的针对性,费用较为低廉,且广告内容不受限制。其针对性强的特点,可以让广告主或企业针对具体某一用户或某一特定用户群发送特定的广告内容,为其他网络广告传播方式所不及。E-mail是大多数网民最经常使用的网络通信工具,网民每天上网浏览信息,在使用E-mail的同时也接受了E-mail网络广告传播的内容方式和作风。

E-mail网络广告的形式分为直邮广告、邮件注脚广告。直邮广告一般采用直接把一段广告性的文字或网页放在E-mail中间的文本格式或html格式,发送给用户;或者利用网站电子刊物服务中的电子邮件列表,将广告加在每天读者所订阅的刊物中发放给相应的邮箱所属人;也可以设置一个URL,链接到广告主所在企业的主页或提供产品或服务的特定页面。html格式的E-mail广告可以插入图片,和网页上的网幅广告没有什么区别,但是因为许多E-mail的系统是不兼容的,html格式的电子邮件广告并不是每个人都能完整地看到，因此把邮件广告做得越简单越好，文本格式的电子邮件广告兼容性最好。

E-mail网络广告可以直接发送，但有时也有通过搭载发送的形式，比如通过用户订阅的电子刊物、新闻邮件免费邮件以及软件升级等其他资料一起附带发送。也有的网站使用注册会员制，收集网络忠实读者群，将客户广告连同网站提供的每日更新的信息一起准确送到该网站注册会员的电子信箱中。这种形式的邮件广告容易被接受，具有直接的宣传效应。例如，当你向某一门户网站申请一个免费信箱成功时，在你的信箱里，除了一封确认信外，还有一封信即是此门户网站自己的电子邮件广告。

E-mail网络广告的形式是最具效果的网络广告形式。经过长时间大量的实践证明，在正确应用的前提下，其回应率远远高于其他所有类型的网络广告。随着E-mail使用的越来越普及，E-mail网络广告现在已成为使用最广的网络广告形式，许多企业主采用这种直接而方便的广告形式。但值得注意的是，那些未经同意发送的垃圾广告邮件很容易引起用户的反感。广告主要在真正了解客户需求的基础上适时、适量地发送E-mail广告，否则只会浪费广告费用，增加浏览者的抵触情绪，降低产品的口碑。

E-mail网络广告的形式具有节约成本、简单快捷、反馈迅速、覆盖率高等优势。准确地向目标消费群投放广告，大大地节约了广告成本。借助E-mail，广告主建立数据库，他们可以设定收信人的性别、年龄、学历、工作、收入等信息状况，从而能够准确定位目标消费群，广告主因此节约了非目标市场的广告费用；节约了广告成本，这对传统媒体来说则是不可实现的。

E-mail网络广告的制作和维护具有简单、快捷的优势。E-mail广告如同其他网络广告一样，只要确定了设计方案，即可马上交由技术人员制作和投放，整个过程可以在很短的时间内操作完成。其操作简单、快捷，并为广告主节省了设计制作和投放以外的大量成本。商场上竞争激烈，分秒必争，企业经常需要针对市场情况和竞争对手做出快速反应，但传统媒体由于制作过程相对复杂，因此往往具有滞后性。E-mail网络广告制作简单快捷，逐渐成为现在广告形式中的佼佼者。通过E-mail网络广告，广告信息可以在短短几小时内被传递到数十万目标消费群眼前，从而控制消费者心理的制高点，防止竞争对手捷足先登。例如季节性、节日性食品、服装等行业可以利用E-mail网络广告在旺季进行大规模宣传，如此就可以避开传统媒体上激烈的同行竞争，效果甚佳。

当然，E-mail广告也有其致命的缺点，即，如果广告设计不合理，针对的网络消费者不合适，很容易引起浏览者的反感，由于占用网民的邮箱空间，需要他们及时清理，甚至被设定为垃圾邮件。此类的情况在E-mail广告的发送过程中也较常发生，但随着网络带宽的发展，目前广告主都意识到了互动性的重要，越来越远离填充式的信息灌输，注重链接网页的设计感，以及根据浏览者的爱好确定发送的主

题，在轻松的气氛中使受众欣然接受广告信息，产生更直接的互动，进一步提广告效果。

网络广告传播也迫切需要有国际标准和准则来规范。近几年来，网络广告正以火爆之势迅猛发展，其占有的广告份额也逐年递增，正蚕食着以电视、报刊、广播等传统媒体把持的广告阵地。对于网络广告这位后来者来说，尽管他盛装入宴，光艳照人，但也有诸多与生俱来的不足，暴露出种种问题。例如，我国手机短信从其"出生"的短短几年中，已发展到今天日均8亿多条的天文数字。在这浩如烟海的手机短信中，夹杂着大量毫无价值的垃圾短信，这类让接受者十分反感的垃圾短信影响了手机广告的正常发展。互联网的虚拟特性，在给网民带来极大自由的同时，也增加了网上商业活动和建立互联网信用环境的难度。在网络中，不仅存在大量过时信息和冗余信息造成的"失信"，大量故意散播的虚假欺诈信息也成为网络一大公害。一些虚假信息发布者，利用法律和监管漏洞，通过虚假欺诈信息不正当牟利，设置消费陷阱，蒙骗消费者。如果网络信用体系得不到完善，传统产业中因失信带来的损失将在互联网产业中重演。一些违规、虚假广告仍时时见诸网络等新媒体。特别是在传统媒体广告市场整治力度加大之时，此类广告纷纷向网络等新媒体"转移"，有时甚至是"整建制"转移，网络成了违法违规广告的藏污纳垢之处。这些弊端必须引起我们足够的重视并积极寻找解决方案。

小结

较之传统媒体传播形式，网络广告传播的特性更加凸显：以数字技术为依托，充分展现网络的表现力、丰富的吸引力、充足的信息量。相对于传统媒体的一对多、被动接受的模式，网络广告传播受众与广告活动充分结合，如同参与游戏一样，亲身感受广告信息，在娱乐的同时接受产品广告信息。网络技术与数字通信打破了原有的时空限制，无论何时、何地，只要通过无线设备终端就可随时、随地查看接受信息。

传统广告媒体的传播方式比较单一，而网络技术的参与和利用，使广告主可以通过网络技术来分析受众的个性特征，从而有针对性地投放商品资料，发布受众所需求的广告信息。网络广告传播的互动性增加了受众对广告的接受度，为广告设计推波助澜。下一个时代是网络数字化称霸的时代，是一个以网络为代表的新媒体为主的时代，广告将打破媒体界限，吸收一切科技优势，为受众带来更大的效益。

本章主要从网络广告转播的大环境入手探究网络广告传播的技术基础，进一步深入分析网络广告在此基础上形成的传播特点和优势，以及通过哪些网络传播形式和途径将广告信息传达到消费者手中。

1. 综合本章内容，请简明阐述一下，你认为网络广告传播还有哪些特点？

2. 请根据自身的经历，阐述一下你碰到的网络广告传播形式，你认为哪一种的传播效果最突出？哪一种的效果最差？并举例说明。

3. 你认为网络广告传播的发展方向是什么？请结合大环境思考。

理论篇

第三章
网络广告的策划

第一节 网络广告策划概述

一、网络广告策划的概念

与传统广告相同，网络广告的核心也是广告策划，但网络广告使用的是互联网这一特殊媒介形式，网络广告策划作为网络广告经营中的首要环节，就是对网络广告活动的全面运筹和总体规划。在必需的广告信息采集基础上，对整个网络广告活动进行宏观的统筹安排，包括总体的设计、广告目标定位、受众分析等各个具体环节都要力争考虑充分。就市场调查、广告制作、发布、预算、评估等环节来说，网络广告策划与传统广告策划并没有本质的区别。

关于网络广告策划的定义版本不一，众说纷纭，本书列举比较有代表性的三种。

（1）网络广告策划是从整体出发，对网络广告活动进行的运筹和规划❶。

（2）网络广告策划是在符合企业广告总体战略的前提下，以充分调查和研究市场为基础，科学地制定网络广告总体战略，以达到广告宣传效果的最大化过程❷。

（3）在符合企业总体广告战略的前提下，以充分的市场调查和信息研究分析为基础，经过广告主和网络广告经营单位的共同努力，科学、合理地制定网络广告总体战略，控制广告实施及其效果，为达到广告宣传效果最大化而进行的创造性谋略过程❸。

二、网络广告策划的特点

广告策划本质上就是广告商在自己头脑中事先制定好的广告预演，也是必要的自我检测，具有事前性、指导性和全局性的特点，这些特点也是网络广告策划与传统广告策划共有的。

1. 事前性

事前性是指广告策划是在具体广告实施之前的"演习"，其对广告的各个环节，比如制作、投放、实施等具体安排，是在整个广告活动开始实施之前的计划、谋

---

❶ 屠忠俊. 网络广告教程. 北京：北京大学出版社，2004.
❷ 刘友林. 网络广告实务. 北京：中国广播电视大学出版社，2003.
❸ 林升梁. 网络广告原理与实务. 厦门：厦门大学出版社，2009.

略。影响一项网络广告成功与否的因素多种多样，但必须依托良好有效、独特新颖的策略方案才能有效地吸引受众，而有效的广告策划则来自事先周密布置以及对信息的充分利用。

2. 全局性

广告策划的全局性是指，这项工作不仅要直接利用上一阶段广告信息调查时得来的各种有用信息，更重要的是在这些信息基础上设计出具体的下一步广告。这就需要系统思考广告的每一环节，才能把网络广告策划贯穿到整个广告活动全部业务中。这一过程的全局性还体现在广告策划常常与企业的实体运作相关联，例如企业的产品特点、性质、企业文化等。因此，网络广告策划在某种意义上来说是对企业及企业产品相关联的所有信息进行排列组合，以达到全面规划的目的。对网络广告来说，这种全局性的策划也是广告操作中的必要环节，本质上与传统广告是相同的。

3. 指导性

广告策划的过程就是为后来广告的具体制作、实施提供一个蓝图，后来的具体操作都要以此为依据。在一项网络广告的制作中，常常要分成不同的步骤，比如广告创意、广告制作、广告发布、传播途径选择等。这样细化的好处是有利于各种专业化的操作，但必须在最终进行整合加工，这就是广告策划的任务，其指导性就体现在对各个子环节的取舍予以修正。网络广告策划为整个广告活动提供具体的实施模本、行为依据、评价标准，如果没有广告策划的指导，这些环节就会失去方向和依据。最终导致整个广告形神不统一，自然就无法有效地推广产品、打开市场。

首先，网络广告的策划就媒体策略而言，主要是针对网络媒体展开，而一般传统广告中，多种媒体有机组合是常用方式，很难就某单一媒体策划一项广告。而网络广告中，可利用的媒体只有网络一种，因此它更具有针对性和挑战性。

其次，网络广告策划可能只是企业整体广告策划的一个组成部分，因此它是局部中的全局性行为，即网络广告策划要服务于企业整体广告策划的安排和布置，因此，在进行网络广告策划时除了要考虑到广告策划的共同特点外，还要考虑如何将网络广告纳入企业的整体发展战略以及营销战略中去的问题。

此外，网络广告由于兴起时间较短，没有太多经验可供参考，在进行网络广告策划时，应该大胆设想、突破成规、敢于创新。

网络广告的核心环节是网络广告策划，网络广告策划是对网络广告从整体出发的一种运筹和规划，也就更能体现网络广告的本质。策划的科学与否，关系到整个网络广告活动的效果，关系到企业网络营销战略。作为网络广告的突破口，网络广告策划可以使各个环节达成优化配置，其直接目的则是网络广告计划的产生，并通过对效果的监控来充分保证网络广告的有效性。

理论篇

三、网络广告策划的原则

由于网络广告是不同于传统广告的一种新兴广告形式，策划作为网络广告活动的重要环节，必不可少且意义重大。结合网络自身特点，网络广告策划应该遵守以下几项策划原则。

1. 内容要真实

网络信息的泛滥，网民发布信息的随意性大大降低了网络作为一种媒体所应具有的权威性，尤其是各种虚假广告的泛滥，更增加了人们对网络广告真实性的质疑。这对于网络广告的策划者来说是一个必须首先考虑的问题。无论做什么主题、什么内容的广告都必须坚持真实第一的原则，也就是不能欺骗消费者，这是一个企业树立自身形象最基本的要求。广告主的信息诉求必须遵循"真实是广告的生命"这一宗旨，达成长期有效的企业品牌形象的建立。而网络广告策划，也必须真实反映企业的经营目标，真实描述产品特征，真实阐述企业服务，用长期的诚信来树立企业和品牌在网络世界中的信用度，提高知名度，彻底摒弃消费者深恶痛绝的虚假信息。

2. 传播要有针对性

广告不是做给所有人看的，要面对特定的目标消费者，这是广告传播必须考虑的问题，但对于网络广告来说尤为重要。因为网络广告目标受众的数量本来就相对较少，传播的信息如果奢望面向所有人就等同于不想让任何人看。没有针对性的广告是没有根基和生命力的。网络广告是交互性的广告，应通过网民的反馈不断调整网络广告的内容，使其具有最强的针对性。网络广告策划应该围绕这一目标来展开精准诉求和"窄告"，进而把握目标受众，塑造良好的企业形象。

3. 创意要新颖

创意是广告的灵魂，网络广告策划更应该摆脱传统思维方式的桎梏，找准自身定位，不断探索、挖掘新的策略方法，发扬创新精神，通过切实可行的广告策划来保证整体运作的顺利实施。

4. 策划要系统

网络广告策划人员必须从系统的高度来全局把握策划活动的各个基本环节和操作步骤以及相互间的缜密关联。一项成功的网络广告策划，必定建立在系统思考的基础之上，细节的精心设计和彼此间的完美组合，才能最终形成满意的总体策划。

第二节　网络广告策划的基本流程

网络媒体的特性决定了网络广告在传播方式、传播效果与传统媒体广告的不同，同时也使受众对网络广告信息传播的接受方式、接受效应产生很大的争议。网络广告的最大特点是授受之间互动性与可选择性。当受众在电脑屏幕前移动鼠标主动地选择信息时，许多因素在影响着广告信息的传播，同时也就在影响着受众的决定，进而影响着广告的传播效果。如网站的知名度、广告的形式和浏览广告的操作技能等因素，决定受众选择的因素还有信息内容的有效性与趣味性。受众总是选择他们需要的以及对他们能产生某种利益的信息；另外，他们会选择一些娱乐性的、趣味性的信息（如以游戏方式出现的网络广告等），这一点可能成为上网者调节性的选择。这些都是网络广告策划确定目标消费群时应考虑的问题，必须通过对目标消费者的基本特性分析来实现。网络广告与传统广告一样，只不过前者的载体是互联网，而非其他。网络广告的广告投入第一步还是要对网络广告目标消费者进行确定和分析❶。

第一步：目标消费群的确定。

所谓目标消费群也就是网络广告的实效受众，亦是广告主所需要的最终购买用户，即广告的目标传播对象。只有让适合的用户来参与广告信息活动，才能使得广告效果得以最好发挥，获得事半功倍的推广效果。

按照传统的广告理论，广告诉求的对象是消费者。广告诉求的目的是使消费者对广告产品从不熟悉到了解，从了解到行动，从而促进产品的销售。因此，要使广告达到预期的目的，广告策划者必须准确地把握消费者。其中包括，明确消费对象，了解消费对象的消费动机和心理，了解消费对象的消费行为，以及了解消费对象对广告产品的心理诉求。

哪一部分人将会看到这则广告？哪一部分人是我们的目标用户？这两部分观众的重合度与到达率各有多高？这都是我们在投放网络广告之前要解决的问题，也是投放网络广告的关键所在。在网络广告投放策划的分析研究中，就是要通过观察归纳目标消费者的上网习惯，对其上网频率、上网时间进行研究和把控，找准对特定产品感兴趣的直接受众，然后广告主利用互联网的特性，将广告信息直接指向目标消费者。这样做的目的与传统广告的投放目的是一样的，在节约费用的同时能收到较好的传播效果。因而无论是传统广告投放还是网络广告投放，前期对目标消费者的媒体接触习惯进行分析是十分必要的。

除了对目标受众人群的媒体阶层习惯进行分析和把握之外，我们还必须及时获取用户的需求信息和反馈信息。这样做的目的，一方面是检验广告投放的效果到底怎么样，以方便在广告投放过程中不断进行改进；另一方面也是收集目标客户的需求，利用企业与目标客户进行沟通。企业获得受众信息反馈途径除了传统途径之外，还可以利用互联网的互动性进行获取。目前获取反馈信息的途径有以下几种。

1. **发放调查表**

这是传统调查方法中最为常见的一种方式，通过发放调查表进行调查，然后经过统计学进行整理分析出相关情况，以获取用户对产品了解的程度，对产品的信息需求情况，一般采取简单的选择题的形式出现。与传统调查方法相比，网络广告信

---

❶ 张建军. 网络广告实务. 南京：东南大学出版社，2002.

息调查可以在线进行,在网络上除了有专门的网络数据调查公司之外,还有一些网站专门设置了调研的软件,方便大家进行选择。

2. 用户注册

很多电子商务类型的网站,通常会选择邮箱注册的方式,以获取用户的相关信息,如图3-1所示,借此了解自己产品的消费群体,然后根据注册用户的信息针对性地发送一些相应的广告。

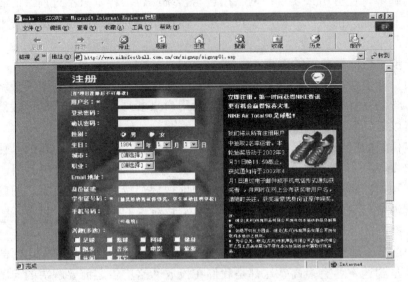

图3-1　电子邮件注册页面
(图片来源http://www.nikefootball.com.cn)

广告的目的是要促进销售,分析网上消费的情况,就必须要充分了解网络广告目标消费者的基本特性,如年龄、生活习惯、知识水平、消费习惯等。耐克(Nike)产品在美国的广告传播,将目标消费者定位为18～34岁、男性、一周出差三次,10%的收入用于娱乐;或者年龄在35～50岁、男性、年收入5万美元左右、关心健康、喜欢在周末玩对抗性运动。从这个案例来看,我们不禁觉得这样的消费群体确定难免片面,但这却是公司经过大量的调查、分析得来的数据结果,虽然范围较窄,但却能够较有针对性地发布广告信息,避免大量的信息浪费,甚至造成消费者产生抵触情绪。

网络用户多有强烈的猎奇心理,这就对网页浏览过程中用户体验提出了较高的要求。如果网页广告内容的吸引力不足以引起他们的关注和进一步的了解,那就势必前功尽弃了,所以广告策划要根据目标消费群的确定,来设计针对他们心理的广告信息。网络用户大多具有较高的教育水平,对这一特性的准确把握,自然也就有助于广告主开发具有购买力和影响力的消费受众群体;同时,还要充分了解目标用户在娱乐方面的需求,"内容是互联网上的货币",大多数人上网的主要目的是获取信息以及娱乐,那么网络广告就要充分利用互联网技术独特的互动特点来确定合适的广告主题,也就是确定广告活动的卖点,向用户提供有价值的信息和娱乐,才能给目标消费群最恰当的理由来点选广告,从而达到广告主期望的购买目的。

对于网络运营,在投放广告之前,广告主应对目标消费群要进行一系列的分析,其目的就是为了让自己的广告能根据不同类型的消费者的不同需求,准确地判断出受众的行为特征,选择合适的广告投放方式,以达到最大的广告到达率和点击率的目的。这种广告又可称为"定向广告"。所谓"定向"实际上是对受众的筛选,即广告的显示是根据访问者来决定的,先进的广告管理系统能够提供多种多样的定向方式,比如按访问者的地理区域选择不同的广告出现,根据一天或一周中不同的时间出现不同性质企业的广告,根据用户所使用的操作系统或浏览器版本选择不同的 Banner 格式。目前总体说来,国际上网络中常用的定向广告多达十几种,而在国内比较常用的定向有以下几种。

内容定向:针对不同偏好的受众。

时间定向:按照时间段和特殊日期进行广告促销。

地域定向:针对某一地区进行广告渗透。

频率定向:减少同一广告对同一访客的曝光次数,减少广告投放的浪费。

强度定向:轰炸式的广告发布,完成短期促销的有效手段。

次数定向:规定印象次数或点击次数的投放。

百分比定向:规定广告发布数量的分配比。

针对选定的目标消费者,结合特定细分市场的站点投放网络广告,能够有效提升企业或品牌的知名度。这种由于目标消费者的特定需求而形成的定向细分市场,为网络广告提供了更精准的传播途径,如同把运动产品投放在体育主题的网站上,把美容产品投放到女性主题网站一样,符合了网络消费者追求高效、快捷的心理,会有较为精确的到达率。网络广告市场的上升空间和发展前景毋庸置疑,而目标消费群的研究和确定是建立在网络媒体对传统媒体大规模受众分流的基础之上,这就使得网络广告形成了一个特定的目标受众群,这一的消费群的结构特点决定了网络广告的发展方向。

第二步:网络广告主题的确定。

广告主题指引着广告的方向,这一点在网络广告策划中也同样成立。只有明确了网络广告活动的主题之后,广告策划者才能决定相关的广告内容、形式、创意,甚至包括网站的选择、广告对象的确定。

广告的最终目的就是销售或建立品牌资产,就此而言,传统媒体广告和网络广告都是如此。可以说,不管你的广告是在直接进行卖点诉求还是在树立品牌形象,最终广告的意义就在于广告信息传播后对销售状况的改变。

如何让网络广告更为有效?这是广告主和代理商同样关心的问题。高效的网络广告必须依赖于策略性的事先策划,做到让适合的广告信息适时展现在适合的目标

受众面前,从而吸引实效受众来点击和浏览,并参与广告主的广告信息活动。这就对网络广告主题的确定提出了一定的要求:广告的目标对象是由广告产品的目标消费对象来决定的,所以明确产品特性是准确定位广告主题的关键。

例如,润妍洗发水网络广告广告主题:

① 提高"润妍"品牌产品的知名度;

② 通过在线推广,增加"润妍"品牌网站访客量与注册用户数;

③ 通过在线推广,获取线下推广活动(润妍女性俱乐部、润妍女性电影专场)的参加人数;

④ 获得受众的直接反馈,这一传播效果也是网络媒体吸引广告主最具诱惑力的因素。

从以上的主题衍生出来的网络浏览者的直接反应应该有:

① 让浏览者来访问站点,从而让他们知道企业、产品在某一个Web站点上;

② 让来访问站点的浏览者认识广告主的产品;

③ 填写一份调查表,配合广告主进行市场调查;

④ 使消费者购买产品,下达订购单;

⑤ 让受众知道如何使用产品。

这些明确的广告主题和广告目标是网络广告创意与设计前应该把握好的,其实质是和传统的广告主题确定有很多相同之处的,也就是要根据产品定位、个性化服务、目标消费群等特点确定网络广告的主题。而网络广告主题又决定了网络广告的表现形式、广告的内容、具体站点的选择,进而影响着最终的广告效果。

第三步:网络广告创意的产生。

企业对一则关乎自己产品的网络广告其创意好坏的评估,掺杂很多主观因素,而用户对创意只是简单到是否喜欢,因此广告主在追求创意表现时,一定要考虑到用户的良好体验,避免用户反感。如果网站能顾及用户体验,提供巧妙的创意空间,则能够大大地增加广告点击。

网络广告创意的产生,首先是要确定网络广告的目标:广告目标的作用是通过信息沟通使消费者产生对品牌的认识、情感、态度和行为的变化,从而实现企业的营销目标。在企业的不同发展时期有不同的广告目标,比如说是形象广告还是产品广告,对于产品广告在产品的不同发展阶段广告的目标可分为提供信息、说服购买和提醒使用等。AIDA法则是网络广告在确定广告目标过程中的规律。

① 第一个字母A是"注意"(Attention)。这在网络广告中意味着消费者在电脑屏幕上通过对广告的阅读,逐渐对广告主的产品或品牌产生认识和了解。

② 第二个字母I是"兴趣"(Interest)。网络广告受众注意到广告主所传达的信息之后,对产品或品牌发生了兴趣,想要进一步了解广告信息,他(她)可以点击广告,进入广告主放置在网上的营销站点或网页中。

③ 第三个字母D是"欲望"(Desire)。感兴趣的广告浏览者对广告主通过商品

或服务提供的利益产生"占为己有"的企图，他们必定会仔细阅读广告主的网页内容，这时就会在广告主的服务器上留下网页阅读的记录。

④ 第四个字母 A 是"行动"（Action）。最后，广告受众把浏览网页的动作转换为符合广告目标。

网络媒体的特点决定了网络广告创意的特定要求，如网络的高度互动性使网络广告不再只是单纯的创意表现与信息发布，广告主对广告回应度的要求会更高；网络的时效性非常重要，网络广告的制作时间短，上线时间快，受众的回应也是立即的，广告效果的评估与广告策略的调整也都必须是即时的。传统广告的创意步骤在网络广告上运用可以说是有着很大的不同，因此网络广告有自己的创意策划过程，具体案例如下。

宝马旗下的 MINI 为品牌创立 50 周年建立的 Minisite——"MINI 速学院"被网友戏称为"最出色的洗脑网站"，可见这个性十足的 Minisite 有多么招人喜欢。实际上，"MINI 速学院"应该算是横跨 2009～2010 两个年度的网络营销案例。2009 年 8 月，"MINI 速学院"正式上线，而在 2010 年 3 月份，随着速学院同学完成"期末考试"并最终产生了两名幸运学院之后，这一活动才算正式告一段落。

此活动的主要内容是通过招收同学加入"MINI 速学院"，当然，招收的对象也是企业和广告主精心筛选的，是他们产品的潜在消费者。进行一段时期的培训，成绩优秀的成员会得到一定的物质奖赏，普通同学也会经过一段时间的洗脑，对此类产品的喜爱程度更加狂热。"MINI 速学院"采用了漫画风格的界面，旁白诙谐，虽然是讲品牌历史、产品性能，但包上了时尚、艺术、明星的外衣后却并不让人觉得枯燥。课程内容五花八门，从迷你几何、高速物理这样的理科到人类速度通史、品位学之类的人文学科，成绩出众者还能得到纪念版 MINI 车一年不限里程的使用权。

第四步：网络广告形式的选择。

发展适合的媒体战略时，必须考虑到很多变数，包括市场的范围、信息的性质、消费者的购买形态、预算标准、媒体的限制、竞争战略、广告主的商品需求，以及媒体自身的基本性质等。将网络广告经费的效率发挥到极致，产生合理的到达率、频度以及连续性的分量，就是媒体计划的宗旨。

但网络广告的媒体很简单，就是网络这一个，所以在媒体的选择上，网络不同于传统媒体。网络中广告发布的途径和形式在前面的章节中已经详细介绍过了，这里不再赘述。由于网络不仅具备媒体特性，同时具有渠道、客户关系、服务等不同特性，不能单纯地根据受众的到达率来选择；各网站所具备的技术力量、内容配合、创意表现、营销策划服务直接决定了其在整合营销中可发挥的空间。网络广告媒体选择就是对广告主所要发布信息的站点的确定，甚至包括具体页面位置的确定，不同的站点有不同的受众对象，所以媒体的选择对 Web 广告的最终效果影响很大。

选择网络媒体形式一般经过以下四个步骤。

1. 确定网络媒体级别

确定网络媒体级别就是确定应选择哪类网站发布信息，如究竟应在搜索引擎优化方面投入还是在门户网站上做广告，或者是在专业类论坛或地方网站上面做文章。这是企业和广告主选择具体的网络媒体的第一步，需要从以下四个方面进行分析。

（1）各类网络媒体的费用档次。如果是广告预算达不到的一线媒体就应该考虑必要的舍弃。

（2）同类网络媒体的优、缺点比较。根据广告发布需要考量网络媒体各自的优劣长短。

（3）与以前广告的衔接问题。若本次广告活动所采用的媒体同前几次一致，则容易产生积累的效果，因为在广告传播中，重复就意味着力量！

（4）广告竞争问题。考虑所采用的媒体能否同竞争对手的广告攻势相抗衡，以配合企业的整体竞争战略。

2. 确定具体的网络媒体

在已选定的网络媒体类别中，选择一个或几个适合本次广告活动需要的具体媒体，进一步落实相关的网络媒体推广计划。例如，已经确定将要利用门户类的网络媒体推出系列广告，需要在这一步中做的工作，就是应该确定是在一般性的社区门户还是垂直行业网站推出广告，或是一般性的地方网站，而且网站按服务分类，还可以分为内容提供、搜索引擎、即时通信、电子邮箱、电子商务、无线服务、在线娱乐等，在这里就应格外注意媒体的针对性、覆盖率及可行性。

3. 确定媒体组合原则

一般说来，传统意义的广告，不会只在单一的媒体上推出，而是利用多种媒体组合策略来达成最大化的覆盖效果。由于广告活动的目标是统一的，因此，在每一媒体上推出的广告必须相互协调，其效果可以配合起来。在协调不同媒体时需要有一套媒体组合原则，制定媒体组合原则时需考虑的问题有二：一是"面"，即如何包括所有的目标市场消费者；二是"点"，即媒体影响力集中点的恰当选取。网络媒体相对来说，完全依托网络作为传播媒介，所以媒体组合策略相对是作为其他传统媒介投放的有效补充。

4. 进行媒体试验

一套媒体方案一旦确定下来，很可能就在几个月内会保持不变，以便积累对消费者的持续性的影响力。因此，为了保证所采用的媒体方案行之有效，最好是在正式启用之前，先对其进行一次试验。试验方法是，在选定并做好组合的媒体上，小规模地推出广告，然后调查目标市场消费者的反应，由此判断此套广告媒体方案的成败与得失。

根据以上的论述，我们以润妍洗发水网络广告（图3-2）为例来进行说明。

第三章　网络广告的策划

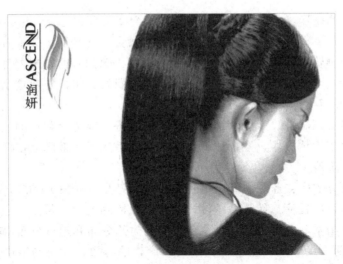

图 3-2　润妍洗发水网络广告

（图片来源于http://www.vecn.com/runyan）

媒体选择策略：

① 具有较高的目标受众比例；

② 具有较高的品牌知名度，形成品牌互补；

③ 广告表现的可承载性；

④ 广告效果的可监控性；

⑤ 合理的媒体采购价格。

媒体选择范围：

① 知名综合门户网站的相关频道；

② 利用综合性网站的大流量优势，在短时间内提高品牌知名度和产品知晓度，并能有效形成"话题效应"，对活动起到推波助澜作用；

③ 区域性覆盖面的网站运用，利用区域性覆盖网站的地区影响力，如所列网站分别覆盖了华东、华南和西南等地区，有效地将广告信息深入传达到目标受众人群中，实现广告信息覆盖深度的要求；

④ 知名女性垂直网站，利用这些女性内容垂直网站的受众集中特征，辅以高频次的广告播放，极有针对性地向精确目标受众传递广告信息，有效地提高了广告到达率。

结合润妍洗发水的网络广告传播案例，选择合适的网络广告传播形式可以从以下几方面进行考虑。

（1）目标受及内容配合。网站用户与广告目标受众的重合度及到达率，是选择网站的重要指标；若运用新的用户特征可定向技术，更是提升了目标受众到达的准确度，节约了推广成本。网络媒体在整合营销中的特色之一，便是与网站的内容合作；产品与频道内容密切融合，大大提升网民对产品的认知，软性推广有效地避免

49

理论篇

了用户对广告的排斥。因此,网站内容的可配合度关系到内容合作的可操作性。

(2)技术力量。服务器的稳定性,是否能承受大浏览量,关系着网络广告是否能正常播放,浏览者能否点击该企业网站;还有,数据库的数据处理功能等都由网站的技术背景决定。网络广告所在网站的新技术研发力量,更决定了网络广告新形式的开发,以及新的营销模式的发掘。

(3)营销策划服务。专业营销策划团队的服务,能配合客户的行销目标,合理分配预算,深挖媒体资源,发挥线上线下的互动效应,有效降低推广成本,为客户带来更多附加价值。

(4)第三方的广告监测系统。第三方(非网站自身研发)的广告监测系统,是一个多用户网络广告流量统计系统,该系统可以监测投放广告网页的浏览量和指定网络广告的点击量,并可以提供浏览者查阅的时间分布和地域分布(国家、省、市、自治区),从而有助于广告主正确评估网络广告的效果,调整网络广告策略,同时可以保证投放结果数据的公正性。

第五步:网络广告策划书形成。

广告策划是广告活动的蓝图,它是现实基础上的一种超前构思。构思完成后,需要将其形式化,形成一份书面的、具有详细步骤的文件,指导整个广告投放过程中的每一个阶段。所以,一份缜密的广告策划书必不可少。撰写网络广告策划书,要在对市场情况进行调查分析的基础上进行全面策划,应提出广告目标、广告对象、广告主题、广告创意、广告表现策略、广告预算、广告媒介运用、广告实施策略及效果检验等方面的策略建议。

网络广告策划的目的在于解决企业网络营销中的广告传播问题,必须按照逻辑性思维的顺序,即提出问题——分析问题——解决问题的构思来编制相应的网络广告策划书,给读者一种循序渐进的感觉。

首先是设定情况,提出问题。按一般思维规律,是先交代策划背景,然后由大到小,由宏观到微观,层层推进,再把策划书的主题以及中心和盘托出。其次是在突出中心主干的情况下,对细节部分给以充分重视。主干部分是网络广告的大构想、重头戏,应重点展开论述;而枝干等细节部分虽是配角,但却是具体实施中的重要依据和手段,少了这部分内容,网络广告策划就会显得过于单薄。最后是明确提出解决问题的对策,也就是需要帮助广告主想办法、出点子。这些对策的提出要有事实依据,才能使整个网络广告策划方案令人信服。

尤其要注意的是,首先网络广告策划书中所制定的大政方针,应符合市场变化的需要,以保证网络广告传播活动的有序推进和网络广告目标定位的精准无误。其次,网络广告策划作为一个整体,还要注意各子系统及各具体环节之间的联系与操作,其指导性涉及到整个广告活动中的各个方面以及各环节的关系处理。策划书的最终形成要依据前面章节探讨的目标消费者的确定、网络广告主题、媒体选择,来最终形成书面的策划书。

下面以上海通用汽车有限公司的产品——雪佛兰克鲁兹为例，按网络广告策划流程操作，提供给大家一份网络广告策划书作为参考。

[企业自身情况]

上海通用汽车有限公司成立于1997年6月12日，由上海汽车集团股份有限公司、通用汽车公司共同出资组建而成。目前拥有浦东金桥、烟台东岳、沈阳北盛3大生产基地，共4个整车生产厂、2个动力总成厂。上海通用采用4S店直销的销售方式，4S店是一种汽车服务方式，包括整车销售（Sale）、零配件（Spare part）、售后服务（Service）、信息反馈等（Survey）。上海通用选拔优秀的供应商为其提供各种零部件。供应商遍布于全球，供应商与上海通用是良好合作的关系。

[市场大环境分析]

工业化和城市化是支撑中国经济增长的基本力量。人们对汽车的追求实际上已经不是一个简单的代步工具的追求，更是社会进步的一种表现，是一种文明的追求。面对外部的金融风暴，我国汽车业要坚持扩大内需，保持信心。

受经济危机影响，全球经济增长前景严重低迷，石油需求增长显著放缓，持续多年的全球石油供求脆弱平衡状态有望得到缓解。国际油价已经出现了大幅回调，我国对成品油价格的控制得到了加强。油价降低对整个汽车行业都有好处，将有助于汽车使用成本下降，汽车行业整体往上走。

国内轿车产业外部整体环境趋好，各生产厂商有着较为广大的市场发展空间。中国汽车业的中高档主要品牌有奥迪、大众、奔驰、宝马等各品牌，占据相应的市场份额。按照近几年的汽车生产规律，每到秋冬季节，汽车销售最为火爆，被业内人士称之为"黄金季节"，而春夏季相对来说就清淡很多。近期的汽车市场销售额预计在2010~2011年内能达到最多450万辆的销售量。

[消费者分析]

中国消费者在购车时除了注意轿车排量外，还十分注意车辆大小和配置，往往几项小配置的增加能在消费者心中上一个档次，中高档轿车也在不断朝着"大而全"的方向发展。因为世界顶级名车，如奔驰、宝马在外形上很大，使人们很容易将大和豪华、气派联系在一起，从而联想到车主尊贵的身份。消费者喜欢科鲁兹的外形，其大气的外形为其吸引了大批的男性顾客，但是对其高排量有些意见，这就使得科鲁兹的市场占有份额有限。

目前购买科鲁兹的一般是20世纪70和80年代早期的人，一般80年代后期的人还没有购买的实力。购买者的学历大都在大专以上且为男性，购买者大都有固定职业和收入，喜欢时尚，追求豪华、气派。

克鲁兹的前景市场还存在着大量的潜在消费者，他们收入高、感性、时尚，可能已经购买了其他品牌的汽车，但不满足于现有的车型，或者已经有点排斥现有车。在有资金的前提下，准备换成中高档车，他们会被科鲁兹大气的外形所吸引。

经过分析我们发现：科鲁兹的现有消费者以有固定收入的职业男性为主，年龄

在25~40岁之间,在大、中城市定居,家庭月收入1万到2.5万元,受过大专以上教育,一般为高级主管及私营企业主管。潜在消费者购买趋于感性,他们被克鲁兹的外观吸引。

[产品自身特点分析]

科鲁兹是一款廉价、结实、实用、操控性好的中档车,还有它那超酷的外形设计,产品形象具有青春活力、个性时尚。克鲁兹排量小,但是油耗大。现阶段的销量良好,处在产品成长期。公司要进一步扩大其销量,提高知名度。三款车型分别是1.6 SL 自动天地、1.6T SE 手动 和1.6 SL 手动天地;指导价分别是12.79万、15.99万和11.39万元。

[竞争对手状况分析]

本田锋范和科鲁兹可以算得上是直接的竞争对手,不论从外观、动力还是配置都是针锋相对。科鲁兹的定价可能会和锋范非常接近。而在车型优势方面,锋范会在油耗方面更具优势,而科鲁兹的优势则是在性价比方面比较突出。

[广告策略书的形成]

[广告的目标确定]

科鲁兹是一款中档车,以其耐看、结实、实用、操控性好的特点,成为超时尚的小轿车首选。科鲁兹的诉求对象为职业男性,以能满足他们的时尚、张扬个性为诉求重点。我们把科鲁兹的目标市场定位为事业有成,进取心强的高收入人群所构成的市场。这部分人群生活稳定,希望在成功基础上再次实现超越,体现并提升自我价值成为这部分人群所追求的目标。

[网络媒介策略]

通过以上的分析,结合网络上投放广告比电视广告要便宜,取得的效益更加突出等实际情况,所以此产品的推广以网络广告为主。制作广告视频,在新浪、淘宝等网页上定制页面广告;同时在搜狐、土豆等视频中插入一个广告页面或弹出广告窗口。目的是提高产品知名度,继续强化其品牌在人们心目中的地位,使其品牌在中国家喻户晓,在目标生产者心目中的认知度达到90%以上,同时扩大销售量,销售量突破15万辆以上。

此广告的宣传时间从2011年1月1日开始,诉求方法强调克鲁兹的性能和外观,突出此款车在目前市场的无人可及性;诉求目标人群以事业有成,进取心强的高收入为主,年龄在25~40岁之间,在大中城市定居,月收入1万到2.5万元,受过大专以上教育,一般为高级主管及私营企业主管;广告主要体现:克鲁兹的时尚动感、活力,给消费者带来无限机遇与奇迹,要提升个人魅力就买克鲁兹。

[广告费用估算]

此案例的网络广告估算总金额大约为550万元:策划3万元、设计费用2万元、制作费用5万元;网络广告按照每千人次访问次数作为收费单位,点击5元/次,共计500万元,其他费用40万元。

这是一则完整的网络广告策划书，它的形成对于产品的整个宣传过程有着积极的指导作用。当然，此策划书的形成也需要前期的各项调查做准备，最终形成一个完整的书面文件。

第三节　网络广告的预算和效果评定

一、网络广告费用投入预算

预算作为企业经营活动的重要财务内容，就是要从宏观和总体上来分析、计划和安排收入与支出。商业运作中，做任何项目都需要有资金预算。同样，对任何项目都要涉及一个投入产出比，用最少的投入来达成最大化的收益，为企业节省资金。这就涉及了网络广告费用投入预算，网络广告预算考虑最多的是投入因素，也就是主要来分析企业的广告投入，网络广告的预算与传统广告本质上完全一样，广告方式的差异不会影响广告预算的性质。这也就意味着，网络广告中制约资金投入的因素与传统广告大致相同，但网站的规模、性质、网络普及率和范围也势必会影响到广告费用的投入，这与传统广告又有所差异。因此，要想了解网络广告的费用投入预算，首选就需要了解网络广告的计价方法。

目前，国际上通行的是以下两种广告计费形式。

一种是 CPM（Cost Per Mille，或者 Cost Per Thousand，每千人成本），是按照网络媒体访问人次计费的标准，指在广告投放过程中，按每一千人看到某广告作为单价标准，依次向上类推的计费方式。通常以广告所在页面的曝光次数为依据。计算公式为：

$$CPM = 总成本 / 广告曝光次数 \times 1000$$

另一种是 CPA（Cost Per Action，每行动成本/广告效果计费），表示广告主为每个行动所付出的成本，是指按广告投放实际效果，即按回应的有效问卷或订单等定义效果来计费，而不限广告投放量。其计算公式为：

$$CPA = 总成本 / 转化次数$$

这两种形式是目前使用最为频繁的互联网广告计费形式，同时也是衡量网络广告效果的重要指标。CPM 的原理与传统媒体的广告效果评价体系有相似之处，注重广告的显示效果；而 CPA 则完全区别于传统媒体，是一种基于互联网互动性特征的广告计费形式，在确定了广告主所需要获得的广告效果基础上，以效果的实现来衡量广告价值。

在国内，除了 CPM 和 CPA 外，还有一个广告主衡量互联网广告效果的重要指标——CPC（Cost Per Click，点击成本），就是浏览者点击某网络广告 1 次，广告主所付出的成本。其计算公式为：

$$CPC = 总成本 / 广告点击次数$$

通过CPC的广告点击数及点击率，广告主就可以很清楚地了解到自己投放的网络广告到底带来了多少宣传效果，大大满足了广告主对广告效果评估的需求。

例如，一定时期内一个广告主投入某产品的网络广告的费用是5000美元，这则网络广告的曝光次数为500000次，点击次数为50000次，转化数为1000。那么这个网络广告的千人印象成本为：

$$CPM=5000/500000 \times 1000=10\text{ 美元}$$

这个网络广告的每点击成本为：

$$CPC=5000/50000=0.1\text{ 美元}$$

这个网络广告的每行动成本为：

$$CPA=5000/1000=5\text{ 美元}$$

举例说明，某网站的Banner广告报价是每千人成本为100元，客户的预算为2万元，那我们可以在新浪网投放多少次广告呢？答案为：2万元除以每千人次100元，广告可有20万次的广告曝光次数。此网站必须在一定的时间内，使这个广告能达到20万次的曝光次数。

此外，国内的主要网络广告计价方法还有以下几种。

CPR：按照浏览者的每个回应来计费。

CPS：按照实际销售产品数量来换算广告刊登金额。

CPL：按照搜集潜在客户名单多少来收费。

CPP：按照销售销售笔数来计费。

包月方式：按照"多少钱一个月"的固定方式收费，多见于中小站点。

网络广告必须纳入整个企业的商业活动之中进行成本与收益分析，以对整个广告计划的绩效做出评估，互联网广告的投放，比一般的大众媒介投放更加精确。这就意味着在制定传统媒介广告计划的时候有一点是需要特别注意的，就是广告是不是针对我们的目标消费者做了，否则就是资源的极大浪费。这一原则在网络媒介上同样适用，甚至比传统媒体更需要应用。网络是个分众的媒体。它的分类比传统媒介要细致得多。我们要帮助客户，通过一个网站的属性，或者在一个综合网站的特定单元中找到目标消费群❶。

作为新兴的广告模式，网络广告与传统广告在收费模式、收费水平和收费标准上有很大的差异，在完成对网络广告投放费用的确定之后，下一步就是广告预算的细分，大体会涉及到以下各个层面的具体问题。

1. 网站的选择

其实网络广告的策划和网络广告的投放，最关键的一部分就在于选择什么样的网站，网站的质量、网站的信誉、访问者的性质与数量是决定网络广告成功与否的关键。好的网站是网络广告成功的前提，网络广告预算首先要确定投放的网站。衡

---

❶ 卢小雁. 市场精灵：网络传播与广告. 上海：复旦大学出版社，2001.

量和选择的标准包括了稳定的访问群、雄厚的技术基础、访问者是否是企业的目标消费者、收费合乎国际通用规则（CPM，CPC等）、广告的透明度是否有保障、网站是否有第三方监测等。这些都是网络广告预算需要首先了解的问题。

2. 广告费用的合理分摊

网络广告的投入并不是无底洞，广告费用的多少更不应该基于投入数目的大小，而是要从企业整个市场营销的角度，把长远的企业发展战略与其联系起来。产品本身的特点、消费者的数量及潜在顾客群的数量、利润的数额及竞争对手的力量等因素都会影响广告预算的费用。在制定广告预算计划时，一定要站在更高的层次上，将广告投入与企业的未来发展联系起来，把握关键环节和突出重点领域，科学决策，合理分摊。正确制定网络广告费用预算，就要求广告主首先要确定整体促销预算，再确定用于网络广告的预算。整体促销预算可以运用量力而行法、销售百分比法、竞争对等法或目标任务法来确定。而用于网络广告的预算则可依据目标群体情况及企业所要达到的广告目标来确定，既要有足够的力度，也要以够用为度。

制定网络广告费用投入预算，是合理配置广告投入的重要过程。网络广告预算为广告主控制广告活动提供信息支持，广告主也可以根据预算的情况来修正广告或重新分配广告费用。

二、网络广告投放效果的评定

网络广告效果的评估是网络广告活动最后的一个环节，是对网络广告效果大小的综合评定。网络广告是一种新兴的广告形式，所以尚没有统一的测评标准。

目前在我国，对网络广告效果的评估尚不完善。没有专门的网络广告监测机构，正是因为这一点，许多企业在制定产品的营销计划时不把网络广告列入其中。可见，网络广告测评标准的建立是我们目前急需解决的重要问题。

与传统广告相比，网络广告的效果评估虽然具有众多优势，但是广告效果的评估对任何一种媒体而言，都是很复杂的问题，网络广告也不例外；用户的点击冲动与很多因素有关，创意表现的新颖、广告词的煽动性、对产品的兴趣、活动的奖品、产品代言人等都影响着网络广告的点击量。重点应该是：此次广告投放对品牌传播有多少影响？因为随着网络广告新技术的开发，对品牌传播的可评估性已展开研究。利用Cookie（对广告到达点进行记录）收集网友名单，在广告投放结束后，分出实验组和对照组，对"看过"广告和"没看过"广告的人群分别展开问卷调查。

针对不同广告主对不同广告效果的要求，应该使用相对能体现这种广告价值的衡量标准去评估。例如，以宣传品牌为最终目的，可以采用CPM为主要衡量标准，以推广促销活动为目的，可以采用CPC为主要衡量标准；以购物行为为目的，则最

理论篇

适合采用 CPA 为主要衡量标准。广告主的需求引导着广告衡量标准的不同，"以广告主广告效果需求"为目的是目前唯一也是最为准确的网络广告衡量标准❶。

互联网是一个互动的媒体，可以实现点对点宣传。这种传播特征使互联网的推广不仅停留在广告印象（用户被动看到广告）或者广告点击（用户主动点击广告）上，而且还可以渗透到企业的营销全过程，这可以通过了解用户点击网络广告后行为的分析得以实现，从而在目标消费群经常浏览的网站有的放矢地进行广告投放，起到事半功倍的效果。

与传统广告相比，网络广告在传播渠道上发生了变化，广告的表现方式也不一样，但是，广告基本的"AIDA 公式"却仍是值得遵从的法则。广告主可以依据不同的广告目的，用"AIDA"来检验网络广告的效果。广告的 AIDA 中每一个阶段都可以作为网络广告传播效果评估的内容，这与评估指标的对应关系如表 3-1 中所示。

表 3-1　网络广告评估，内容与效果对比表

网络广告 AIDA（评估内容）		网络广告的传播效果评估指标	
Attention	注意	Advertising Impression	广告曝光次数
Interest	兴趣	Click & Click Through Rate (CTR)	点击次数与点击率
Desire	欲望	Page View	网页阅读次数
Action	行动	Conversion & Conversion Rate	转化次数与转化率

视听产品，像 DVD、MP3 类的广告，不一定要出现在搜索型门户网站的首页，但是应该出现在娱乐、音乐类搜索分类的网页上；为医疗部分制定网站推广计划，就无需出现在大型综合门户的主页面广告位上，而更应该出现在健康医药类搜索导航的网页；各种流行饮料可以到流行音乐网站找到年轻族群；皮肤护理产品可以到女性网站上做广告；航空公司可以到搜索引擎网站中的旅游单元找到想选择飞机出行的网民。

和传统媒体不一样的是，网络媒体可以帮广告主更准确地找到确切的目标消费群。有的时候，广告主为求知名度和门面上的形象，总会要求刊在网站首页的位置，认为这个位置流量最多，是最多人看的地方，刊登这样的位置不会错。但事实上，就一个综合性或引擎类的门户网站而言，首页的访问人次虽然很多，却不见得能真正接触最想要的目标消费者，所以，网络广告有其独特的传播特性，网络消费者也有其独特的认知习惯。我们必须根据网络媒体和网民的特点来确定准确的消费群，准确的广告效果监测，能更加有的放矢，使同样的广告预算发挥出最大威力。

---

❶ 杨坚争等．网络广告学．北京：电子工业出版社，2002．

第四节 网络广告的监督与管理

一、网络广告监管的必要性

随着国际互联网络的快速发展，我国从事互联网业务的企业也越来越多，其主要业务是利用互联网提供信息服务和发布广告。网络广告的发展速度并不代表它的成熟。目前互联网广告中存在着许多问题：有些广告是虚假广告，欺骗误导消费者；有的广告是法律、法规禁止或限制发布的广告；有些特殊商品广告发布前未经有关部门审查，内容存在着严重的问题；一些网站在广告经营中存在着不正当竞争行为等。这一切都制约了网络广告这一新生事物的健康发展。

网络广告的这些问题在每个国家都存在着。美国政府早在1994年已开始关注网络中的虚假广告问题，并采取相应的对策和行动。例如，美国联邦通信委员会（FTC）在1994年处理的一个案件中，被告通过广告向在线消费者宣传通过非法步骤提供修改信用卡记录的服务。根据判决，法院要求广告主花钱消除影响，停止以后的信用卡相关事项。1996年4月2日，马萨诸塞州高等法院对一个通过互联网络发布与艾滋病治疗方面有关的虚假广告的妇女采取了临时性拘留令，其广告中宣传有一种治疗方法可以6个星期内治愈艾滋病。被告将标题是"6个星期内你会让HIV消失"的广告投放在互联网上，消费者只要花费12美元就能获取如何治疗的信息。广告还以克拉克博士的名义宣传如何消灭HIV，同时还推介一本这方面的书，但需要额外的费用。网站还给了一个电话信息台号码，提供进一步的信息每分钟收费1.99美元。经医疗专家认定，广告的宣传是虚假不实的。于是，马萨诸塞州的法官判定，被告对马萨诸塞州的消费者构成了欺骗性的伤害，法院禁止被告在任何媒体上再发布这类虚假广告，并处以罚款。

通过以上的实例和近几年来的总结，现阶段我国的网络广告传播中主要存在着以下的问题。

1. 网络广告通过各种网络传播形式的渗透

《中华人民共和国广告法》（以下简称《广告法》）第13条规定：广告应当具有可识别性。传播媒介不得以新闻报道形式发布广告。通过大众传播媒介发布的广告应当有广告标记，与其他非广告信息相区别，不得使消费者产生误解。但是在网络时代，各种各样的广告形式层出不穷，出现了大量的隐性广告，给广告的认定带来了一定的困难。所谓隐性广告，是指采用公认的广告方式以外的手段，以非广告形式出现的使广告受众产生误解的广告。所以，隐性广告，亦被称为不是广告的广告。互联网上的隐性广告主要形式有下列几种。第一，网络新闻和广告的区别不明显。一些网站专业化的程度较高，拥有特定的阅览群体，一些企业通过对这些网站的赞助，发布一些新闻形式的广告，从而模糊了新闻与广告的界限。第二，BBS

性质广告化。这类广告主要是以论坛讨论问题形式出现的。商业网站在企业的赞助下，在主页上开辟专门讨论企业产品与服务的性能、质量、功能之类的问题的论坛。而这些所谓的论坛，很多就是企业以网民的名义故意在论坛上发起的，通过讨论，诱使网民购买自己的产品和服务。

2. 广告主、广告经营者、广告发布者的界限模糊

现行《广告法》对广告经营者是进行分类管理，其对广告主、广告经营者、广告发布者的定位是以传统的平面媒体广告和电子媒体广告为基础的，三者之间的界限十分清楚。企业要在传统媒体上发布广告，必须委托具有合法经营资格的广告发布者，而不可能自己经营媒体发布广告。然而在网络的虚拟空间里，情况却大不一样，除了委托经营网络广告的网站发布广告外，企业还可以在自己的商业网站上为自己的商品和服务直接发布广告，作家、明星可以在自己的个人主页上宣传自己的小说、歌曲或新影片。一句话，在网上任何人都是媒体，任何人可以自行发布广告信息。只要你点击了这些站点或链接了相关主页就必然会看到这些广告。同时，许多ISP（网络服务提供者）和ICP（网络内容提供者）通常集广告主、广告代理、广告制作和发布于一身，他们每时每刻都在网上为自己的企业作广告，同时承接其他企业的网络广告业务。可见，在网上广告主、广告经营者和广告发布者的界限日益模糊，他们既是信息的传播者，又是广告客户、广告经营代理者、广告制作者。由此可见，法律上对广告主、广告经营者、广告发布者的定义及规范方式显然已经不适应网络广告的现状和发展。

3. 人人都可能发布网络广告

我们经常会收到这样的邮件或短信：请您将此邮件转发给20个人，您将有可能获得手机一部或电视机一台。这种不期而至的广告比上门的推销员令人更难忍受，使我们陷入两难的境地，转发可能造成朋友的反感，不转发又被奖品所诱惑；同时，由于人人都可以在网上发布广告，使网络广告管理起来更加困难。

二、网络广告监管的内涵

1. 网络广告监管的几个关键词

从宏观上讲，网络广告监督管理是指网络广告活动主体和网络广告活动主体的上级主管部门以及社会公众舆论对网络广告活动的监督与管理。

在这个概念中，包含以下几个要素。

（1）网络广告活动主体，即网络广告主、网络广告经营者、网络广告发布者。从这个角度讲，网络广告监督管理是指网络广告主体对自身内部的管理。

（2）网络广告上级主管部门，包括网络广告的行业组织和政府有关部门的管理组织。广告的行业组织依照行业协会章程以及各项规章制度，对行业内各组织的广告经营活动进行自我约束、自我规范和管理。政府有关部门主要是国家工商行政管理部门依据广告管理法规对网络广告活动进行宏观管理与指导。

（3）社会公众舆论监督，这是广告监督管理的重要补充。在我国目前的情况下，网络广告法规不健全，尤其需要社会公众舆论的监督，同时也需要为政府部门制定有关法律提供建议。

从微观上讲，广告监督管理是指由国家授权的工商行政管理机关，依据广告法规，对广告主体的宣传经营活动进行的监督管理与指导。保护正当的广告宣传，打击违法广告活动，从而保护消费者利益。由此可见，广告监督管理是工商行政管理部门的一项有目的的管理活动，他是工商行政管理业务的重要组成部分。

2．国家政策调控层面

网络广告是既不同于平面媒体广告也不同于传统电子媒体广告的一种形式。正是由于网络广告与众不同的特点，对传统广告法律的适用性提出了挑战，如何从理论上探讨网络广告的特征，以加强对网络广告的监督和管理成了迫在眉睫的问题，目前我国已经开始了这方面的准备工作。

为保护消费者、经营者的合法权益，规范网络公司的广告活动，使网络广告逐步走上规范化、法制化的道路，针对互联网广告中存在的问题，作为广告的监督管理机关的国家工商行政管理局，网络具有与传统媒体迥然不同的开放、互动的结构，不可能采用传统媒体的办法来规制广告。许多国家为推动电子商务的发展，对在线交易实行全面免税，对网络广告的管理也采用比较宽松的模式。考虑到我国网络广告发展的具体情况，现阶段我国也可以采用一种比较宽松的管理办法。

第一，政府的宏观管理与网络广告经营单位的微观管理相结合。

网络经营单位是网络运作与管理的重要环节，对于网络经营单位政府必须加强指导和宏观调控，使其不能偏离我国经济发展的正常轨道。网络经营单位的微观管理包含两层含义：一是网络经营单位自身必须遵守广告法和相关法规，抵制不正当竞争和违法广告；二是网络经营单位应当在具体的经营过程中加强对本网站主页的管理，一旦发现违法广告行为时，要及时加以制止，不能听之任之。

第二，国家法律法规强制管理与网络广告行业自律管理相结合。

国家法律永远不可能穷尽网络广告违法行为。同时，网络广告又有自身的发展规律，处在不断的发展过程中。所以，对于网络广告法律的制定一定要掌握好力度，既不能太粗，也不能太细，要有一定的调整空间。

3．具体措施

（1）网络广告立法。这是目前乃至以后网络广告监督管理的极其重要的内容，也是我国建设法制社会的需要。法律的建立是管理的基础，没有法律，一切都是枉谈。

（2）网络广告经营的审批登记。网络广告审批登记是网络广告管理机关对网络广告经营活动资格的认定。只有在国家网络广告管理机关登记才具有网络广告的发布经营资格。不进行登记而擅自发布广告应被视为违法活动，要予以查处。可以说，目前我国的许多网络广告经营者都是无证经营。

(3) 网络广告活动监督。网络广告活动包括网络广告的制作、代理、发布等各个环节。监督方式可分为事前监督、事中监督和事后监督，随着我国网络活动的增加，必须加大对网络广告活动监督的力度。

(4) 网络广告行业发展指导。对网络广告的发展指导主要是网络广告协会的职能。通过行业自律，发现网络广告中存在的问题，引起网络广告监督管理部门的重视，一旦发现有违法广告出现，一定要找出源头，予以严惩。

三、网络广告监管的难点

网络广告作为新兴的广告形式，具有不同于一般广告的特点，所以其监督与管理也与一般广告的监督管理不同，有其自身的特点。

1. 对象的特殊性

网络广告监督管理的对象是网络广告主体以及网络广告经营活动，而非从事一般非网络广告的广告主及其活动，更不是不从事广告经营活动的企事业单位、社会组织团体和个人。这一特定的管理对象就把网络广告监督对象与其他广告监督对象区别开来，更与工商行政管理部门其他的管理活动区别开来，也就无形中增加了网络监管的难度。

2. 对象认定的复杂性

网络广告监督管理的对象首先是网络广告的经营者和发布者以及网络广告主。传统广告的经营者、发布者以及广告主的区分是非常明确的，身份的认定不存在任何的问题。所以，工商管理部门管理起来也很方便，在发生违法广告活动追究当事人的责任时，责权利明确，没有任何异议。但是，网络广告由于自身属性，有时其经营者、发布者和网络广告主是三位一体的；同时，由于网络的开放性特点，任何一个网民只要上网就能发布广告信息，而不管其有没有网络广告的营业执照、是不是符合国家的有关规定。所以，网络广告管理在监督对象方面由于网络广告主、网络广告经营者、网络广告发布者之间的模糊不清而难于把握。

3. 对象活动的不确定性

网络活动是完全开放的活动。网民在网上的活动很难控制。同样，网络广告活动也存在这方面的问题。在网上信息是可以随时更新的，可以发布信息，也可以删除信息。尤其是违法广告活动神出鬼没，活动地点难以确定。现在有，可能一会儿就不见了。而且，网络空间的无限性对网络广告监督管理就更是一个考验。毕竟，网络技术是在不断变化中的，这种方式的违法活动被查处了，另外一种形式的活动可能又出现了。对于违法广告活动的确定、监督、查处对广告管理部门来说是个巨大的挑战。

4. 监管部门的非专业性

我国目前没有专门的网络广告管理部门，没有专门的网络广告管理人员，是工商行政管理部门在行使网络广告管理职能。目前，急需加强对网络广告的监督管理力度,尽快成立专门的网络广告监督管理机构。

四、网络广告监管的相关法律法规

由于我国目前还没有制定专门调整网络广告的法律,规范网络广告的主要法律依据是《广告法》。毋庸置疑,网络广告经营活动同样要遵守《广告法》的有关规定,而网络广告独有的特征,使网络广告在实际运作中出现的许多新问题是《广告法》所难以解决的。

《广告法》规定:"广告应当真实、合法","不得含有虚假内容,不得欺骗和误导消费者"。然而,由于我国对网络的监管力度不够,相关法律规范也不完善,网络虚假广告的出现在所难免。2000年6月,上海工商行政管理部门查获了首例网络虚假广告案。张某和吴某在自制的网页上杜撰一个未经登记核准的"上海智狐机械设备有限公司",自称该公司是上海最大的食品机械生产企业,并制造了许多虚假的获奖内容,借此吸引客户,从事无照经营。鉴于此案尚未造成损害后果,承办此案的工商部门已责令违法当事人在其网页上公开更正消除影响❶。

中国互联网广告从1993年出现以来,经历了从最初的鲜有关注到现在的迅猛发展的阶段,伴随互联网广告如火如荼的发展,一些问题也随之出现,出现了虚假广告盛行、广告表达甚至第三方数据欠规范等亟待解决的问题。和传统广告一样,互联网广告业难逃虚假广告的梦魇。仅就网络购物来说,据《2009年中国网络购物市场研究报告》显示,2009年我国网购人数有1.3亿,13.2%有过不满意网络购物经历。这些不满意者中有52.3%表示遇到商品与图片不符情况,25%的用户选择"商品是仿冒的"这一选项,超过20%的人买到过伪劣和残损物品。

在浩如烟海的网络世界,网络广告隐藏在一个个网址之后,如果不知道确切网址,人们难以迅速找到特定的网络广告,再加上网络广告的科技含量很高,其表现形式比传统广告多,这些因素都给广告监管部门的监督管理工作带来了一定难度。为了适应网络时代的特点,广告监管部门也应改变传统的监管方式,以网络方式管理网络广告。监管部门可以在网上开设专门的网络广告管理窗口,对网络广告进行抽样监测,同时方便网民通过网络对网络虚假广告或其他违法经营情况进行举报,并及时通过网络定期公布对网络广告的监管情况。除对违法者依法进行处罚外,还应在网上予以公布,提醒用户加以注意。

对于网络广告的内容和网络虚假广告相关责任人责任的承担,应适用《广告法》的有关规定,将网络广告经营者纳入"媒体经营者"或"广告媒体经营者"的范畴,使其对广告内容承担一定责任,适用《广告法》第38条规定的"明知或应知广告虚假仍设计、制作、发布的,应当依法承担连带责任。"此外,网络广告较之传统广告所拥有的优势之一就在于网络广告与电子商务紧密联系,观看网络广告之后可以在线购买产品。正因为如此,网络虚假广告又经常是用于商务欺诈的手段

---

❶ 陈孟建. 网络营销与策划. 北京:电子工业出版社,2002.

之一。而在电子商务的这一新领域，我国现有法律的规范作用非常有限，不利于保护网络交易安全。因此，与网络广告立法相配套，还应制定相应的《电子交易法》，以对电子商务加以规范。

鉴于目前网络广告经营较乱的情况，有必要确立明确的网络广告市场准入条件。美国在这方面的做法是，网站在做网络广告时，必须得到FTC（美国联邦通信委员会）的批准，FTC的许可证每年都要更新。根据我国的实际情况，可以规定ISP和网站从事网络广告经营活动应依法得到工商行政管理部门的批准，并领取具有一定期限的许可证。目前，北京市工商行政管理局已经开始对网络广告经营资格进行规范管理，并发布了相应的行政通告。另外，对于企业在自己的商业网站上为本企业发布商业广告，个人在自己的网页上发布相关商业广告信息的，也应向工商部门申请许可证，但条件可相应放宽，期限也可相应延长。对于"无照经营者"应依法予以处罚。

要使互联网广告有一个良性快速发展，行业自律是必需的。2007年，中国广告协会互动网络委员会成立时就发布了《中国互动网络广告行业自律守则》。但自律是一个高层次的要求，现实中实施比较困难，总有些不法商家在利益驱使下利用互联网受众缺乏辨别力来发布一些虚假广告，影响整个互联网广告行业的诚信度。整治互联网广告市场必须双管齐下，一方面是行业自律，另一方面国家出台相应法律法规予以制约。

小结

本章系统介绍了网络广告策划的概念、原则和基本的工作流程，以及网络广告效果测评和监管等问题。

网络广告策划是网络广告经营中的首要环节，它是对网络广告活动的全面运筹和总体规划。广告策划就是广告商在自己头脑中事先的广告预演，因此具有事前性、指导性和全局性的特点。

网络广告策划的基本工作流程，侧重于具体案例，帮助读者有一个感性认识。而网络广告的效果测评和监管，是必须格外重视的一个环节，国内广告公司相对重视程度和专业化运作水准远远不够。

网络广告的专项法规亟待正式出台，以弥补和完善当前网络广告监管方面的不足。

习题

1. 如何理解网络广告策划的基本原则？
2. 自选行业品牌，制作一份规范的网络广告策划书。
3. 对当前的网络广告监管问题，你有什么好的方法和建议？

设计篇

第四章　网络广告的设计
第五章　网络广告组成元素的设计

设计篇

第四章
网络广告的设计

第一节 网络广告的视觉组成元素

我们在前面的章节中说过，对于有目的地从网页上获取信息的网民来说，作为附加信息的网络广告属于次要知觉对象，网民对网络广告信息的接受是相对被动和模糊的。因此，要让网民注意并记住网络广告传达的信息，一个重要的前提就是必须使网民感兴趣，这就要求网络广告要有较强的冲击力。有研究证明，受众在接触信息时，如果5秒内不能引起注意，之后就不再感兴趣。所以，引起网民注意，是网络广告传达成功的第一步。但是如何能够引起网民的注意，这就要求网络广告的设计人员对内容的各个要素进行精细设计，以求达到最完美的结果。

广告的设计者普遍认为有六个要素决定着网络广告视觉表现的成败，决定着视觉表现的效果。它们分别是：背景、图像、广告语、文字、色彩以及交互形式。这些要素是根据广告视觉传播的一系列原理，如知觉原理、注意原理，以及异质心理等原则，并参照广告视觉语言的构成要素，即文字、形象、色彩、空间来设定的。在下面的章节中，将一一讨论。

一、背景

网络广告最开始出现的形式是以平面广告为依据来参考的，但是不同于承载平面广告的报纸及杂志媒体，网络媒体有自己的独特性，反映到广告上就是：网络广告在形式上具有平面媒介广告的空间特点，又由于网络技术的运用，具有广播、电视等电波广告的时间特点。

网络广告发展到现在，虽然仍是以文字及图像信息的传递为主，但是因为网络媒体在时空上的独特性，使其传播更及时，能以最快的速度向消费者明确地传递广告信息，并能重复、连续地进行传达。但是如同其他媒介信息的传递一样，网络广告的信息传递会遇到大量甚至更多的干扰。例如，广告所在的网页本身信息较多，并且信息传递的方式和技术与网络广告大同小异。这就容易分散网民的注意力；再如，目前网络广告本身的数量、形式及内容都很多，花样繁出，都使得网民眼花缭乱，注意力不能集中。因此，对于衬托广告信息背景的要求，也就日益提高。

针对网络信息杂乱庞大的情况，如果网络广告如同网页信息一样以一块文字、一个小图案的形式出现，势必会被隐藏在大量信息中，得不到突出。网页是网民知觉的主体,是突出在前面的,被网民清楚地知觉到;而网络广告则是模糊的、朦胧的,是次要的知觉对象。如果网民的知觉不能选择性地注意广告,当然就达不到视觉传播的效果。但如果网络广告运用整体背景,与大量繁复的网页信息区分开来,就能以网页的杂乱反衬出广告的整体感,凸显网络广告。

如图4-1所示,旁氏公司在以下网页上所作的广告,与本身就很夺目的网页图片内容和其他广告内容同时呈现。篇幅不如网页内容大,颜色不如另一则广告缤纷。可是,正是由于其从头至尾坚持了统一的品牌色作为广告背景,反而在不断变化的网页内容中凸显出来。反之,另一幅广告虽然内容繁多,可是反而不如旁氏的广告更能引人注目。

图4-1　旁氏网络广告
（图片来源于新浪网）

所谓整体背景,是指广告以整幅连续的画面,或统一的底色作为贯穿始终的背景,而不是将几个图像拼接在一起,或更换背景及色彩。并且,从占用流量上看,网络广告占有的"空间"是一般信息的十几到几十倍,如此大的空间,如果用持续统一的背景来贯穿,其视觉表现效果当然也会比一般信息的效果强十几到几十倍,如果运用得当,甚至可以产生"一加一大于二"的相乘效应。

如下面的沃尔沃汽车Banner广告（图4-2）,采用统一的黑色亮度渐变背景,一

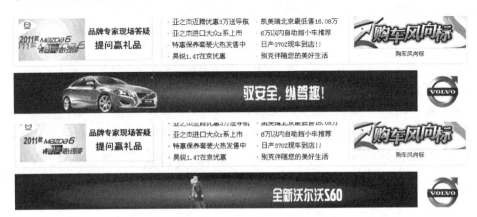

图4-2　沃尔沃汽车Banner广告
（图片来源于新浪网）

设计篇

方面能凸显汽车产品的外形，另一方面黑色也能给人高贵和神秘的印象，在提升了广告整体的视觉品味之余，也能引发受众持续观看的好奇心和专注力，使广告信息传达更加完整。

二、图像、文字、色彩

网络广告传播设计中的视觉形象，大部分是通过图像的形式来进行传播的。可以分为具象和抽象；也可分为静态图像和动态图像。

网络广告传播中，文字在表情达意、引起浏览者注意方面起到了关键的作用，我们所获取的广告信息有70%以上是从文字中获得的，所以文字的设计在网络广告设计中起到了举足轻重的作用。

色彩，在网络广告中，是最先也是最持久地给浏览者以广告形象的因素。所以说，色彩在广告语言中扮演着非常重要的角色，如同人的衣着一样。

图像、文字、色彩部分的内容在后面的章节里详细介绍。

三、广告语

广告语，又称广告词，它是为加强受众对广告主体信息的印象，在广告中长期、反复使用的一句简明、扼要的口号性的语句。一条优秀的广告语其作用是多方面的，其影响也是长久的。作为广告语，创作的目的是多种多样的：塑造商品品牌及企业形象；达成一个时期内的促销和竞争目的；强调商品技术先进、品质独特及整体优势的特点。无论企业出于哪种营销目的，采用何种广告形式，广告语一直被认为是一则广告的"灵魂"，它以凝练的形式完整、形象地概括广告内容、广告主旨，并形成易于传播和记忆的语言。那么，广告语的作用表现在哪些方面呢？

首先，广告语向消费者传达产品或品牌的核心概念。任凭一个产品或品牌所蕴涵的信息是多么复杂，但最后通过广告传达给消费者的就是一幅画面或一句广告语，"买这样的商品或选择这个品牌，你会得到哪些独特的利益。"

其次，广告语还可增加产品或品牌的附加值。通过广告塑造品牌，由品牌在消费者心理中的认知作用，可以产生附加值。所谓附加值，就是产品带给消费者有形实态使用价值以外的无形价值，其取决于消费者的主观认知和心理感受。全球著名体育运动休闲品牌Nike（耐克）的广告语"just do it"（想做就做），为消费者带来的就是品牌所倡导的自由、坚定信念的价值观和生活态度。

再次，广告语利于塑造完美的产品品牌形象。奥格威说过："每一则广告都是对产品品牌形象的长程投资。"广告及广告语通过语言艺术手段，深刻、细腻地为消费者"描绘"出了产品的品牌形象。消费者通过心理认知和解读，在内心世界常常会产生以下境况，"喝咖啡是高雅的，可口可乐为我们带来友谊，玉兰油使我们更年轻，劳力士彰显尊贵地位……"

最后，广告语甚至可以影响社会价值和行为规范。广告语通过鼓吹感官刺激和情绪化的价值认同,在一定程度上影响社会的价值标准。"不在乎天长地久,只要曾经拥有(铁达时手表)",就不知影响了20世纪90年代多少食色男女,成了争相追逐的时髦。

有广告大师曾断言:"好的主题广告语,能创造一条广告80%的利润。"对于网络广告来说,广告语也同样重要,它是吸引视觉的一个重要元素。网络广告的主题广告语应该具有如下特性。

1. 新鲜性

由于网络媒介的时空特性,使得网页上包含的信息量比其他媒介要多得多。在如此海量的信息中,要想吸引网民的注意,新奇并且简洁、清晰的广告语不可或缺。应当用最少的字说出最引人的话语。而且应该有震撼力、感染力或激发力,这样才能吸引到网民的目光,并吸引他们点击广告。比如以下平板电脑网络广告(图4-3),既利用语义的对比让人感到新奇,简洁的语言又能切合产品的特点。

图4-3　语义对比的电脑网络广告

(图片来源于太平洋电脑网 http://www.pconline.com.cn)

2. 话题性

网络是个永远不缺新话题的地方,现代社会中的绝大多数话题资源都是最先由网络流传出来的,因此具有话题性的广告语一方面能引起网民的关注,另一方面也能让网民自发地进行传播。特别是一些使用网络语言的话题,得到的认同感更加强烈,如"**门","**哥","秒杀","有木有","hold住"等,使用网民熟悉的语言才就能引起网民注意和赢得网民的点击。 如图4-4所示的网络促销广告,就使用了时下网络购物中比较流行的字眼,诸如"秒杀"和"火拼"等,相信喜欢网购的消费者,对这样的字眼,是绝对不会放过的。

图4-4　使用流行字眼的网络广告

(图片来源于淘宝网)

3. 流行性

网络是目前信息流通最为迅速的媒体，几乎所有的信息都会经由网络传播。也因此，网络可以说是引领着现实社会的潮流。所以，符合潮流并且顺应流行趋势的话语自然能引起网民注意及引发好感，如果能再配合视觉形式上的流行元素，则更能刺激网民的视觉，突出商品、品牌或广告的个性。

第二节　网络广告的版面设计

网络广告的版面设计指根据表现主题与创意的要求，将传达信息的各种构成要素如前章所述内容，文字、图案、色彩等要素及与商品密切相关的产品信息如品牌名称、促销信息等元素，来进行创造性的组合，并且安排元素间的视觉呈现关系，使之成为一个具有广告效果和传播效应的视觉整体。将文字、图形图像、色彩、动画、视频图像等网页界面的传达要素根据特定的内容比例在网页所限定的范围中，运用造型元素和形式原理进行视觉形式表现的过程，是创造性、艺术性地传达信息的过程。

在网页设计领域，很长时间以来版面设计被认为是技术性工作，没有艺术性可言。因为网页的设计和制作上要由技术人员来完成，这些技术人员只是习惯性地规定一种格式，习惯性地放入文字，再让设计师设计一些大小和内容都符合他们需要的图形图像，也许这些图形图像的创意和表达都较新颖，但由于缺乏对网页的整体理解，设计师设计图形图像的工作相当被动。现在，人们越来越认识到版面设计在网页表现里的重要作用，它是技术和艺术的高度统一。版面设计不仅需要技术人员利用程序来实现，而且需要设计师运用统一、对比、对称、均衡、节奏、韵律等形式原理进行设计，以构造出和谐、流畅、自然的版面，网页的版面设计在网页表现中的作用可以概括为实用功能和审美功能。

一、网络广告版面的视觉流程设计

随着网络技术的不断发展，网络广告设计中所需考虑到的版面编排不仅在空间上有规律可循，而且在时间上也需要进行一定的考虑。但是不管从哪方面着手，所依循的线索都是一定的，即平面设计中的视觉流程。

所谓视觉流程，是人在接受外界信息时，视觉在移动过程中遵循的轨迹。人的视域有限，不能同时感知外界呈现的所有物像，通常要一定的顺序移动视线，逐一感知物像，形成对外部世界某一认知对象的感觉。经试验证明，人的视线移动顺序，是积极主动的，既有随意性，又有一定规律可循。将各种要素在视觉运动的规定下进行空间定位，就是从注意力的捕捉起，通过视觉流向的诱导，直至最后印象的留存，这一程序的规划或设计，我们称之为视觉流程设计。进行视觉流程设计，应引导受众的视线按照设计者的预计线路移动，以确保其按照设计者的思路接受视觉信息。

广告画面中的任何视觉形象，都有其运动性和诱导性。垂直线引导人的视线作上下运动，水平线引导人的视线作左右运动，斜线比水平线和垂直线更有张力，能把人的视线引向斜方向，不断改变方向的折线，使人的视线按其方向的改变而改变。

如图4-5所示，刘翔代言的耐克广告，运用景深将栏架和画面重心作竖直排列，一方面将目光焦点锁定在代言人身上，另一方面垂直延伸的画面能够引导受众接收其余的广告信息。而碧柔产品的按钮广告，用权威的广告语构成斜线，将画面区隔，很明显地分为广告文字信息和产品展示两个部分。如图4-5所示。如果利用水平线将图文设置为并列的关系，给人同等重要的印象。

图4-5　网络广告中的线条

（图片来源于搜狐体育 http://sports.sohu.com）

不仅线条是如此，形状也是如此，正方形的视线引导方向是四方辐射的，包括对角线的延长方向和四边的延长方向。圆形的视线引导方向是呈辐射状的，给人以均衡的扩散感。如图4-6所示的迪士尼促销广告，利用圆弧形罗列介绍了促销活动带给观者的各项利益。每项获利之间的关系是平等的，并不会给人一种哪项特别突出的印象。三角形的视线引导方向是向三个方向扩散的，以广告标语为中心，将代言人形象、产品信息以及产品形象分列三角，呈三足鼎立之势，信息富足但却不显繁冗和累赘。

图4-6　圆形视线引导

（图片来源于淘宝网）

此外，形态的视觉诱导功能还体现在形态的相互关系之中，如从大到小或从小到大，从强到弱或从弱到强，从疏到密或从密到疏，从黑到白或从白到黑等。如果内容繁杂，形式多样，则需要对广告人物的形态大小处理和文字的字体及字号选择，让网民轻易地将广告从众多信息中重点辨识出来。

二、版面视觉流程设计的原则

1. 视觉符号的可视性

所谓视觉符号，就是以线条、光线、色彩、强力、表现、平衡、形式等符号要素构成、用以传达各种信息的媒介载体。广告中的视觉符号，由图形和文字两部分组成。图形一般即产品形象或形象代言，采取或绘画、或摄影、或写实、或写意的表现方式，是对实物的抽象、象征的符号表现，既不是单纯化的符号，也不是单一以审美为目的的一种装饰，而是在特定思想意识支配下的对某一个或多个元素组合的一种刻画和表达形式，目的是给受众以思想上的启示。

为了保证视觉运动的流畅，设计中的各种视觉符号应是目力所及，是知觉容量限度内的，就是说视觉的客体是可视的，要有一定强度的诉求力。视觉符号必须是易读的，各种信息的定义必须易于为人们所理解，并具备响应的视觉环境。

如图4-7所示，这两则网站的广告宣传画面，同样都是采取绘画的形式及写意的表达方式，可是给人的感觉却完全不一样：一个是涂鸦式的随意，而另一个却是图腾般的严谨。当然，它们所承载的信息也大不相同，手绘艺术的网站采用强调随意性的广告宣传，带有图腾般神秘色彩的广告则是日本灵异类漫画网站。

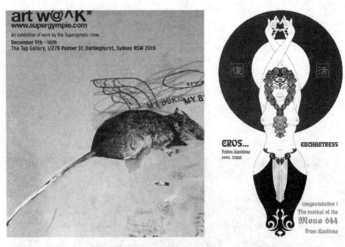

图4-7 写意绘画的表达方式

（图片来源于www.supergympie.com 以及《KASHIMA》杂志1999年3月号网络版）

2. 视觉流程的逻辑性

一个优秀的设计，其视觉流程应该是符合人们的认知过程的心理顺序和思维发

第四章　网络广告的设计

展的逻辑顺序的。沿着一条既自然又合理的方向给予暗示，客观信息不同强弱的诱导，视域优选原则以及各构成要素在构成上的主次要求，将这一切进行融会贯通的结合，才能设计出一个逻辑性极强的视觉流程。

3. 视觉流程的诱导性

在视觉流程中相邻视觉符号要素间距的大小，对视觉流程的速度的影响很大。间隙小，就有紧张或紧凑感，视线流动速度快，但间隙过小则可视性差，不易阅读；反之间隙大，空白多则舒展，视觉流速缓，但过大则有松弛感，不易连贯。

利用这些特点，掌握视觉流程的节奏，诱导受众按照设计好的顺序接受信息。如果平铺直叙、呆板平淡，就会使受传者的视觉逐渐迟钝，兴奋减退。

4. 设计构成的全面性

视觉流程的设计要从全面着手，根据某一特定的内容，首先要有总体的设计构思，如采用何种方式，突出什么重点，如何安排视觉流程的模式和方向。然后再进一步考虑用什么方法捕捉受众的注意力，如何诱导人们观看，需要传播什么信息，最后要达到什么目的，给受众留下什么印象等。根据不同的设计要求，形成不同的流程形式。如图4-8所示为三星网站上的产品广告，因为主要是起介绍产品作用的，所以页面注意值较高的左边是产品相关的文字信息，但是不少受众在浏览这幅广告的时候目光很容易被页面右侧的产品及代言人吸引。其原因就是右侧的设计一方面运用了前景和背景以及大量留白，另一方面产品以较高的明度出现以吸引视线；另外，运用了"3B"原则的代言人形象也被置于右侧。

图4-8　三星网络广告
（图片来源于三星韩国官网）

71

设计篇

三、视觉流程设计的三个阶段

一则网络广告是否能吸引视觉而达到传播的目的,就看其视觉符号是否为可被理解的艺术语言,是否通过视觉而引起心理上的反应。吸引受众的奥秘在于:从视觉上注意,心理上唤醒,激起受众的向往,形成与他们的沟通。注目一幅广告时,受众往往首先会快速浏览版面,先形成一个总体印象。这个过程只在瞬间完成,紧接着视线便被画面中最引人的某一处所吸引。此处可能是视觉冲击力较强,或者是受众需要了解的内容,具备引起兴趣的美的形式。当这种视觉符号以产品本身形式来出现时,广告效果尤佳。因此诸如汽车、电脑等高端产品多采用这种形式。

由于视觉符号的这种特殊性,广告中往往会首先设置可视性最强、最能"抓住视线"的元素,随后视线沿着视觉符号各因素的强弱程度而移动。由于存在视线弱的方向性诱导,形态动势的心理暗示,注意力价值的视域优选,构成要素的主次影响等方面因素,视觉运动遵循着一定的方向和程序而进行有规则的流动,这就是视觉的运动法则。

在视觉流程设计过程中分为三个阶段:目光捕捉、信息传播和印象留存。其中首要的就是目光捕捉阶段。

目光捕捉可以从三个方面设计:以形象设计为目光捕捉物;以画面元素对比反差为目光捕捉物;以动静对比为目光捕捉物。我们具体将在下文的焦点确定中详述。

当受众视线被目光捕捉物所吸引,已经引起注意后,就有了进一步探索内容的要求,这就是信息传播的阶段。信息传播是视觉流程设计的重要内容。

信息传播的过程是由信息源通过媒介传播给信息接受者,信息既不是物质,也不是能量,它只是借助于某种载体才能表现出来,通过某种载体进行传递和交换。受众在接受了这些信息后会将这些视觉符号信息存留在记忆中,即印象留存。

第三节 网络广告版面焦点的确定

一个网络广告页面的焦点也就是此广告要展现的中心内容,网络广告一定要在极短的时间内抓住浏览者的视线,向浏览者展现主题内容,所以页面焦点的确定就显得尤为重要。这里所说的焦点,指的是版面中引导视觉心理的焦点,一般有以下几种形式。

一、以人物形象作为目光捕捉物

广告的最终目的在于说服受传者以达到传播者的目的,人物形象作为目光捕捉物有利于主题和创意的表达,起到良好的点题和烘托作用。如图4-9所示为佳能的网络广告,以人物营造生活中的欢乐场景来进行目光捕捉,将受众目光聚焦在人物的灿烂笑容上,再利用画面的虚实和文案将受众的思路引导向摄影类产品。

图4-9　人物视线捕捉焦点

(图片来源于 http://travel.sohu.com)

作为产品或品牌形象的代言人,具有独特的个性品位,具有美的感染力,不仅增强画面的吸引力,而且会在受众心目中建立个性形象,留下难以忘记的印象。当下许多网络游戏广告都使用真人来代言,就是为了将代言人的个性甚至是行事风格代入广告产品中,让消费者对未知的游戏产品有个预先的认知和判定。如强调热血的"降龙之剑"游戏广告就使用了给人以"热血汉子"印象的摇滚明星"信"乐团的主将信来进行代言。一直强调自己是"新一代的选择"的百事可乐,在代言人的选择上也是遵循这一设计原理。

另外,在广告视觉设计中,运用人物的动作语言能提高画面的被注意值,能更有效地传播设计信息。如图4-10所示为网易女人的广告,利用女性饰品和女性本身的肢体形成了多个三角形构图,一方面打破平淡的广告画面使得受众的目光锁定在三角形区域内;另一方面,利用这种不对称但是却稳定的构图方式营造艺术性的氛围。

(a)　　　　　　　　　　　　(b)

图4-10　人物动作捕捉焦点

(图片来源于 http://lady.163.com)

设计篇

二、以商品图形作为目光捕捉物

目光捕捉物采用商品本身,是传达商品信息、说明产品本身性能特点最直接的方法,它能在视觉上给受传者一个清晰的商品印象,使受传者对画面内容进一步关心,引起共鸣,刺激其购买欲望。如图4-11所示的两则电脑广告,虽然品牌不同,

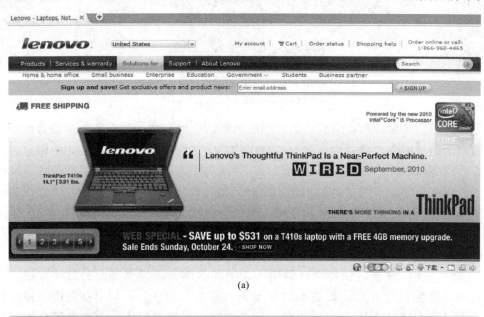

(a)

(b)

图4-11　商品本身捕捉焦点
(图片来源于联想美国官网以及苹果中国官网)

诉求不同，但是不约而同地使用了商品本身作为目光捕捉物。

三、以文字作为目光捕捉物

文字作为目光捕捉物的广告设计以信息型广告为主，在网络广告上主要采取按钮广告和公司网页广告等形式。文字不仅作为语言符号可直接陈述企业和产品的特征及功能，并且通过设计文字形象的个性、风格特点来表达企业、产品给人的印象，因此也要注意文字与广告内容及广告产品风格的一致性，否则会影响文字的视觉传达的效果。

四、通过排版设计确定焦点

每个版面都会设计一个视觉焦点，这也是版面设计中需要重点处理的地方。焦点是否突出和版面编排、图文相互位置、色彩运用、明暗处理以及动静对比都有极大的关联。

具体运用到设计中，一般会沿着视觉焦点的倾向与力度来发展整个版面的编排。具体的方式如下。

（1）在版面设计过程中，如果有确定、有效的信息载体，无论它是文字或是图像，可以通过扩大其占用版面的比例来将其突出，同时使次要的诉求元素缩小到从属地位，加强主从元素的大小对比。这样会使受众的视线不自觉地首先注意大的元素，然后才会看到较小的形象，形成人为强势的版面焦点，并且，这种由大到小的视觉引导能够使受众视线在版面上流动，形成一种动态的浏览，从而使版面更灵动，主要诉求点更确切。

（2）有的时候，主要视觉元素的面积并不是很大，可以通过在主要视觉形象周围留白，利用虚实的对比使主体形象更加鲜明和突出，从而成为焦点。

（3）色彩对比凸显版面焦点。色彩能带给人非常强烈的视觉感受，因此如果版面主体在色相、明度和对比度等方面与从属元素对比性增大的话，就会从整个画面中脱颖而出，成为版面的视觉焦点。

（4）动静区别确定焦点。动使版面充满活力，获得更高的注目度；静使版面冷静、含蓄，具有稳定的因素。两者在版面的组织上，以动为前、静为后，彼此以动静的对比关系来建立空间感。

第四节　网络广告版面的结构类型

除了前面章节中的内容，网络广告的页面元素在排版的过程中会产生非常多的结构类型，不同的结构类型也会给浏览者带来不同的心理感受，进一步影响着广告主题的表达和广告效果。主要有以下几种版面的结构类型。

一、横向型

此类画面主体元素横向罗列，由于符合大多数人的视觉习惯，给人稳定、平静和顺理成章之感。如图4-12所示，就是典型的横向型结构，从左至右排列广告元素。目前，横向型构图一般多采用全图型的版面构成。所谓全图型，即是用一张图片占据整个版面，主要以图像为诉求。这种方式视觉传达直观而强烈，图片可能是广告人物形象或广告创意所需要的特定场景。文字配置于图片之上，在图片的适当位置嵌入标题、文案和商标。这是一种具有现代感的构图方式。全图给人以大方、舒展的感觉，是商品广告常用的形式。因此，许多讲求潮流性的快速消费品常常使用这一模式。

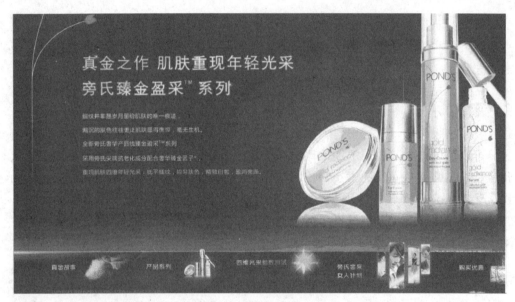

图4-12 横向型网络广告
（图片来源于新浪网）

二、中轴线型

如图4-13所示，即为中轴线型版面结构。这种构图具有良好的平衡感。在安排构成要素时，要把诉求重心放在画面水平方向或垂直方向的中心，使网民的视线一开始就投向诉求重心，抓住主要商品信息。

三、骨骼型

骨骼型是一种规范的、理性的分割方法。常见的骨骼有竖向通栏、双栏、三栏、四栏和横向通栏、双栏、三栏和四栏等。在图片和文字的编排上严格按照骨骼比例进行编排配置，给人一种严谨、和谐、理性的美。骨骼型经过横竖相互混合后

第四章 网络广告的设计

图4-13 中轴线型布局
（图片来源于http://www.godiva.cn）

的版式，既理性、有条理，又活泼而具弹性。

四、纵向型

纵向型是一种常见的简单而规则化的构图类型。图片在版面上方，其次是标题，然后是文案与商标。网民视线自上而下移动，阅读效果良好，形成一种坚定的引导感，因此被广泛用于编排设计。有关实验表明，标题放在画面中央位置，能有效吸引阅读者的注意。如图4-14所示的度假酒店广告就是如此。

五、斜向型

斜向型是一种富有动感的构图方式，全部构成要素或主要构成要素向左或向右，作适当倾斜，网民视线随倾斜势态，由上而下，或由下而上移动。

图4-14 纵向型网络广告
（图片来源于http://event.msn.com/holiday）

77

图4-15所示的这则比萨店广告，以渐变的颜色虚化背景，一方面能引起食欲，另一方面衬托出食物的鲜香，在构图上就是运用了斜向型的处理，画面主要元素是文字性的标题和实物性的产品形象。无论网民视线是先落在文字上还是产品上，其视线都会被引导到另一元素上。在保证广告信息传达完整的前提下，也增加了画面的灵活度，使得这则广告给人以活灵活现的感觉。

图4-15　斜向型网络广告

（图片来源于http://txooo.com）

六、曲线型

曲线型构图一般分为圆形构图和自由曲线构图。圆形构图适用于女性用品广告或着意表达一定情调的广告，它比单向型的构图更具有节奏、韵律和美感。但由于圆形自身过于完美、规整，在设计时，要恰到好处地处理圆形与其他构成要素的关系，如图4-16所示的这则化妆品广告就是巧妙地利用圆形来象征中华文化里的一个重要元素——代表平衡的太极。然后再运用太极本身的象征意义去传达广告信息。既维持了女性用品需要的柔和美感，又很好地完成了广告信息的表达。当然，有时用半圆形也可以获得良好的视觉效果。

图4-16　曲线型网络广告

（图片来源于http://lady.163.com）

第五节　网络广告中的交互设计

　　随着以超文本标记语言HTML及超文本传输协议HTTP为主要基础的网络浏览器成为当今互联网的支柱，网络广告广泛应用超文本、多媒体等最新科技。随着各种高新智能技术的不断推出，网络广告设计师除了可以用文字和图画、视像来进行广告创作外，对于声音、图画、照片乃至三维动画、视像等多媒体表现形式的综合使用也越来越容易、越来越频繁。人机交互的体验网络广告已经成为网络广告的一种趋势，在新的网络接触时代中，吸引眼球只是网络广告设计的第一步，要想真正吸引消费者，除了运用原有的传统设计思路之外，还应该结合时代和技术的特征，让网络广告不仅可以被观看，更重要的是同时可以被接触到，通过网民的主动参与，潜移默化地把品牌形象传递给消费者，这样才能在讲求实际经济效益的网络广告时代取得成功。因此，网络广告交互设计应运而生，也逐渐受到重视。网络交互行为即广告里的文字或图像对网民的点击等动作予以反馈，二者通过网络达成某种程度的互动，完成广告信息的传达甚至完成商品交易达成购买行为。交互式广告的形式多种多样，比如游戏、插播式、回答问题、下拉菜单、填写表格等，这类广告需要更加繁复的交互，设计的重点在于设计"体验"，比单纯的点击包含更多的内容。交互式广告分为网页元素交互和富媒体交互两种。

一、网页元素交互广告

　　网页交互广告通常通过Banner来实现，此类广告允许浏览者在广告中填入数据或通过下拉菜单和选择框进行选择。它的点击率要高得多，可以让浏览者选择要浏览的页面，提交问题，甚至玩个游戏。这种广告占用的空间小、兼容性好，使得连接速率低的用户和使用低版本浏览器的用户也能看到。

　　网页Banner广告交互式设计的响应类型可以分为两大类：一类是早期比较爱使用的心理暗示型，此类已不太常用；另一类是网民动作响应类型，具体可分为鼠标移入、鼠标点击、键盘响应和多种交互动作复合响应几种，其中的基础设计便是鼠标移入和鼠标响应。

　　1. 鼠标移入响应（Rollover）

　　使用Banner广告，因为其无法使用点击响应，无法进入广告的二级链接，成为超链接广告。因此在无链接的情况下，要达到互动效果，就只能利用鼠标移动来达成交互了，如图4-17所示的英特尔公司利用鼠标移入的交互设计实现的小游戏互动。首先出现在网民面前的是吸引网民参与的画面和语句。当网民将鼠标移入Banner广告画面时，游戏开始，网民只需移动鼠标便可参与游戏，当网民将金币收集完毕后，出现广告信息和二级链接通道。这样，一则使用鼠标移动交互设计的广告便完整呈现出来了。

设计篇

图4-17　鼠标移入响应

（图片来源于http://www.163.com）

2. 鼠标点击响应（Click）

鼠标点击响应的交互设计一般应用于Flash类别的网络广告，如图4-18所示。运用这种技术的网络广告能达到更多元化的互动效果，其趣味性也更强，当然，这种交互广告的开发时间和成本也相应提高。但是由于网民进一步地参与到广告的发布进程中来，其效果也比一般的网络宣传型广告要好。

图4-18　鼠标点击响应

（图片来源于http://www.yahoo.com）

3. 键盘及复合响应

键盘响应类似于鼠标点击响应，只是需要网民运用的是键盘的方向键、回车键以及空格键等常用键；而复合响应则是在鼠标移入和鼠标点击响应的基础上添加了如鼠标拖动等设计。

除了在小型广告中使用交互设计外，很多广告主在作为宣传手段的网页上更是大量使用交互性设计，如图4-19所示为加拿大蒙特利尔市风光网站，是由电影制作公司和多媒体工作室共同制作的交互式媒体项目。该项目是一个反映加拿大蒙特利尔市风光的网站，网站的目标读者群主要是当地现代的都市青年，同时该网站也为旅游者提供城市信息。

蒙特利尔市风光网站是一个资源丰富的多媒体网站，内容包括了15000张图片、400篇文章、40段录音讲话和25部电影短片。网站抓住了蒙特利尔的优美风光，通过虚拟体验成为探求城市景色的好工具。这个项目是50多位当地艺术家共同合作的结晶，他们都把自己最好的收藏贡献了出来，这些收藏所涉及到的城市风光都很少在其他普通旅游手册中出现。可想而知，花时间浏览这个网站绝对是值得的，浏览者在得到深度且无法抗拒的城市风光的同时，又能发现城市中不为人知的秘密。

图4-19　键盘及复合响应

（图片来源于http://www.madeinmtl.com）

二、富媒体交互广告

富媒体（Rich Media Banner）又称Extensive Creative Banner，一般指使用浏览器插件或其他脚本语言、Java语言等编写的具有复杂视觉效果和交互功能的Banner。这些效果的使用是否有效，一方面取决于站点的服务器端设置，另一方面取决于访问者的浏览器是否能顺利查看。

随着技术的不断进步，富媒体技术越来越多地被应用在网络广告中。一般来说，富媒体形式比一般Gif Banner要占据更多的空间和网络传输字节，但由于能表现更多、更精彩的广告内容，往往被一些具有实力的广告主采用。国际性的大型站点也越来越多地接受这种形式的Banner。因此富媒体广告在网络上的出现频率越来越高。

现在网络上被大多门户网站普遍应用的即是富媒体广告，当受众打开网页后首先出现一段视频广告，随着节奏的深入整个网页出现产品品牌特写，最终广告结束后重新以广告条的形式存在于网页某个角落，方便对广告感兴趣的受众可以继续点击观看。这一类的广告富媒体技术与网络广告设计结合比较生硬，技术与设计之间没有什么必然的联系，广告只是将视频、Flash以及广告条简单结合，并无太大的新意，但也有一些设计与技术结合非常紧密的富媒体交互广告，如图4-20所示国际铂

设计篇

金协会在搜狐女人版投放的富媒体视频广告。

图4-20 富媒体视频广告
（图片来源于http://women.sohu.com）

该广告主要采用视频框触发下拉的创意表现形式，其在保留富媒体的广告互动性的同时，还满足了客户对品牌建立和推广的需求，利用其本身的产品宣传点作为基础。不采用电视主流传播媒体所套用的视频材料，而是采用其"幕后拍摄"资料，作为吸引客户的方式。突出该富媒体形式广告保留固有模式传统模式的同时，开创了新的产品推广概念，其新颖之处主要体现在以下几点。

① 采用视频框下拉的富媒体技术表现形式，并与之有效结合"互动"技术元素。

② 广告设计方面充分表达了广告客户的理念，充分结合广告表达的要求。

③ 结合客户长期的目标用户品牌建设形象，使画面的主要设计风格和基础色调结合产品品牌形象，使之一出现就得到用户的认同感，加强用户归属感。

此广告的目的是致力于鼓舞消费者对铂金的热情，并使铂金成为消费者对珍贵首饰的选择之一。其产品主要以"女性"用户为主，特别针对于受过高等教育、收入中上水平、有一定独立性和生活品位的高端女性。在内容选择上结合客户长期品牌建设和维护的目的，使用"幕后拍摄"资料作为视频播放内容，对吸引女性用户关注此产品起到决定性的效果。在设计创意方面仍然保留一贯清新、淡雅的风格同时，最大程度地提高了此款产品的影响力。

总体来说，这则富媒体广告在对客户的需求较为深入的研究和分析以及保留产品一贯风格定位的基础上，发掘了产品自身的特殊点。以"明星效应"产生宣传特色，并结合富媒体广告"互动"的表现形式带来了产品宣传的深度挖掘。

三、交互设计中的关键点

网络广告设计中采用交互元素的目的是吸引网民持续关注广告及广告信息。因此，形成亲近感，消除网民对广告的抵触情绪是设计的一个重要前提。

1. 以网民的生活视觉习惯为引导的交互视觉设计

模拟网民在现实生活中接触事物的动作来设计交互效果，一方面可以大大减少网民重新学习交互形式的时间和成本，另一方面也可以减轻受众对互动效果产生的恐惧和抵触情绪。如有些网络贺卡广告中的交互设计，采用鼠标跟随模拟火柴点燃鞭炮的效果，接金币的部分也仍然使用鼠标跟随的交互技术作为互动响应，就避免了受众在如何进行互动的问题上增加心理负担。

2. 制造戏剧性以吸引眼球，交互触发点出乎意料

在网络广告中，每一个暗示有互动环节的元素都会让网民跃跃欲试，期待鼠标划过或点击之后会出现不一样的元素或情节。如果在交互设计中能制造让受众预料不到的互动或是视觉动画效果，那么受众对广告的记忆度和对品牌的好感度自然大大上升。

由于网络广告设计主要是由企业或个人发起，利用数字交互媒介，促使消费者对其所传递的产品、服务或观念进行体验或给予反馈，从而增加产品销售和品牌资产的双向循环交流行为。首先，我们可以在沟通的过程中以交互的立场来划分交互设计，人与人的交互，人与机器的交互。其次，从功能的角度上分析，包括消费者支持、品牌的营销、如何以技术为手段娱乐受众以及做好广告推销。

四、综合案例

1. 迪士尼案例

[活动主题]

2007年4月25日，香港迪士尼乐园宣布在"魔盗王玩转迪士尼乐园"活动期间的周末〔逢星期五、六〕将延长开放时间。据了解，"魔盗王玩转迪士尼乐园"是一项独有的主题活动，旨在为宾客带来一个完全的海盗体验；无论是青年人、小朋友或家长都必定会乐在其中。在活动期间，游客亦可通过不同优惠，尽享游园的乐趣。其中包括：为庆祝香港回归十周年，于1997年出生的小游客均可免费获赠优越全年通行证一张、国泰优惠，以及全年通行证持证人可无限次游园等。"魔盗王玩转迪士尼乐园"将于2007年5月4日～6月30日举行，活动期间门票价格维持不变，不会额外收费，并会有多项适合一家大小的活动。

香港迪士尼乐园市场部高级副总裁艾思桃指出：凡于周末到访乐园参与"魔盗王玩转迪士尼乐园"活动的游客将摇身一变成为"海盗世界"的探险者，尽情玩乐至晚上9时，杰克船长亦会在探险世界的不同角落摆放更多的宝物与玩意。与此同时，游客更有机会欣赏到精彩刺激的"火舞飞刀表演"及随着在晚上播放充满动感节拍的音乐，感受热闹的海盗气氛。这个安排意味着每逢星期五及六，探险世界的开放时间将从现时的晚上8时延长至9时，让游客更尽情投入海盗世界中，如图4-21所示。

该广告先采用传统对联广告形式作为第一视觉传达基础，随后采用浮层下拉方式加强用户广告体验的创意表现形式。保留富媒体的广告互动性的同时，加强客户需要表达的广告诉求。集中采用客户活动基础元素进行创意发挥，体现该广告互动

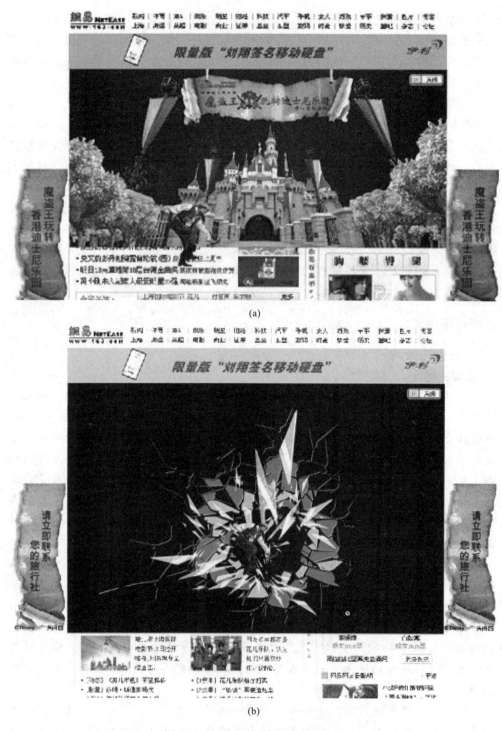

图 4-21 迪士尼主题乐园网络广告
（图片来源于 http://www.163.com）

性和趣味性，加强对客户的吸引力。

［创意表现］

（1）采用对联广告富媒体创意延伸的组合创意，给人视觉冲击力和延伸感。

（2）采用视频框下拉的富媒体技术表现形式广告主要信息内容，体现客户对广告的诉求。

（3）广告设计方面充分表达了广告客户的理念，充分结合广告对客户品牌的需求。

（4）结合客户长期的目标用户品牌建设形象，使画面的主要设计风格和基础色调结合产品品牌形象，使之一出现就得到用户的认同感，加强用户归属感。

［影响性、互动性］

香港迪士尼乐园本次"魔盗王玩转迪士尼乐园"主题活动中，广告创意方面融入主题元素进入设计感念中，采用对联广告富媒体创意延伸的组合创意模式，加强用户对该广告的感知度的同时，运用富有创意的表现形式吸引目标用户的眼球。

［总评］

对客户的目标用户人群和背景有一定的认识和分析，在保留客户品牌风格的同时，融入主题元素，采用互动性较强的富媒体技术，使得广告内容的表现形式更活泼。

2. 必胜客案例

必胜客的广告（图4-22）采用全屏下拉的网络广告形式与"互动"创意的表现形式相结合的表现形式。其强制受众在打开发布网站时自动下拉第一屏显示内容播放网络广告。同时在创意表现方面，采用图文并茂的形式表达广告信息内容，动感地显示出"尝尝"的视觉效果，强化广告主题。整体设计趣味性十足，对必胜客的

图4-22　必胜客网络广告

（图片来源于http://auto.163.com）

品牌形象树立和维护的同时,帮助对新产品的推广作用。

[创意表现]

(1)广告设计方面充分表达了广告客户的理念,结合广告表达的要求,对活动广告巧妙处理出趣味性和互动性相得益彰。

(2)采用全屏下拉的技术,有效结合"互动"技术元素,使已经强制传播的效果进一步加深和强化。

(3)结合客户长期的目标用户品牌建设形象,使画面的主要设计风格和基础色调结合产品品牌形象,使之一出现就得到用户的认同感,加强用户归属感。

[趣味性、互动性]

必胜客作为全球率先提出"欢乐"餐厅概念的连锁企业,以主要针对"家庭"用户为主,所以在创意表现方面,增加互动性较强的表现形式容易引起用户的注意力。同时,结合客户的形象人员,使之深得具有消费能力的家庭成员的共识。找到并锁定正确的用户定位,并将有效信息传达。

[总评]

对客户产品定位人群有深入的分析和表现,有效锁定了主要消费群体的同时,结合强效的广告表现形式,结合"互动"技术方式对产品特性进行深入表达。

3. 雪铁龙案例

"舒适、安全、创新、时尚"是东风雪铁龙系列轿车的共同价值。遍布全国各主要城市的东风雪铁龙经销网点为消费者提供便捷而高水准的服务。东风雪铁龙将长期致力于为中国消费者提供具有国际标准的产品、销售和服务。

如图4-23所示,该创意形式主要表现为,用互动类广告表现形式有效传达了广告主需要告知用户的信息,画面从固定的广告位置打开,"行驶"的画面效果从而进入用户的视线。结合产品本身的特点,用更换汽车顶部透视图的视觉效果并用箭头引导用户注意画面变化并提高用户互动的效果,完美地诠释了该款车型需要表达的内涵。

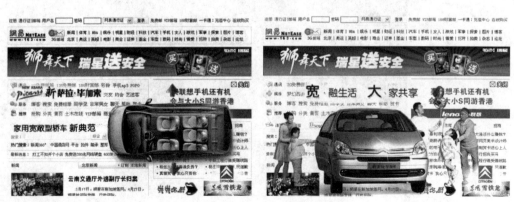

图4-23 东风雪铁龙网络广告

(图片来源于http://www.163.com)

［创意表现］

（1）利用富媒体广告形式的特殊优势，画面完美表现了用户驾驶体验的感觉，贴切地表现广告中需要告知的信息内容，给用户以较强的视觉冲击感。

（2）画面完整地表现出车型质感性较强，符合该品牌宣传形象。

（3）画面用多重组合的方式结合上下箭头，吸引用户参与该广告互动，并用上下切换画面的方式，很好地结合该车型的主要特点，使目标用户加深信息接受度。

（4）画面用"一家人"的人物形象，完美表现了此款车型使用的人群定位，最后结合该款产品的主要特征"宽"、"大"的表现形式，提高家庭用户人群的关注度。

［广告效果］

本广告结合产品"试驾"的目的，一进入画面便利用富媒体的互动特性，使用户在视觉方面充分体现"驾驶"之感，随之进入主广告画面，用丰富的互动形式强化用户接受广告信息特点的同时，更好地树立了该款车型品牌形象的目的。

［总评］

画面表现形式丰富，层次感强烈，视觉效果突出。以广告需要告知的信息为基础，充分利用富媒体网络广告的优势，得到贴近传统电视广告的表现方式。

小结

本章主要介绍了网络广告的视觉六要素，包括背景、图像、广告语、文字、色彩和交互形式等，以及网络广告版面设计的原则和结构形式，版面焦点的确定和交互的设计原则等。网络广告版面设计的作用是根据表现主题与创意的要求，将传达信息的各种构成要素来进行创造性的组合，使之成为一个具有广告效果和传播效应的视觉整体。网络广告一定要在极短的时间内抓住浏览者的"眼球"，向浏览者展现主题内容。必须要注意页面中对于各元素的设计，只有将每一个细小的元素设计精细才能够成就一则完美的网络广告。

习题

1. 结合实例阐述网络广告设计六要素。

2. 登陆宜家主页http://www.ikea.com，查看宜家网页风格及最新宜家产品，分别分析其主页和产品页面的版面构成及版面设计思路。

3. 登陆Tazo喝茶品尝室网站http://www.tazo.com，小组讨论并评析其中使用的交互设计技巧。

设计篇

第五章
网络广告组成元素的设计

第一节 色彩在网络广告中的设计运用

现代网络广告形象是由色彩、图形、文案三大要素构成的。图形和文案都离不开色彩的表现,而色彩的应用从某种意义来说是排在第一位的。要表现出广告的主题和创意,充分展现色彩的魅力,首先必须认真分析研究色彩的各种因素。

一、色彩的概念

色彩是光照射在不同的物质上反射的表现,色彩感觉与光、人眼的生理机能和人的精神因素这三者有关。当发光体改变所发出的光,眼睛的明暗适应、色相适应和人体生理节奏的变化时,都能引起"色彩"的变动。

自然界中色彩分为无彩色与有彩色两大类。黑、灰、白是没有色彩倾向的颜色,称为无彩色,它们没有纯度,只有明度的差别。色彩中最重要的属性是色彩的三要素,即明度、色相、纯度,它们是色彩的基础性质。

1. 明度

明度是指色彩的明暗程度,也称亮度,主要取决于色彩对光的吸收和反射程度。对光的反射程度越高,明度就越高。每一种色彩都有其自身的明暗程度。白色明度最高,黑色明度最低。在色彩中添加黑色和白色,明度将会发生变化。

2. 色相

色相指的是色彩的颜色差别特征,严格地说,是依波长来划分的色光的颜色差别,如可见光谱的"红、橙、黄、绿、青、蓝、紫"即为不同的色相。不同波长的色光构成了不同的色相。

3. 纯度

纯度是指色彩的饱和程度,即色光的波长单一程度,也可称为彩度、艳度、鲜度等。色彩中的红、绿、蓝三原色可以创造出可见色中的所有色彩。这三种色彩是无法用其他色料(或色光)混合得到的。

二、色彩的心理感受

色彩是一种客观现象,它作为一种物理现象本身是不具有感情、联想和象征意义的。但当色彩一旦作用于人的视觉器官时,其所产生的视觉生理刺激和感受,会引起人的精神行为等一连串的心理反应。色彩的心理感受是指视觉对色彩的反应，随着外在环境而改变。色彩由视觉辨识，但却能影响到人们的心理，作用于感情，乃至左右人们的精神与情绪。

色彩在网络广告设计中的作用是其他要素无法相比的，它可以在很大程度上决定设计的成败。色彩运用得当能产生强烈的视觉冲击力，直接引起人们的注意与情感上的反应，从而更为深刻地揭示主题，给人留下深刻的印象和记忆，既能传递信息，又能起到赏心悦目的效果。然而，人们对不同产品的的色彩表现也会产生出不同的好恶，进一步影响消费行为。这种心理反应，常常是因人们生活经验、利害关系以及由色彩引起的种种联想所造成的，此外也和人的年龄、性格、素养、民族、习惯紧密相关。

人对色彩的思维反应含有一定的主观性，人的视觉感受和对色彩的心理反应会形成色彩的感情，引起色彩的联想。在网络广告设计中，合理、巧妙地运用色彩感情的规律、色彩的联想可充分发挥色彩暗示力的作用，它能强烈地吸引人们的注意力并引起广泛的兴趣和心理上的共鸣。现代色彩是广告表现的一个重要因素，广告色彩的功能是向消费者传递某一种商品信息。因此，广告的色彩与消费者的生理和心理反应密切相关。色彩对广告环境、对人们感情活动都具有深刻影响。

1. 色彩的冷暖感

色彩的冷暖感被称为"色性"，色彩的冷暖感觉主要取决于色调。人们对色彩的各种感觉中，首先感觉到的是冷暖感。红、橙、黄、褐色等称为暖色系，而绿、蓝、紫、白等称为冷色系。在绘画与广告设计中，色彩的冷暖有着很大的适用性，故得到广泛的应用，如表现热烈欢乐的气氛，多考虑用暖色调。

2. 视、触、听觉心理感受

既然色彩会在我们的心理上产生冷暖之别，那么不同的色彩也会给我们带来其他感官的不同感受。高明度色，如浅色、浅蓝、粉紫、黄色、白色，它们给人的感受是轻快、柔软；而低明度色，如黑色、紫、深蓝、单一暗色，给人的感觉则是厚重、生硬；暖色系的红、橙等颜色会给人一种干燥、蒸腾的感觉，而绿、蓝等冷色系的颜色则给人一种湿冷的感觉。我们看到红、橙、黄等颜色会像听到高音一样兴奋，而蓝、紫则会使人低沉、消极。

网络广告定位在突出标志时，要考虑企业的个性特征和企业的形象色彩，通过色彩定位来强化公众对其的辨认，网络广告定位在突出商品时，就要强调商品形色。一幅网络广告的色彩，是倾向于冷色或暖色，是倾向于明朗鲜艳或素雅质朴，这些色彩倾向所形成的不同色调给人们的印象，就是网络广告色彩的总体效果。网络广告色彩的整体效果取决于广告主题的需要以及消费者对色彩的喜好，并以此为依据来决定色彩的选择与搭配，如药品广告的色彩大都是白色、蓝色、绿色等冷色。这是根据人们心理特点决定的。这样的总体色彩效果，才能给人一种安全、宁静、可靠的印象，使广告宣传的药品易于被人们接受。如果不考虑广告内容与消费者对色彩的心理反应，凭主观想象设计色彩，其结果必定适得其反。

  3. 色彩的象征性

  由于我们看到不同色彩会产生各异的心理感受，那么也就给色彩赋予了各种不同象征意义。色彩的象征是在色彩情感、色彩联想的基础上形成的一种思维方式。色彩的联想赋予了色彩各种表情，并被概括成一定的精神内容，最终形成色彩的象征意义。不同的色彩有其不同的象征意义，研究和运用色彩的象征意义对网络广告设计来讲十分重要。设计者可通过所运用的色彩来传达出一定的象征意义，使人的理念、情感与色彩的象征产生心理上的共鸣，从而使网络广告设计更为深刻。

  各种色彩的象征意义如下。

  红色象征热情、活泼、热闹、革命、温暖、幸福、吉祥、危险……

  橙色象征光明、华丽、兴奋、甜蜜、快乐……

  黄色象征明朗、愉快、高贵、希望、发展、注意……

  绿色象征新鲜、平静、安逸、和平、柔和、青春、安全、理想……

  蓝色象征深远、永恒、沉静、理智、诚实、寒冷……

  紫色象征优雅、高贵、魅力、自傲、轻率……

  白色象征纯洁、纯真、朴素、神圣、明快、柔弱、虚无……

  灰色象征谦虚、平凡、沉默、中庸、寂寞、忧郁、消极……

  黑色象征崇高、严肃、刚健、坚实、粗莽、沉默、黑暗、罪恶、恐怖、绝望、死亡……

  色彩所承载的文化内涵与一个国家、一个民族的历史与传统密切相关，不同的民族、国家，色彩的象征意义是不同的。比如，同样是绿色，在信奉伊斯兰教的国家里是最受欢迎的颜色，因为绿色象征生命，可是在有些西方国家里却认为绿色含有嫉妒的意思而不受欢迎。黄色在中国封建社会曾因象征帝王的颜色而受到尊重，但黄色在基督教国家里却被视作卑劣、可耻的象征。所以，网络中广告形象的设计不仅要强调色彩的共性象征，更要注意习惯性象征，以免造成视觉传达上的错误和误解。

  如图5-1所示，红色在中国代表喜庆的颜色，比如中国的灯笼、国旗等都采用红色，而其在国外则代表警示，如危险、股票的下跌等。

三、色彩在网络广告设计中的应用

  1. 网络广告的配色原则

  色彩搭配既是一项技术性工作，同时也是一项艺术性很强的工作，因此，设计者在网络广告设计时除了考虑网络广告本身的特点外，还要遵循一定的艺术规律，从而设计出色彩鲜明、性格独特的网络广告。

  （1）特色鲜明。一条网络广告的用色必须要有自己独特的风格，这样才能显得个性鲜明，给浏览者留下深刻的印象。

第五章 网络广告组成元素的设计

图5-1 红色网页

（图片来源于http://www.chineseelement.com/）

（2）搭配合理。网络广告虽然属于平面设计的范畴，但它又与其他平面设计不同：网络广告在遵从艺术规律的同时，还考虑人的生理特点，色彩搭配一定要合理，给人一种和谐、愉快的感觉，避免采用纯度很高的单一色彩，否则容易造成视觉疲劳。

（3）讲究艺术性。网络广告也是一种艺术活动，因此它必须遵循艺术规律，在考虑到网络广告本身特点的同时，按照内容决定形式的原则，大胆进行艺术创新，设计出既符合网站要求，又有一定艺术特色的网站。

2. 色彩在网络广告设计中的搭配

网络形象中色彩的运用目的已不再是画面和环境的外在美观，它最重要的因素是体现着图形语言及视觉冲击的特点。而能够引起目标消费者和网页浏览者的注意，更是网络广告传达信息的首要功能，所以我们必须要牢牢吸引目标，这不仅仅是要反映一定的主题内容，更是要认识到色彩所带来的心理刺激作用，从人的各种心理因素着手，抓住目标消费者的购买心理活动。然而色彩情感的表现恰恰又是心理活动的一部分。对于表现商品的特点来说，色彩又及时地反映了商品的真实性。如在可口可乐广告设计中，红色反映了产品色彩的特点，同时也反映了年轻人生机勃勃的感觉。

（1）网络广告主体色的设置。网络广告的色调一般是由多个色彩组成的。为了获得统一的整体色彩效果，要根据广告主题和视觉传达要求，选择一种处于支配地

设计篇

位的色彩,作为主色,并以此构成画面的整体色彩倾向。其他色彩围绕主色变化,形成以主色为代表的统一的色彩风格。以下是几种常见网站的主色调设置。

食品类网络广告:常用鲜明、丰富的色调。红色、黄色和橙色可以强调食品的美味与营养;绿色强调蔬菜、水果等的新鲜;蓝、白色强调食品的卫生或说明为冷冻食品;沉着、朴素的色调说明酒类等的酿造历史悠久。

如图5-2中色彩的运用,黄色给人的感觉是温暖、积极,是一种让人充满食欲的色彩,通常食品的色彩设计用到此类色彩。

药品类网络广告:常用单纯的冷或暖色调。冷灰色适用于消炎、退热、镇痛类药品;暖色用于滋补、保健、营养、兴奋和强心类药品;而大面积的黑色表示有毒药品;大面积的红、黑色并用,则表示剧毒药品。

化妆品类网络广告:常用柔和、脂粉的中性色彩。如:具有各种色彩倾向的红灰、黄灰、绿灰等色,表现女性高贵、温柔的性格特点;而男性化妆品则较多用黑色或单纯的纯色体现男性的庄重与大方。

五金、机械、仪器类网络广告:常用黑色或单纯、沉着的蓝色、红色等,表现五金、机械产品的坚实、精密或耐用的特点。

儿童用品:常用鲜艳的纯色和色相对比、冷暖对比强烈的各种色彩,以适应儿童天真、活泼的心理和爱好。

如图5-3所示的美国Leap Frog集团的广告网站,以活泼丰富的色彩来进行网站

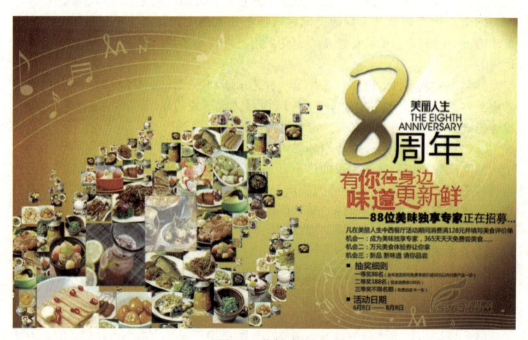

图5-2 黄色网页
(图片来源于新浪网)

第五章　网络广告组成元素的设计

图5-3　色彩丰富的儿童网页
（图片来源于http://www.leapfrog.com）

主要内容的介绍，画面用不同的色彩来区分不同的年龄层次，显得新颖、有趣。

（2）不同色调之间的组合运用。由于生活经历、年龄、文化、背景、风俗习惯、生理反应有所区别，人们都会有一定的主观性，但对色彩象征性、情感性的表现，人们又有着许多共同的感受。在色彩配置和色彩组调设计中，设计师要把握好色彩的冷暖对比、明暗对比、纯度对比、面积对比、混合调和、面积调和、明度调和、色相调和、倾向调和等。色彩组调要保持画面的均衡呼应和色彩的条理性。广告画面有明确的主色调，要处理好图形色和底色的关系。

① 对比色的运用：色彩的对比分为色相对比、明度对比、纯度对比和冷暖对比。色相对比即由于色相的差异而形成的对比。在色相环上，距离越远的色彩，对比越大。色相对比中，效果最强烈的是补色对比和冷暖对比，如红绿对比、蓝橙对比、黄紫对比。人们对于色彩间的明度差异最为敏感。明度对比可以体现空间层次感，并且会使页面的形象清晰，提高阅读的清晰度。纯度对比就是指色彩鲜艳程度的对比。纯度对比在设计中应用比较多。纯度高的色彩与无彩色系搭配使用，有很好的色彩效果。不同的色彩会使人有不同的心理感受。暖色会使人感到温暖、兴奋，冷色则使人感到沉静、安逸。巧妙地运用冷、暖色，会增加页面的空间感。

设计篇

运用色彩对比与调和而形成的明快色调，能使人产生愉悦感。如红与黄绿、红与蓝绿、橙与紫等对比色调和，具有强烈、明快、华丽、色感饱和、使人兴奋等特点。而互补色调及其产生的视觉残像，将会使互补色对比变得更为强烈，因而能满足人的视觉对全色相的需要。这种对比强烈而又和谐统一的明快色调，具有很强的色彩表现力和视觉冲击力，它能使画面充满富有生气的清新感，使形象更为鲜明突出、生动活泼、更具感染力，使人在看到画面之后能产生生理上的舒适、快感和心理上的亲切、喜悦感，从而诱发人们的购物欲望。

对比色可以突出重点，产生强烈的视觉效果，通过合理使用对比色能够使网络广告特色鲜明、重点突出。在设计时一般以一种颜色为主色调，对比色作为点缀，可以起到画龙点睛的作用。

如图5-4所示，图中网页的色彩以产品的包装色——蓝色为背景，其互补色橙色为显示内容中心，然后运用大面积高纯度来突出蓝色产品主体物，形成了页面上的视觉双重对比：背景蓝色与前景橙色，产品主体物的蓝色与前景橙色。

图5-4 网络广告中对比色的使用

（图片来源于http://www.tostitos.com）

② 调和色调的运用：所谓色彩的调和就是指共性调和、分离调和以及面积调和。共性调和就是将多种色彩的共性发掘出来，使得这些元素达到统一与和谐。分离调和在对比强烈的色彩之间加入一个分离色，减弱对比，调和色彩。面积调和通过色彩面积的分配，使页面的色彩主次分明，达到和谐统一。

如图5-5所示，该网页以黄色为主，其中加入中黄、淡黄，使页面的色彩层次感生动了不少。用红色、白色等辅助色进行调和，使整个页面的纯度缓和了许多，起到提亮并拉开空间的作用。

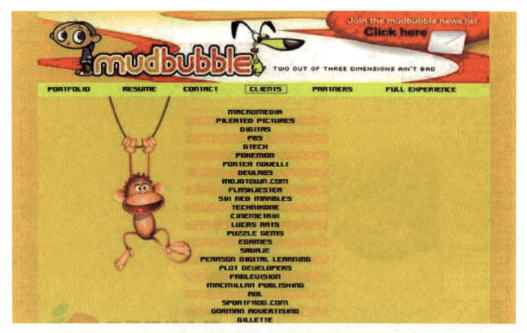

图5-5　网络广告中调和色调的运用

（图片来源于http://www.mudbubble.com）

四、不同色系网络广告的设计

1. 暖色系的使用

暖色系包括红、橙、黄等，红色的色感温暖、性格刚烈而外向，是一种对人刺激性很强的颜色。容易引起人的注意，也容易使人兴奋，容易造成视觉疲劳。在红色中加入少量的黄，会使其热力强盛，趋于躁动、不安。在红色中加入少量的黑，会使其性格变得沉稳，趋于厚重、朴实。黄色的性格冷漠、高傲、敏感、具有扩张和不安宁的视觉印象。黄色是各种色彩中最为娇气的一种色，只要在纯黄色中混入少量的其他色，其色相感和色性格均会发生较大程度的变化。在黄色中加入少量的蓝，会使其转化为一种鲜嫩的绿色，其高傲的性格也随之消失，趋于一种平和、潮润的感觉；在黄色中加入少量的红，则具有明显的橙色感觉，其性格也会从冷漠、高傲转化为一种有分寸感的热情、温暖。在黄色中加入少量的黑，其色感和色性变化最大，成为一种具有明显橄榄绿的复色印象，其色性也变得成熟、随和；在黄色中加入少量的白，其色感变得柔和，其性格中的冷漠、高傲被淡化，趋于含蓄，易于接近。

设计篇

如图5-6所示，橙色的热烈程度仅次于红色，让我们联想到秋天、收获、果实等，有一种温暖、辉煌的感觉；而且橙色可以增强人的食欲,因此橙色通常与饮食相关的主题中使用极为广泛。

图5-6　网络广告中暖色系的使用

（图片来源于 http://www.barbecuebest.com）

2．冷色系的使用

冷色系包括绿、蓝、紫等。蓝色朴实而内向，是一种有助于人头脑冷静的颜色。蓝色常用于科技、电子产品的网络广告和企业网站，给人以冷静、智慧、理性的感受。绿色是生命力的象征，植物的颜色大多都是绿色。绿色会使人联想到新鲜、健康、环保、和平、安静等，所以健康、运动、生命主题的网络形象常采用绿色，如图5-7所示。紫色的明度在所有彩色的色料中是最低的，紫色的低明度给人一种沉闷、神秘的感觉。在紫色中加入白，可使紫色原本显得沉闷的性格消失，变得优雅、娇气，并充满女性的魅力，所以一些女性网站常采用紫色。

3．特殊色彩的使用

白色在所有色彩中是明度最高的，给人以纯洁、虚无、光明、高雅的心理感觉。白色是独特、个性化的色彩，在网页元素设计中起着协调和统一画面色彩的作用。少量的白色可以非常好地点亮一个设计，也可以让红色、绿色、蓝和紫色的网页看起来更醒目。优秀的网络平面形象设计经常巧妙地使用白色，白色是具有现代感、时尚感的色彩。如图5-8所示。

第五章　网络广告组成元素的设计

图5-7　网络广告中冷色系的使用

（图片来源于http://www.natuur.co.kr）

图5-8　特殊色彩的使用

（图片来源于http://www.pelada.jp）

设计篇

黑色是一种特殊的颜色，富于尊严感，给人以黑暗、恐怖、深沉的心理感觉。黑色在所有色彩之中是明度最低的，它让其他颜色看起来更亮，它可以很庄重和高雅，即便是暗色系的颜色和黑色搭配也会很和谐，而且可以让其他颜色(亮色)突显出来。在只使用黑色而不用其他颜色的时候，会有一种沉重的感觉。如果使用恰当，设计合理，往往能够产生很强烈的艺术效果，黑色一般用来作背景色，与其他纯度色彩搭配使用，特别是在网络广告中，黑色背景和白色文字，看起来会非常引人注目，如图5-9所示。

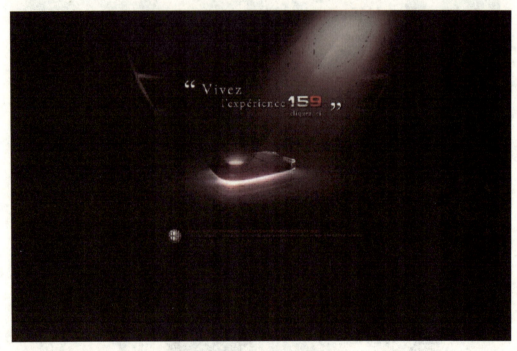

图5-9　黑色在网络广告中的使用
（图片来源于http://www.experience159.com）

灰色是指没有色相与纯度，只有明度，将黑色和白色混合而成的一种中间色。灰色具有强烈的现代感，比较简洁。一些极具个性的艺术网站常用此类颜色，一些科技、电子企业的主页上也不乏其身影。

第二节　图像在网络广告中的设计运用

图像是一种视觉语言形式，它将设计的思路以"图"的形式呈现，赋予其形态，以此来传递信息。相较于同样是信息载体的文字来说，图像的视觉冲击力要高出85%，与文字相比，图像能将信息传达得更立体和直接，并且由于其对真实事件的反射，因此也更易为人所理解，更容易以强有力的诉求画面引发网络受众的共鸣。

网络广告中的图像包括画面主体、画面辅助背景、品牌LOGO、画面中的广告元素以及动画中的静态图像等。随着计算机和网络技术的飞速发展，网络广告的创意和设计也越来越多地依赖图像化界面。特别是在中国，大多数网络广告设计都以图像为主、文字为辅，或将文字设计成图像的一部分。这也是网络广告设计近年来的一大趋势。因此可以说，图像在网络广告设计中的地位越来越重要。

一、网络广告中常用图像格式

网络上常用的图形格式大致可以分为两大类：一类称为位图；另一类称为描绘类、矢量类或面向对象的图形。前者是以点阵形式描述图像的，后者是以数学方法描述的一种由几何元素组成的图像。计算机中使用的图形文件都有其特殊的特征后缀名，不同的特征后缀名表示不同的图形文件格式。

1. GIF（Graphical Interchange Format）格式

GIF格式也称图形交换格式，是Web图像的标准格式，其特点是占用空间小，但是图像质量难以保持。GIF格式首先把图像的色彩归纳在256色之内，然后采用无损压缩。这种压缩方法比较简单，解压缩的速度很快，因此很适合在网页上显示。GIF的另一优点是文件量小。支持透明（transparency）和交错（interlaced）模式，也支持动画格式，适合网络上的动画播放。

2. JPEG（Joint Photographic Expert Group）格式

JPEG格式也称为联合图像专业组件。JPEG格式图像采用的是一种失真的压缩算法，即通过失去部分图像信息来获得较高的压缩比，因此压缩比例越大，图像质量越差。JPEG格式支持真彩，适用于具有丰富细节的高质量图像。与GIF格式相比，JPEG格式对于图像分辨率以及色彩的表现能力要强，但是占用的空间较大，解压缩显示的时间也相应较长。

3. PNG格式

PNG格式为一种存储32位信息的位图文件格式，其图像质量比GIF格式的图像要好。PNG格式的压缩方式也是无损压缩，这样可以减少文件量。但是PNG格式不支持动画，而且当前并非所有版本的浏览器都支持PNG格式，因此PNG格式的应用频率比GIF和JPEG格式都要低。

基于HTML语言的网页色彩只能解析显示RGB色彩，而不支持以印刷颜色混合原理支持的CMYK色彩。如果在网页制作时使用了CMYK色彩模式的图片，在互联网上也将无法显示。

从前文的图像格式描述中就可以看出，网页中的图像质量不需要很高。因为网页中的图像最终还是在用户的电脑显示器上显示，因此会受电脑显示器的最小分辨率所限制。通常设计用于网页的图像时，会选择72dpi的分辨率，而在颜色深度上，一般会选择8位或24位的颜色深度。由于网络传输受网络带宽的限制，网页中的图

设计篇

像文件尺寸在一定范围内越小越好。

动态图像常用于广告、演示、卡通动画以及动态按钮等。格式一般为GIF动画、Flash动画、Java动画、Shockwave和DHTML动画。从吸引眼球这一功能来看，动画图像比静态图像更吸引浏览者注意力，但为了在一个时间段内使浏览者的视觉连贯，如果动画图像的元素设计布局较分散或设计过多的动画因素，反而不利于信息的传达，并且容易造成浏览者的视觉疲劳。

二、静态图像的设计使用

所谓网络广告中的静态图像，顾名思义，就是静止不动的图片，其设计规则遵循平面图形的设计原理。这里我们稍作介绍。

1. 点、线、面

无论设计图像有多繁杂，形式如何多变，构成图像的最基本元素都是点、线、面。所有图像都是由这三者变化组合而来的。

视觉形态中点的感觉是相对的，是与其所呼应的其他视觉元素相较而言的。它是由形状，方向、大小、位置等形式构成的。如穿白衣的人群中一个黑衣人，花海中一只高高蹦起的小狗，五彩缤纷中的几处黑白。这种聚散的排列与组合，带给人们不同的心理感应。图像是否被看做一个"点"，不是由它本身大小决定的，而决定于它的大小与框架的大小所产生的比例或是此图像与整体画面的关系，只要能够引导受众注意力，起到视觉中心的作用，就可以称之为抽象形象中的"点"。如图5-10所示的汽车广告，利用产品与画面的大小比例和消费者日常的认知经验，巧妙地把产品化为太极中的黑白两点。

视觉形态中的线游离于点与形之间，具有位置、长度、宽度、方向、形状和性格。在许多应用性的设计中，文字构成的线，往往占据着画面的主要位置，成为设计者处理的主要对象。作为设计要素，线在设计中具有的影响力大于点。线可以串联各种视觉要素，可以分割画面和图像文字，可以使画面充满动感，也可以在最大程度上稳定画面。

直线和曲线是线的基本形式。直线分为水平线、竖直线和斜线，曲线分为几何曲线（弧形，圆形）和自由曲线。直线运用有分割和连接的作用：水平线令人产生开阔、安定和均衡之感，分割上下、连接左右；竖直线给人以生机和崇高的感觉，分割左右、连接上下；斜线具有灵活、变化和不安定感，其分割和连接的区域也视其设计而定。而曲线具有不固定的方向，给人以温和柔软、流畅舒缓之感。因此曲线常常用于女性化因素网站的设计。

面在空间上占有的面积最多，因而在视觉上要比点、线来得强烈和实在，具有鲜明的个性特征。在图像设计时，要把握不同的面相互间整体的和谐，才能产生具有美感的视觉形式。面的组合比点和线更加灵活，面和面之间可以并置、叠加和穿插。在整个基本视觉要素中，面的视觉影响力最大，它们在画面上往往起到举足轻

100

第五章　网络广告组成元素的设计

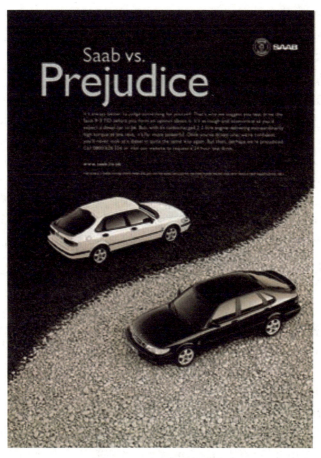

图5-10　网页中点的使用
（图像来源于http://autos.msn.com）

重的作用。

2. 空间、运动、质感

图像的效果元素，是在点、线、面这些基本元素基础上发展的，对其进行进一步的分析形成图形不同视觉效果的影响因素，即空间，运动，质感。

图像所产生的空间感，一方面可以通过摄影、绘画的技法获得，一幅好的摄影绘画作品使物象有呼之欲出的感觉；另一方面还可以运用不同的手法对点线面等元素进行组合，从而使平面图形图像的三维空间感得以加强。这些手法包括疏密、大小、方向、重叠、虚实、色调的变化和光影的利用。

静态的图像经过处理可以给人以运动的感觉，我们也把这种感觉叫做"动感"。具有动感的静态图像可以通过视觉刺激引发受众的关注和创造心理上的兴奋。图像可以采用三种方法产生动感：第一种也是最常用的方法是重复和渐变，如将动作分解成一系列片断形态；第二种方法是表现形态的运动轨迹，正如人们看到流星拖着

设计篇

长长的尾巴因而判断它正在划过夜空；第三种方法是采用运动过程中形态或不稳定的形态，将物象运动过程中某一时刻的片断形态捕捉下来，人们基于平时对重力作用的认识，会不自觉地产生联想：接下去会发生什么？怎样运动？如一个在轮滑过程中飞身跃起的人物形象。

利用点线面的组合能够创造出不同的视觉肌理，符合人们日常对不同物体的不同感受，如粗糙、细致、坚硬、柔软等。这些质感语言有助于强化图像的设计理念并且帮助受众更好地理解图像意图表达的概念。

3. 简洁、夸张、具象、抽象和符号

广告图像以其独特的想象力、创造力及超现实的自由构造，在广告设计中展示着独特的视觉魅力。广告图像设计主要具有以下特性。

"简洁"是各种艺术形式都必须遵循的普遍原则。因为受众的特殊性和主动性，网络广告设计尤其要做到这一点。人们因文化素质的提高和价值观念的变化，生活情趣和审美趣味更趋向简洁、单纯。简洁的图形、醒目的文字以及大的色块更符合形式美的要求和当今人们的欣赏趣味，令人百看不厌，并能回味无穷，联想丰富。图像在设计各元素中最直接的效果就是简洁明了，主题突出。

"夸张"是设计广告时最常借用的一种表现手法，它将广告对象中的特殊性和个性中美的方面进行明显的夸大，并凭借想象，充分扩大事物的特征，造成新奇变幻的画面情趣，以此来加强画面的艺术感染力，从而加速信息传达的时效。

"具象"是指自然形态和人为形态。具象性图像最大的特点在于真实地反映自然形态的美。在以人物、动物、植物、矿物或自然环境为元素的造型中，以写实性与装饰性相结合，令人产生具体清晰、亲切生动和信任感以及以反映事物的内涵和自身的艺术性去吸引和感染浏览者。在网络广告设计中，常利用具象图像直接传达商品信息，处理的方法包括展示商品、强调特点、表现用途、进行比较。

"抽象"是指各种不同的点、线、面、体等几何图形构成的形象。抽象性图像以简洁单纯而又鲜明的特征为主要特色，是规律地概括与提炼。这种简练精美的图形为现代人们所喜闻乐见，其表现的前景是广阔的、深远的、无限的，而构成的画面更具有时代特色，最适合网络广告的使用。

在画面设计中，图像符号性最具代表性，它是人们把信息与某种事物相关联，然后再通过视觉感知其代表一定的事物。当这种对象被公众认同时，便成为代表这个事物的图形符号。如国徽是一种符号，它是一个国家的象征。图形符号在图像设计中最具有简洁，醒目，变化多端的视觉体验，网络广告的带宽限制、传播速度快的特点给符号图像的发展提供了广阔的天地。

4. "3B"原则

在进行图像创意设计时，传统并且到现在一直沿用的引起注意的有效方式是"3B"原则，即，运用婴儿（Baby）、美女（Beauty）、动物（Beast）这三个引人注目的形象进行广告传播，可以起到事半功倍的效果。但是现在的网络上不仅网页信息大量且繁冗，网络广告同样如此；也就是说，当大部分网络广告甚至网页信息都在运用"3B"原则来吸引网民的注意时，所谓的"审美疲劳"也就产生了。因此，目前逐渐兴起并被广泛运用的图像技巧是"反常规"与"3B"的结合。并且当下有一种言论是："3B"原则中的"Beauty"已经不单纯指美女，而是指能够激起消费者兴趣的、对目标消费者而言的"美的事物"。

当3B被大多数广告主认可并使用时，反常规的竞争力就凸显出来了。如图5-11所示的篮球广告：对于篮球爱好者们来说，NBA的大牌明星无疑符合3B原则中的"Beauty"，当大多数体育相关的广告都在使用这样的"Beauty"元素的时候，如何才能使自己的广告脱颖而出？这时候"反常规"就显得尤为重要了——在众多大牌NBA篮球明星中加入了普通人的形象并且利用景深着重突出这个"反常规"的普通人形象，这种"不和谐元素"会瞬间抓住目标消费者的眼球，并且引发他们继续探索的兴趣。

图5-11　反常规形象的使用
（图片来源于新浪网）

与单纯使用"beauty"原则的广告相比，NBA官方微博的广告利用违反人们常识和逻辑的元素来形成视觉冲击，与人们本性愿意欣赏和亲近的"3B"元素来引起注意，不仅能增强画面的吸引力，而且会在网民心目中建立个性形象，留下难以忘记的印象。两者结合，对广告信息的传递自然也就更加有效了。

三、动态图像的设计使用

动态图像设计主要指网络界面中动静的对比，运动的图像一般直接呈现在页面中。还有一种情况是伴随着交互设计而出现，是指网络广告的功能信息模块在切换时产生的动态效果，其所需的技术支持也较多，这在前面的章节中我们已经详细介绍过。

这里我们主要介绍狭义的动态图像，也就是网络广告中出现的运动图像设计，其大部分为GIF动画图像，使用简单的GIF动画生成的广告图形，点击率会上升10%～25%，而动画广告的面积平均比静态广告小5%～25%。当人们面对平面上一些静止的物体时，会在它们之间平分其注意力，如果其中一个物体突然动起来，所有的注意力在1/5秒后都将转向该物体。动画由于在信息的方向性诱导方面所具有的优势，除了能够加强视线在视觉传达领域的注意外，在引导视线方面能够发挥更大的能动性，引导视线完全按照设计师的意图去浏览，以最快捷的途径、最有效

设计篇

的感知方式获取视觉信息，使设计师能够更有效地影响浏览者的视线运动轨迹。

周期、关键帧和行为被称为动画的三个主要属性。

周期是指动画对象运动完一次所需要的时间，或是动画开始到结束的时间。

帧指组成一个动画的一系列图像中的一幅，而关键帧则是动画帧中特殊的 1～2 个帧，在关键帧的时间点上，对象的改变较大。一个动画对象中至少有 2 个关键帧，离关键帧越近，画面改变得越快。

行为指对动画的下一步指令，如播放或停止动画，跳转到动画的其他帧，或是改变动画对象的状态等。

详细的动画设计技巧将在后面的制作篇中详细讲解。

第三节　文字在网络广告中的设计运用

每个网页中的任何元素都少不了文字，文字设计不仅在传统的设计领域中有重要作用，在网页设计中，文字的设计风格和标准也是体现网站形象和风格的重要元素。在广告设计时除了画面之外，文字处理上也特别要注意其可读性和艺术性，字体、字形、比例、结构、位置、字距、行距都要认真推敲。

每一个网页都有其特有的风格。在这个前提下，一个版面上的各种不同的字体，一定要具有一种符合整个作品风格的设计倾向，不能每种文字自成风格，各行其是。而是应：于统一之中又具有灵动的变化，从而产生对比和谐的效果。这样，整个网页才会有视觉上的美感，符合人们的欣赏需求。除了以统一文字个性的方法来实现设计的基调外，还可以从方向性上来考虑文字统一的基调，以及运用色彩方面的心理感觉来达到统一基调的效果。

一、网页文字设计的原则

1. 文字的适合性

信息传播是文字设计的一大功能，也是最基本的功能。文字设计重要的一点在于服从表述主题的要求，要与其内容吻合一致，不能相互脱离，更不能相互冲突，破坏了文字的诉求效果。如生产女性用品的企业网站，其广告的文字必须具有柔美秀丽的风采，手工艺品网络广告中文字则多采用不同感觉的手写文字、书法等，以体现手工艺品的艺术风格和情趣。

2. 文字的可识性

文字的主要功能是在视觉传达中向消费大众传达信息，而要达到此目的必须考虑文字的整体诉求效果，给人以清晰的视觉印象。无论字形多么富于美感，如果失去了文字的可识性，这一设计无疑是失败的。所以在进行文字设计时，不管如何发挥，都应以易于识别为宗旨。

如图 5-12 所示的网络广告，从左到右的视觉引导，先用轻松温馨的构图给人以唯美生活的遐想，然后用文字进行广告信息的告知，短短30多个字，就用了4种文字设计形式，目的就是保持受众的视觉兴奋度，但这则广告在字体的选择上，保持了难得的一致性，使得本来有些繁冗的文字显得简洁和清爽。

图5-12　字体的设计使用
（图片来源于淘宝网）

3. 文字的视觉美感

文字在视觉传达中，作为画面的形象要素之一，具有传达感情的功能，因而它必须具有视觉上的美感，能够给人以美的感受。

4. 文字设计的个性

根据广告主题的要求，极力突出文字设计的个性色彩，创造与众不同的独具特色的字体，给人以别开生面的视觉感受，将有利于网站良好形象的建立。一般说来，网页中的个性文字大约可以分为简洁爽朗、深沉厚重、庄严雄伟、欢快、轻盈活泼、苍劲古朴、造型奇妙等种类。当然，首先要根据网站或者网页的风格和定位来确定文字。如图5-13所示，中冶置业的品牌广告，简单的背景，具有设计感的文字，每一个字都像是精心设计过的建筑，让人觉得赏心悦目，暗示着广告主在建筑设计方面的实力。

图5-13　字体的行业特色设计
（图片来源于http://news.bandao.cn）

二、网页字体种类

1. 艺术字体

网页中艺术字形的设计，是为了增强其视觉传达功能，赋予审美情感，诱导人们有兴趣地进行浏览。因此在艺术字形的设计方式上就需要顺应人们心理感受的顺序。不同的艺术字体形式在网页中带来了不同的视觉流动方向。例如：扁体字有左右流动的动感，长体字有上下流动的感觉，斜字有向前或向斜流动的动感。因此，在进行字形的设计时，就要根据不同字体视觉动向上的差异，进行不同的设计处理。合理运用文字的视觉动向感，有利于突出设计的主题，引导浏览者的视线按设计者的主次轻重流动。

特别需要注意的是，有些漂亮的艺术字体并不能够在所有的显示器中显示，这依赖于浏览器终端是否安装有此类的艺术字体，所以我们在进行艺术字体的使用时一定要谨慎，通常普通浏览器终端都能显示的是宋体和黑体，所以我们在进行字体设计时一定要慎重。如果必须要采用比较特殊的艺术字体，可以将字体做成图片的形式放置在网页上，这样就避免了显示终端因没有安装艺术字体而带来的无法显示问题，也就不会影响最终的广告效果了。如图5-14所示，一家客栈式的旅店用篆体来做广告标题，考虑字体的形态特征——篆体，向来代表的就是中国古风，放在这里当然是再合适不过了。但是极少有浏览器终端安装了此类字体，所以在此案例中，将字做成一个小图片，就解决了显示方面的问题。

图5-14　文字的图片化处理

（图片来源于http://www.yunxikz.com）

2. 中文字体

在设计中文网站的时候,可以放心使用的字体通常是宋体和黑体。宋体比较优雅、传统,黑体则比较醒目、现代;黑体多用于标题,宋体多用于具体的文字内容。

3. 英文字体

英文字体与中文字体不一样,其字体构成方式也与中文不同,所以在网页设计中,英文字体的设计不能全部遵循中文的文字设计原则。

三、网页字体设计

1. 普通正文字号

字号就是字体的大小。通常,不同大小的字体可以引导读者进行阅读,标题通常用比较大号的字体,比较小号的字体用来进行注解和不太重要的信息。字体的大小还可以使页面产生不同的层次感。因此在进行网页设计时,字体的大小和页面中其他元素的比例和空间关系要把握好。网页上的内容信息通常用9pt或者12pt。

2. 普通正文字体的颜色

网页中的正文应该便于浏览者阅读,不应过长,也不可太短,可以通过分页进行表述,下方添加超级链接。页面的字体色彩要与整个网页的风格相统一,并与背景色有比较强烈的对比,便于阅读。字体色彩的变化和运用,可以使页面更加生动、吸引浏览者。但要注意文字设计中的可读性原则,不能无节制地添加色彩,使页面字体无法辨识;同时,也要照顾浏览者的视觉感触,避免使用太刺激的颜色,如红色等,容易引起视觉疲劳,也要避免使用饱和度太低的色彩,如粉红、粉蓝等。此类字体色彩不是不可以用,而要注意使用的范围和面积,因为此类色彩的识别度不高,同样容易引起浏览者的视觉疲劳。普通网页中常用的文字颜色是蓝色或黑色。

3. 标题的设计

首先出现在网民面前用于引起注意的文字,我们称之为标题文字,标题是概括性的文字。标题文字是广告主题表达的重点,在网络形象设计中起到举足轻重的作用,浏览者是否继续深入阅读都取决于标题对自己的吸引如何,所以标题应该有足够的醒目度,在字体的颜色、大小及设计上应与其他普通内容信息有所区别。常使用红色、黄色、绿色等饱和度和明度较高的色彩,同时和下面的普通内容信息文字的颜色有所区别,以示突出。在位置的安排上,也应该首先考虑页面中比较醒目的位置,使浏览者一目了然。

(1)文字的字形选择必须根据广告标题的含义和广告产品的特征,选择风格相似的字体,使形式与内容能协调统一。如图5-15所示,这则化妆用品广告,由于目标消费群是追求时尚和爱美的年轻女性,因此不管是从字体的选择上还是文字的语气上，都比较趋向于年轻化和时尚感。

图5-15　与内容风格统一的文字设计

（图片来源于http://www.163.com）

（2）无论是在字体大小上还是景深的控制上，标题文字在广告版面上必须占有突出的地位。如图5-16所示的这则广告，由于字体大小的突出，很容易就能让消费者知道：主题是"食"和"冬"。

图5-16　网络广告中字体大小不同的设计

（图片来源于淘宝网）

（3）有力、简洁、大方，具有较强的视觉冲击力。

（4）处于色彩画面中的标题文字，要注意底色与文字的色彩对比效果，保持较强的对比度，以产生良好的视觉传达效果。

第四节　网络广告中音频、视频文件格式

除了文字、图像、动画等设计元素，近几年来，随着计算机技术和网络带宽的进一步发展，特别是3G技术的普及，声音和视频元素的使用在网络传播中越来越普遍，这也就意味着网络广告中声音和视频的使用率也将大幅提升。这里，我们对常用的几种声音和视频的形式进行简单介绍。

一、常用声音文件格式

随着富媒体技术的使用，以及网络带宽的逐渐扩大，声音在网络广告中的应用越来越多。较为常用的格式主要有以下几种。

1. WAV格式

WAV格式又称波形声音文件，是微软公司发展的格式，此种格式的文件直接保存了对声音波形的采样数据，数据不经过压缩，所以其音质最好，但占用空间最

大，是 PC 机和网络上最为流行的声音文件格式。

2. MP3 格式

MP3 的全称是 MPEG Audio Layer-3，扩展名 MP3。MP3 格式是现在最流行的声音文件格式，因其压缩率大、占用空间小、存放方便，在网络视频、广告、可视电话通信方面应用广泛，但和 CD 唱片相比，此种声音文件的音质不能令人非常满意，但是在网上有很多可以下载 MP3 的站点，由于涉及音乐工业的版权问题，所以现在有许多抵制的呼声和压力。

3. RA 格式

Real Audio 是 Real 公司开发的主要适用于网络上实时数字音频流技术的文件格式。由于此种格式的面向目标是实时的网上传播，所以在高保真方面是远远不如 MP3，但在只需要低保真的网络传播方面却无人能及。要播放 RA，就需要使用 Real Player。和 MP3 相同，RA 也是为了解决网络传输带宽资源而设计的，因此主要目标是压缩比和容错性，其次才是音质。

4. MID 格式

MID 的文件名是 MIDI 文件，是目前最成熟的音乐格式，实际上已经成为一种产业标准，其科学性、兼容性、复杂程度等各方面远远超过前面介绍的格式。此文件格式的优点是短小，一个 6 分多钟、有 16 个乐器的文件也只是 80 多千字节；缺点是播放效果因软、硬件而有所差异。

音频文件的格式多种多样，使用哪种格式还要根据网络广告的具体要求如文件的大小、声音质量等要求而定。

二、常用视频文件格式

如果网络广告对视频能够充分利用，那将使得其与传统广告的差距大大缩小，并且在创意和接受度上与传统广告能够衔接起来。常用的视频文件格式有以下几种。

1. QuickTime 文件

QjckTime 是 Apple 计算机公司开发的一种音频、视频文件格式，用于保存音频和视频信息，具有先进的视频和音频功能，被大多主流电脑平台支持。QuickTime 文件格式支持 25 位彩色，支持 RLE、JPEG 等集成压缩技术，提供 150 多种视频效果。新版的 QuickTime 进一步扩展了原有功能，包含了基于互联网应用的关键特性，能够通过互联网提供实时的数字化信息流、工作流与文件回放功能。QuickTime 以其领先的多媒体技术和跨平台特性、较小的存储空间要求、技术的独立性以及系统的高度开放性，得到业界的广泛认可，更是被网络广告主所认同并广泛使用。

2. AVI 文件

AVI 是音频视频交错 (Audio Video Interleaved) 的英文缩写，也是一种最常见的数字音频与视频文件格式,原先用于 Microsoft Video for Windows(简称 VFW)环境,现在已被多数操作系统直接支持。此种格式文件质量高,画质清晰,色彩丰富,不足之处是占用的空间相对较大,常用来用来保存电影、电视等各种影像信息,出现在互联网上时,常用于供用户下载、欣赏广告和影片。

3. MPEG 文件

MPEG 文件格式是运动图像压缩算法的国际标准,该格式文件采用有损压缩方法,以减少运动图像中的多余信息,同时保证每秒 30 帧以上的动态刷新率,已被几乎所有的计算机平台支持。MPEG 标准包括 MPEG 视频、MPEG 音频和 MPEG 系统(视频、音频同步)三个部分,前文介绍的 MP3 音频文件就是 MPEG 音频的一个典型应用。MPEG 的平均压缩比为 50∶1,最高可达 200∶1,压缩效率非常高,同时图像和音响的质量也非常好,并且在计算机上有统一的标准格式,兼容性相当好,是现在网络广告上最常用到的一种视频格式。

当然,除了上面介绍到的几种视频文件格式,还有非常多的计算机常用格式我们这里没有涉及到。因为网络传播的特点和广告的特殊性,有非常多的音频、视频格式并不适用于网络广告的传播,所以在本节中我们只将几种常用的形式加以简单介绍。

 小结

现代网络广告包含三大视觉要素:色彩、图像以及文字。每一要素的设计都对最终网络广告的成败与否起到关键的作用,本章分别从这三个方面入手,分析其元素特性和设计时需要遵循的规律和原则,为最终完整的网络广告设计奠定基础。

色彩是光照射在不同的物质上反射的表现,不同色彩作用于人的视觉器官时,会引发人们不同的心理反应,色彩是现代广告表现的一个重要因素。网络广告设计中的图像也起到很大作用,相较于同样是信息载体的文字来说,图像的视觉冲击力要高出 85%,更容易以强有力的诉求画面引发网络受众的共鸣。网页设计中,文字的设计风格和标准也是体现网站形象和风格的重要元素,在设计处理上,要注意其可读性和艺术性。

 习题

1. 简述网络广告色彩设计原则。

2. 分析 Gorilla Glue 胶水(http://www.gorillaglue.com)的网页色彩风格,讨论其采用橙色为主色的设计思路。

3. 根据本章中讲到的理论知识,设计一小幅横幅广告,尺寸为 250×60,包括图片和文字,主题自定。

制作篇

第六章　图像处理工具软件——Photoshop
第七章　网络动画广告制作工具软件——Flash
第八章　网页制作工具软件——Dreamweaver

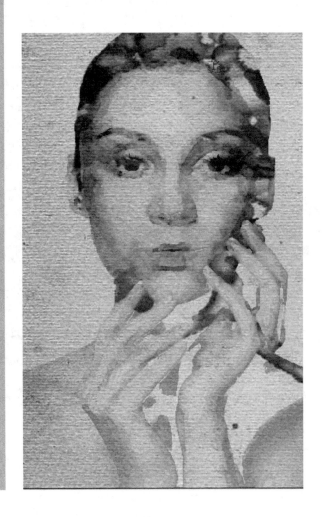

制作篇

第六章
图像处理工具软件——Photoshop

在网络广告的设计制作过程中，设计师需要对大量的图像进行处理。常用的图像处理工具软件有 Photoshop 和 Fireworks。其中，Photoshop 可以完成对广告所用图像元素或画面的前期处理工作，Fireworks 则可以在此基础上创建和编辑网页图形，对其进行动画处理、添加高级交互功能以及优化图像等。两个软件的互动性和操作都较为简单，容易在较短的时间内掌握，但是要做到精细还需下一番工夫，在本章中，我们着重来介绍这两个软件的基本界面、工具以及如何操作。在学习两个软件之前，本章先介绍图像处理当中的一些基本概念。

1. 位图和矢量图

位图又称为点阵图、像素图或栅格图像，是由称作像素（栅格）的单个点组成。位图是用每一个栅格内不同颜色的点来描述图像属性的，这些点就是我们常说的像素。这些点可以进行不同的排列和颜色以构成图样。位图图像善于重现颜色的细微层次，能够制作出色彩和亮度变化丰富的图像，文件庞大，不能随意缩放；编辑位图时，修改的是像素，而不是直线和曲线，打印和输出的精度是有限的，在比位图图像本身的分辨率低的输出设备上显示图像也会降低图像的显示质量。

矢量图像是用包含颜色和位置属性的直线或曲线（即称为矢量）来描述图像属性的一种方法。矢量又称为"向量"，矢量图形中的图形元素（点和线段）称为对象，每个对象都是一个单独的个体，它具有大小、方向、轮廓、颜色和屏幕位置等属性。简单地说，矢量图形软件就是用数学的方法来绘制矩形等基本形状。矢量图形能重现清晰的轮廓，线条非常光滑且具有良好的缩放性；编辑能力强、文字编辑能力强；与位图相比，在显示和打印方面都快得多，矢量图形具有独立的分辨率，也就是说我们以各式各样的分辨率来显示矢量图形，它都不会失真。矢量图像和位图图像可以相互转化。

2. 像素

像素是指位图中的色块，一个色块就是一个像素，是构成位图图像的最小单位。一个像素只显示一种颜色。

3. 分辨率

分辨率就是指单位长度内所含有像素的多少，通常用"像素/英寸"和"像素/厘米"表示，表述为单位长度内的点、像素或墨点的数量。分辨率也可用乘法形式来表示,如1440×900,其中"1440"表示屏幕上水平方向显示的像素数,"900"表示垂直方向显示的像素数。分辨率越高,图像在一定范围内就越清晰,反之则越模糊。分辨率越高,文件的大小就越大,分辨率也是影响图像的打印速度的因素之一。印刷输出的图像分辨率一般为"300像素/英寸(dpi)"。

4. 图像大小

图像文件的大小以千字节(KB)和兆字节(MB)为单位,它们之间的大小换算为"1MB = 1024KB"。图像文件的大小是由文件的宽度、高度和分辨率决定的,图像文件的宽度、高度和分辨率数值越大,图像文件也就越大。当图像文件大小是定值时,其宽度、高度与分辨率成反比设置。在实际工作中,设计人员经常会遇到文件尺寸较大但分辨率太低的情况,此时可以根据图像文件大小是定值,其宽度、高度与分辨率成反比设置的性质,来重新设置图像的分辨率,将宽度、高度降低,提高分辨率,这样就不会影响图像的印刷质量了。在改变位图图像的大小时应该注意,当图像由大变小时,其印刷质量不会降低;但当图像由小变大时,其印刷品质将会下降。

5. 常用色彩模式

(1) RGB模式:R(RED)代表红,G(GREEN)代表绿,B(BLUE)代表蓝,即光谱三原色。在该模式下图像由红、绿、蓝三种颜色构成。它是根据光源产生颜色,即颜色中所含三原色红、绿、蓝的百分比来定义颜色的,是一种相加的模式。RGB模式常用于光照、视频和显示器,在屏幕上可显示多达1670万种颜色。

(2) CMYK模式:即常说的四色印刷,也就是说传统四色印刷中四种油墨的颜色,它是用合成四种油墨来定义所有颜色。CMYK分别表示:CYAN代表青、蓝绿色;MAGENTA代表品红、洋红、鲜红;YELLOW代表黄、橙;BLACK代表黑。各种颜色都可以由这四种颜色混合而成,对于选择颜色而言,CMYK是最为常用的一种模式,多用于印刷。

(3) 位图模式:该模式下图像由黑、白两色组成,没有中间层次,但并不限于黑色和白色,也可以是彩色的,0代表黑,1代表白。这种模式信息量小,电脑比较容易处理。

(4) 灰度模式:灰度图像的每个像素有一个0(黑)~255(白)之间的亮度值,最多有256级灰度,所有位图模式和颜色图像都可以转换为灰度模式。

(5) LAB模式:LAB模式是一种与设备无关的颜色模式,它所包含的颜色范围最广,包含所有RGB和CMYK中的颜色,是RGB模式向CMYK模式转换的中间模式。

第一节 Photoshop基本工作界面

Photoshop是由Adobe公司出品、目前使用最广泛、功能最为强大、操作也较

制作篇

为简易的图像处理软件,广泛应用于图像、图形制作、网页动画制作和网页设计和三维后期处理。Photoshop目前有很多个版本,各个版本的功能都大同小异,我们以Photoshop CS为例来介绍它的基本功能、板块和操作步骤。

首先,我们来认识一下Photoshop CS的界面组成,如图6-1所示,是一个典型的界面。

图6-1　Photoshop基本界面

一、标题栏

标题栏显示文件名、缩放比例,括号内显示当前所选图层名、色彩模式、通道位数。标题栏位于界面的最上方,一般显示为蓝色的区域,其左侧显示的是软件图标和名称。当工作区中的图像窗口显示为最大化状态时,标题栏中还将显示当前编辑文档的名称。标题栏右侧的按钮,主要用于控制界面的显示大小。

二、菜单栏

顶部的红色区域,包括色彩调整之类的命令都存放在菜单栏中。在我们的教程中使用【】符号来表示菜单项目。

【文件】菜单:用于文件操作,如创建、打开和保存文件等。

【编辑】菜单:用于图像内容的编辑操作,如复制、剪切和粘贴等。

【图像】菜单:用于对图像大小、色彩模式、摆放位置的调整。

【图层】菜单:用于对图像图层的操作,包括新建、合并、删除等。

【选择】菜单:用于修改画面中的对象、选区的特性。

【滤镜】菜单:用于对图像或者选区进行各种滤镜效果操作。

【视图】菜单:"视图"菜单用于改变文档的视图,放大、缩小或满画布显示。

还可以新建一个窗口以不同的放大率来显示同一幅图像，当此图像被编辑的时候，两个窗口的图像会一起更新。

【窗口】菜单：用于打开、关闭、组织和切换各种窗口面板。

【帮助】菜单：用于快速获得帮助信息。

三、属性栏

属性栏主要用来显示工具栏中所选工具的一些选项。选择不同的工具或选择不同的对象时出现的选项也不同。

四、工具栏

工具栏是指绿色的竖长条部分，也称为工具箱。对图像的修饰以及绘图等工具，都从这里调用。几乎每种工具都有相应的键盘快捷键。

五、面板区

面板区靠右边的紫色部分，用来安放制作需要的各种常用的面板。也可以称为浮动面板或调板。面板区上方的蓝色部分，用来存放不常用的面板，叫做面板窗口，面板在其中只显示名称，点击后才出现整个面板，这样可以有效利用空间，防止面板过多挤占了图像的空间。

六、状态栏

在这一区域显示当前编辑图片的大小，显示当前操作的提示步骤，表明当前的状态。

七、工作区

其余的区域，用来显示制作中的图像。Photoshop可以同时打开多幅图像进行制作，图像之间还可以互相传送数据。在打开的图像间可通过菜单【窗口】底行的图像名称切换，也可以快捷键［Ctrl+Tab］完成图像切换。

除了菜单的位置不可变动外，其余各部分都是可以自由移动的，我们可以根据自己的喜好去安排界面；并且，调板在移动过程中有自动对齐其他调板的功能，这可以让界面看上去比较整洁。

第二节　Photoshop的基本操作

一、文档操作

Photoshop文档操作包括新建文档、打开文档、关闭文档、保存文档等几种。

1. 新建文档

启动 Photoshop，选择"文件"—"新建"，或者[Ctrl + N]；[Ctrl] + 双击即可新建一个 Photoshop 文档。

2. 打开文档

选择主菜单"文件"→"打开"命令，在弹出的"打开"对话框中选择需要打开的文档，单击"打开"按钮即可；或者从文件夹中选择要打开的文档，双击 Photoshop 源文件图标，即可打开此源文件。

3. 关闭文档

按图像窗口右上方的"×"；或者[Ctrl + Q]；或者[Alt+F4]；或者"文件"—"退出"都可以关闭文档。

4. 保存文档

当对一幅图像进行操作到一定的程度，我们需要对文件进行保存，防止信息的丢失。可以通过"文件"菜单—"保存"，也可以同时按[Ctrl+S]保存文档，系统默认的文件扩展名为 PSD；当然，我们也可以通过"另存为"的模式保存成其他格式的文件。例如：JPEG 格式会造成压缩，常常用来保存照片。

选择主菜单"文件"→"保存"命令，打开"另存为"对话框，选择所要保存的地址，在"文件名"文本框中输入一个文件名，单击"保存"按钮即可。

各种文件格式通常是为特定的应用程序创建的，不同的文件格式可以用扩展名来区分，Photoshop 支持大量的图像格式，包括如 PSD，TIFF，JPEG，BMP，AI，PCX，EPS，GIF，PDD，PNTG 等 20 多种。常用的格式主要有如下几种。

JPEG：这种格式的文件其空间非常小，它是目前最优秀的数字化摄影图像的存储方式，但是会给图片进行压缩造成图片质量上的损失，这属于有损压缩格式。我们常常用它保存照片。

PSD，PDD：保存为是 PDD 文件。我们所做的所有图层，以及通道都可以被保存。它的优点是保存的信息量大而且不失真，缺点是文件个头太大，占磁盘空间大。

AI：AI 格式是一种矢量图形格式，在 Illustrator 中经常用到，它可以把 Photoshop 中的路径转化为"*.AI"格式，然后在 Illustrator，CorelDRAW 中将文件打开，并对其进行颜色和形状的调整。

EPS：EPS 格式是 Adobe 公司专门为存储矢量图形而设计的，用于在 PostScript 输出设备上打印，它可以使文件在各软件之间进行转换。

PNG：PNG 格式可以使用无损压缩方式压缩文件，支持带一个 Alpha 通道的 RGB 颜色模式、灰度模式及不带 Alpha 通道的位图、索引颜色模式。它产生的透明背景没有锯齿边缘，但一些较早版本的 Web 浏览器不支持 PNG 格式。

BMP：这是在 Windows 系统下一种比较老的图片格式，如果把图像保存为 BMP 格式的话，那么文件占用磁盘空间是非常大的，但是图像在质量上没有过多的

第六章 图像处理工具软件——Photoshop

损失。

TGA：TGA格式也是经常要用到的格式，它常常用于影视的后期制作等很多领域。

GIF：GIF格式为动画格式、网页。GIF格式的文件是8位图像文件，几乎所有的软件都支持该格式。它能存储成背景透明化的图像形式，所以这种格式的文件大多用于网络传输，并且可以将多张图像存储成一个档案，形成动画效果。但它最大的缺点是只能处理256种色彩。

TIFF（TIF）：TIFF格式常用属于无损压缩，不支持通道和图层。TIFF格式是最常用的图像文件格式，它既应用于MAC，也应用于PC。该格式文件以RGB全彩色模式存储，在Photoshop中可支持24个通道的存储，TIFF格式是除了Photoshop自身格式外，唯一能存储多个通道的文件格式。

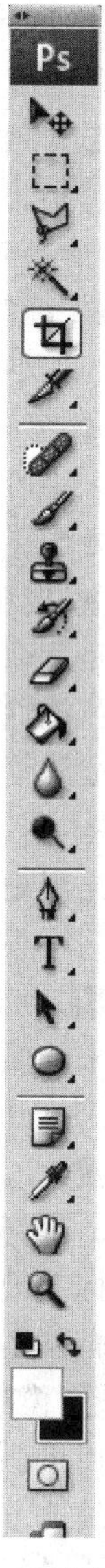

二、基本工具的使用

如图6-2所示，Photoshop的基本工具分为选择工具、绘图工具和路径工具。

1. 选择工具

移动工具：可以对Photoshop里的选区或图层进行移动图层。

矩形选择工具：可以对图像设定一个矩形的选择范围，一般以对规则的选择用居多。

单列选择工具：可以对图像在垂直方向选择一列像素，一般对比较细微的选择可用。

裁切工具：可以对图像进行剪裁，剪裁选择后一般出现8个节点框，用户用鼠标对着节点进行缩放，用鼠标对着框外可以对选择框进行旋转，用鼠标对着选择框双击或敲击回车键即可以结束裁切。

图6-2　工具箱界面

套索工具：可任意按住鼠标不放并拖动进行选择一个不规则的选择范围，一般对于一些不需很精致的选择可用。

多边形套索工具：可用鼠标在图像上某点定一点，然后进行多线选中要择的范围，没有圆弧的图像勾边可以用这个工具，但不能勾出弧度。

磁性套索工具：这个工具似乎有磁力一样，不需按鼠标左键而直接移动鼠标，在工具头处会出现自动跟踪的线，这条线总是走向颜色与颜色边界处，边界越明显磁力越强，将首尾连接后可完成选择，一般用于颜色与颜色间差别比较大的图像选择。

制作篇

魔术棒工具：用鼠标对图像中某颜色单击一下对图像颜色进行选择，选择的颜色范围要求是相同的颜色，其相同程度可通过修改魔术棒属性栏中的容差值进行设定，数值越大，表示魔术棒所选择的颜色差别越大；反之，数值越小则颜色差别越小。

2. 绘图工具

画笔工具：类似于我们平时画画时使用的毛笔，是用来对图像进行上色，笔头的大小和形状可以选择，笔触的颜色由前景色决定。

喷枪工具：主要用来对图像上色，上色的压力可由右上角的选项调整，上色的大小可由右边的画笔处选择自己所需的笔头大小，上的颜色可由右边的色板或颜色处选择所需的颜色。

橡皮擦工具：主要用来擦除不必要的像素。如果对背景层进行擦除，则背景色是什么色擦出来的就是什么色；如果对背景层以上的图层进行擦除，则会将这层颜色擦除，会显示出下一层的颜色。擦除笔头的大小可以在右边的画笔中选择一个合适的笔头。

图案图章工具：此工具是用来复制图像，但与橡皮图章有些不同，它前提要求先用矩形选择一范围，再在"编辑"菜单中点取"定义图案"命令，然后再选合适的笔头，在图像中进行复制图案。

历史记录画笔工具：主要作用是对图像进行恢复图像最近保存或打开图像的原来的面貌，如果对打开的图像操作后没有保存，使用该工具，可以恢复这幅图像原来打开的面貌；如果对图像保存后再继续操作，则使用该工具则会恢复保存后的面貌。

铅笔工具：主要是模拟平时画画所用的铅笔，选用该工具后，在图像内按住鼠标左键不放并拖动，即可以进行画线，它与喷枪、画笔不同之处是所画出的线条没有蒙边。

模糊工具：主要是对图像进行局部模糊，按住鼠标左键不断拖动即可操作，一般用于颜色与颜色之间比较生硬的地方加以柔和，也用于颜色与颜色间过渡比较生硬的地方。

锐化工具：与模糊工具相反，它是对图像进行清晰化，该工具是在作用的范围内全部像素清晰化。如果作用太厉害，图像中每一种组成颜色都显示出来，所以会出现花花绿绿的颜色。若作用了模糊工具后，再作用锐化工具，图像不能复原，因为模糊后颜色的组成已经改变。

涂抹工具：使用该工具可以将颜色抹开，好像是一幅图像的颜料未干而用手去抹，使颜色走位一样，一般用在颜色与颜色之间边界生硬或颜色与颜色之间衔接不好的地方，将过渡颜色柔和化，有时也会用在修复图像的操作中。涂抹的大小可以在右边画笔处选择一个合适的笔头。

减淡工具：也可以称为加亮工具，主要是对图像进行加光处理以达到对图像的颜色进行减淡，其减淡的范围可以在右边的画笔选取笔头大小。

　　加深工具：与减淡工具相反，加深工具也可称为减暗工具，主要是对图像进行变暗以达到对图像的颜色加深，其减淡的范围可以在右边的画笔选取合适的笔头。

　　海绵工具：它可以对图像的颜色进行加色或减色，可以在右上角的选项中选择加色还是减色。实际上也可以是加强或减少颜色的对比度。其加色或是减色的强烈程度可以在右上角的选项中选择压力，其作用范围可以在右边的画笔中选择合适的笔头。

3. 路径工具

　　选择工具：包括路径选择工具、和直接选择工具。路径选择工具是一个黑箭头，选择一个闭合的路径，或是一个独立存在的路径，将路径作为整个对象来操作，比如整体移动。而直接选择工具是一个白箭头，选择任何路径上的节点，也可圈选选择多个锚点，进行锚点调整。

　　文字工具：文字工具包括横排文字工具、直排文字工具、横排文字蒙版工具和直排文字蒙版工具。横排文字工具是建立一段横向的文字，直排文字工具是建立一段竖向的文字。如果选定横排、直排文字蒙版工具，在屏幕文件上单击，图层中将产生一个红色透明的蒙版区域。可以对文字蒙版区域进行移动、填充、变形、缩放等操作（关于图层和蒙版的概念将在后续的章节中介绍）。至于文字的字形、大小等属性则显示在属性栏中，如图6-3所示，可通过对属性栏的设置进行修改。

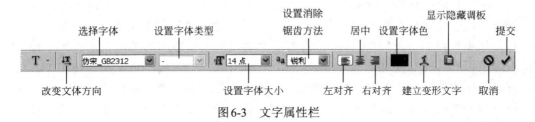

图6-3　文字属性栏

　　钢笔工具：包括钢笔工具、自由钢笔工具、添加锚点工具、删除锚点工具和转换点工具。如图6-4所示，鼠标右击钢笔工具按钮或者按住鼠标左键不放，可以显示出钢笔工具所包含的5个按钮，通过这5个按钮可以完成路径的前期绘制工作。钢笔工具可以绘制出带有拐点的一组线段；而自由钢笔工具可以绘制出光滑的曲线，无论是线段和曲线上都有一些白色的小点，这些点就叫做锚点，转换点工具可以将锚点的形式在尖角和圆滑之间转换，这些锚点的多少和位置可以通过添加锚点工具和删除锚点工具进行操作。

图6-4　钢笔工具

　　图形创建工具：我们可以通过Photoshop来创建一些既定的图形或图案，这就

制作篇

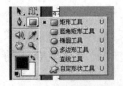

用到了图形创建工具![图标]，按住鼠标左键，可见如图6-5所示的界面，我们可以任意选择自己需要的形状进行绘图。

无论是钢笔工具还是图形创建工具，都有两种不同的创建模式。创建形状图层还是只创建路径，这些选项在选中钢笔工具时都会显示在属性面板上，如图6-6所示。

图6-5　图形创建工具

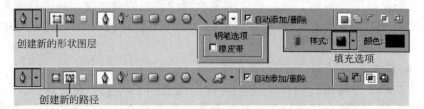

图6-6　路径工具属性面板

创建形状图层模式不仅可以新建一个路径，同时还在图层面板中创建了一个形状图层，所以如果选择创建新的形状图层选项，可以在创建之前设置形状图层的样式以及混合模式和不透明度的大小。而单击创建新的工作路径按钮，则只会绘制出一个单独的工作路径，这个工作路径会显示在路径面板上。

第三节　图层的使用

一、图层的概念

图层的使用是Photoshop中一个非常重要的部分，因为我们的图像中不同部分的内容可以分别布置在不同的图层上，为后续的修改和打印提供了方便。那么什么是图层呢？我们可以把Photoshop的图层比喻成一张张透明的纸，在多张纸上画了不同的内容，然后叠加起来，就是一副完整的图。在Photoshop中，一幅图中各部分的不同物体，都绘制在不同的图层中，这些图层叠加起来，就形成了一幅图。这样就方便我们对每一部分进行修改和设计，而不会影响到其他图层上的内容。图层是有上下顺序的，上面图层的内容会遮住下面图层的内容。改变图层的顺序和属性可以改变图像的最后效果。通过对图层的操作，使用它的特殊功能可以创建很多复杂的图像效果。

二、图层面板

图层面板上显示了图像中的所有图层、图层组和图层效果，我们可以通过菜单"窗口"—"图层"命令来打开或者关闭图层面板，使用图层面板上的各种功能来完成一些图像编辑任务，例如创建、隐藏、复制和删除图层等；还可以使用图层模式改变图层上图像的效果，如添加阴影、外发光、浮雕等。另外，我们对图层的光线、色相、透明度等参数都可以通过修改来制作不同的效果。图层面板如图6-7所

第六章　图像处理工具软件——Photoshop

示，图中显示出了图层面板最简单的功能。1是图层的菜单功能，点击向右的菜单就可以看到它的功能，包括新建、复制、删除图层，建立图层组，图层属性，混合选项，图层合并等功能；2是显示蓝色的就是当前被激活图层；3是可以看到图层上图像的缩略图。

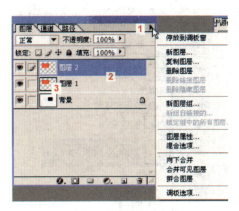

图6-7　图层面板

三、图层的类型

1. 背景图层

每次新建一个Photoshop文件时图层会自动建立一个背景图层，这个图层是被锁定的，位于图层的最底层。我们是无法改变背景图层的排列顺序的，同时也不能修改它的不透明度或混合模式，这个图层的右边有一个小锁的标志。如果按照透明背景方式建立新文件时，图像就没有背景图层。如果不使用Photoshop强加的受限制背景图层，我们也可以将它转换成普通图层让它不再受到限制。在图层面板中双击此背景图层，打开新图层对话框，然后根据需要设置图层选项，点击"确定"按钮后就可以了。这时图层面板上的背景图层已经转换成普通图层，如图6-8所示。

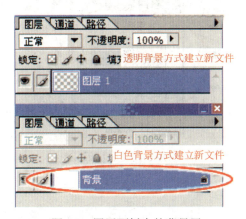

图6-8　图层面板中的背景层

121

2. 普通图层

我们可以在图层面板上添加新图层然后向里面添加内容，也可以通过添加内容再来创建图层。如图6-9所示，一般创建的新图层会显示在当前被激活图层的上面或当前被激活图层组内。

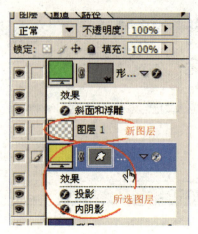

图6-9 创建新图层

3. 图层组

图层组就是将一些有着相似属性的普通图层组成一个小组，这样可以帮助组织和管理图层，可以很容易地将图层作为一组对象进行移动、删除、隐藏等操作，对图层组应用属性和对普通图层应用属性的效果是一样的，这样可以很好地减少图层面板中的混乱，如图6-10所示。

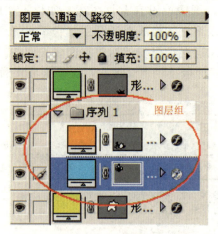

图6-10 图层组

四、图层的操作

前面我们讲了图层的基本概念，这里我们来讲讲图层的一些操作。

1. 新建图层

我们可以在菜单"图层"——"新建图层"或者在图层面板下方选择"新建图层/新建图层组按钮"来新建普通图层或者图层组,如图6-11所示。

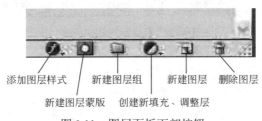

图6-11　图层面板下部按钮

2. 复制、删除图层

需要制作同样效果的图层,我们可以选中该图层后,点击鼠标右键选择"复制图层"选项,或者通过菜单"图层"——"复制图层"命令来实现;如果需要删除图层就选择"删除图层"选项或者"删除图层"菜单,双击图层的名称可以重命名图层的名字。

3. 栅格化图层

一般我们建立的文字图层、形状图层、矢量蒙版和填充之类的图层,就不能在它们的图层上再使用绘画工具或滤镜进行处理了。如果需要在这些图层上继续操作就需要将图层进行栅格化,将这些图层的内容转换为平面的光栅图像,具体的命令可以使用菜单"图层"——"栅格化"或者在图层面板中右键点击选择"栅格化图层"选项。

4. 合并图层

在设计的时候很多图形都分布在多个不同图层上,而对这些已经确定的图形,如果今后我们不会再修改了,就可以将它们合并在一起以便于图像管理。合并后的图层中,所有透明区域的交叠部分都会保持透明。

如果是将全部图层都合并在一起,可以选择"图层"菜单中的"合并可见图层"和"拼合图层"等选项。如果选择其中几个图层合并,我们将要合并的这些图层集中在一起,这样就可以合并所有图层中的部分图层了。

五、常用图层属性

1. 图层不透明度设置

图层的不透明度决定它显示自身图层的程度:如果不透明度为1%,图层显得几乎是透明的,而透明度为100%的图层则完全不透明。图层不透明度的设置方法是在图层面板中"不透明度"选项中设定透明度的数值。除了设置图层的不透明度以外,还可以为图层指定填充不透明度。填充不透明度会影响图层中绘制的像素或图层上绘制的形状,但不影响已应用于图层效果的不透明度,填充方法是在图层调板的"填充不透明度"文本框中输入值,如图6-12所示。

图6-12　图层不透明度设置

2. 图层混合模式

使用图层混合模式可以创建各种特殊效果,如"正常"、"溶解"、"变亮"、"变暗"、"颜色减淡"、"颜色加深"等模式。使用混合模式的方法很简单,只要选中要添加混合模式的图层,然后在图层面板的混合模式菜单中找到所要的效果即可。

3. 图层样式

图层样式可以帮助我们快速应用各种效果,还可以查看各种预定义的图层样式,使用鼠标即可应用样式,也可以通过对图层应用多种效果创建自定样式,如投影效果、外发光、浮雕、描边等。当图层应用了样式后,在图层调板中图层名称的右边会出现"f"图标。Photoshop中还提供了很多预设的样式,我们可以通过混合选项面板添加各种效果,在样式模板中直接选择所要的效果套用,应用预设样式后我们还可以在它的基础上再修改效果,如图6-13所示。

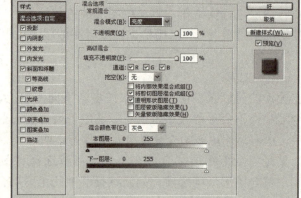

图6-13　图层样式面板

4. 图层蒙版

使用蒙版可保护部分图层不能被编辑。蒙版可以控制图层区域内部分内容可隐藏或显示。更改蒙版可以对图层应用各种效果,不会影响该图层上的图像。Photoshop中蒙版分为两类:一是图层蒙版,二是矢量蒙版。直接在图层面板下方点击"图层蒙版"按钮即可新建图层蒙版,在"图层"菜单下选择"添加图层蒙版"中的"显示选区"或"隐藏选区"命令即可显示或隐藏图层蒙版。点击图层面板中的"图层蒙版缩览图"将它激活,然后选择任一编辑或绘画工具可以在蒙版上进行编辑。将蒙版涂成白色可以从蒙版中减去并显示图层，将蒙版涂成灰色可以看到部分图层，将蒙版涂成黑色可以向蒙版中添加并隐藏图层。

矢量蒙版可在图层上创建锐边形状，若需要添加边缘清晰、分明的图像，可以使用矢量蒙版。创建了矢量蒙版图层之后，还可以应用一个或多个图层样式。先选中一个需要添加矢量蒙版的图层，使用形状或钢笔工具绘制工作路径，然后选择"图层"菜单下的"添加矢量蒙版"中"当前路径"命令即可创建矢量蒙版，我们也可以选择"图层"菜单下的命令编辑、删除矢量蒙版。若想将矢量蒙版转换为图层蒙版，可以选择要转换的矢量蒙版所在的图层，然后选择"图层"菜单下的"栅格化"中"矢量蒙版"命令即可转换。需要注意的是，一旦删格化了矢量蒙版，就不能将它改回矢量对象了。

第四节　通道操作

一、通道的概念

通道是用来存放图像信息的地方。Photoshop将图像的原色数据信息分开保存，我们把保存这些原色信息的数据带称为"颜色通道"，简称为通道。由于图像的原色数据信息分开保存在不同的颜色通道中，我们可以对各颜色通道的编辑来修补、改善图像的颜色色调。例如，RGB模式的图像由红、绿、蓝三原色组成，那么它就有三个颜色通道，除此以外还有一个RGB复合通道。也可将图像中局部区域的选区存储在Alpha通道中，随时对该区域进行编辑。

二、通道的种类

通道作为图像的组成部分，是与图像的格式密不可分的，图像颜色、格式的不同决定了通道的数量和模式，在通道面板中可以直观地看到。Photoshop中涉及的通道主要有以下几种。

1. 复合通道

复合通道不包含任何信息，实际上它只是同时预览并编辑所有颜色通道的一个快捷方式。它通常被用来在单独编辑完一个或多个颜色通道后使通道面板返回到它的默认状态。对于不同模式的图像，其通道的数量是不一样的。在Photoshop之中，通道涉及三个模式。对于一个RGB图像，有RGB，R，G，B 4个通道；对于一个CMYK图像，有CMYK，C，M，Y，K 5个通道；对于一个Lab模式的图像，有Lab，L，a，b 4个通道。

2. 颜色通道

在Photoshop中编辑图像时，实际上就是在编辑颜色通道。这些通道把图像分解成一个或多个色彩成分，图像的模式决定了颜色通道的数量，RGB模式有3个颜色通道，CMYK图像有4个颜色通道，灰度图只有一个颜色通道，它们包含了所有将被打印或显示的颜色。

对于一幅既定的图像而言，单独改变某个通道的曲线就会造成色偏。很简单的道理，如果把红色通道的值增加，就意味着红色在图像中被增加了，那么图像肯定就偏向红色。增加绿色就偏绿，增加蓝色就偏蓝，那如果减少红色呢？图像会偏向什么颜色？减少红色图像将偏青，减少绿色图像偏粉红，减少蓝色图像偏黄。这种现象称为反转色(互补色)的此消彼长。

3. 专色通道

专色通道是一种特殊的颜色通道，它可以使用除了青色、洋红（有人叫品红）、黄色、黑色以外的颜色来绘制图像。因为专色通道一般情况下使用较少且多与打印相关，所以我们在这里不多做解释。

4. Alpha通道

Alpha通道是计算机图形学中的术语，指的是特别的通道。有时，它特指透明信息，但通常的意思是"非彩色"通道。Alpha通道是我们真正需要了解的通道，可以说我们在Photoshop中制作出的各种特殊效果都离不开Alpha通道，它最基本的用处在于保存选取范围，并不会影响图像的显示和印刷效果。当图像输出到视频，Alpha通道也可以用来决定显示区域。

5. 单色通道

这种通道的产生比较特别，也可以说是非正常的。试一下，如果你在通道面板中随便删除其中一个通道，就会发现所有的通道都变成"黑白"的，原有的彩色通道即使不删除也变成灰度的了。

三、通道面板

通道面板和图层面板有非常多的相似之处，我们都可以通过菜单或者面板对通道进行新建、删除、显示、隐藏等操作，这里不再赘述。通道面板的不同之处在于其与选区的相互转换，在通道面板的下部，我们可以看到有两个按钮，分别是将通道转换成选区和将选区作为通道储存，如图6-14所示，它们的作用是将通道和选区进行相互转换，方便我们存储或者修改。

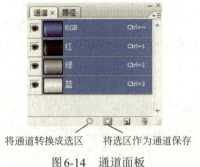

图6-14 通道面板

四、通道的编辑

首先要说明的是，鉴于通道的特殊性，它与其他很多工具有着千丝万缕的联系，比如蒙版。所以在这里，所谓的常规方法即是通道比较普遍的编辑方法，也可以认为是从单纯的选区来讲。

1. 利用选择工具操作通道

Photoshop中的选择工具包括蒙版工具、套索工具、魔术棒、文字蒙版以及由路径转换来的选区等，其中包括不同羽化值的设置。利用这些工具在通道中进行编辑与对一个图像的操作是相同的。

2. 利用绘图工具操作通道

绘图工具包括喷枪、画笔、铅笔、图章、橡皮擦、渐变、油漆桶、模糊、锐化和涂抹、加深、减淡和海绵。

利用绘图工具操作通道的一个优势在于你可以精确地控制笔触，利用画笔、橡皮擦等绘图工具，这些都比套索、魔术棒精确许多，从而可以得到更为柔和以及足够复杂的边缘。具体操作时，我们在通道图层中利用绘图工具确定一个精确的通道，然后转换成选区。还要提一下的是渐变工具，它对于通道特别有用。它是我所知道的Photoshop中严格意义上的一项可以涂画多种颜色而且包含平滑过渡的绘画工具；针对通道而言，也就是带来了平滑、细腻的渐变。

3. 利用滤镜工具操作通道

在通道中进行滤镜操作，通常是在有不同灰度的情况下，而运用滤镜。原则上讲，你可以在通道中运用任何一个滤镜，实际上大部分人在运用滤镜操作通道时通常有着较为明确的目的，比如锐化或者虚化边缘，从而建立更适合的选区。各种情况比较复杂，需要根据目的的不同做相应处理（滤镜知识将在后面章节中介绍）。

4. 利用调节工具操作通道

调节工具包括色阶和曲线等。当用这些工具调节图像时，你会看到对话框上有一个Channel选单，在这里可以选择所要编辑的颜色通道。如果是RGB通道，则对图像中所有的颜色进行调节，如果选中其中的一个通道，则是对其属性值进行调节。

单纯的通道操作是不能对图像本身产生效果的，必须同其他工具结合，如选区和蒙版。所以理解通道时最好与这些工具联系起来，才能知道通道可以在图像中起到什么样的作用。

五、实例操作

如图6-15(a)所示，这是一张阴天所拍摄照片，所以看起来画面很一般。现在我们要将它调整为一幅展现灿烂黄昏的图片。既然是黄昏，天空就应该是金黄色的，所以天空部分就要偏金黄，金黄是由红色加黄色混合而成的。那么就应该让天空偏红和偏黄。偏红就是增加红色，偏黄就是减少蓝色。天空部分在曲线中是靠近高光区域的，因此这个操作总结起来就是：增加红色高光和减少蓝色高光。最终效果如图6-15(b)所示。

打开"图像"菜单—"调整"—"曲线"对话框，我们从通道下拉列表中选择"红"、"蓝"通道，进行如图6-16所示的操作，进行曲线调整。我们再看直方图面

图 6-15　通道调节效果对比

板的显示,从中可以很容易地看出红色高光在增加、而蓝色高光在减少的情况。图 6-16 中是改变后的图像,已经有很明显的金黄效果了。

然后在 RGB 综合通道中再作一些调整,让原本属于暗调和中间调的部分下降一点,暗一些以衬托天空,将高光部分的天空再加亮一些,如图 6-17 所示。这样就得到了很灿烂的黄昏颜色。

这样的效果是比较艳丽,但看起来太假了,图中远处的青山都偏向了黄色,青山是处于中间调的,而刚才在调整红色通道和蓝色通道的时候,中间调部分也随着

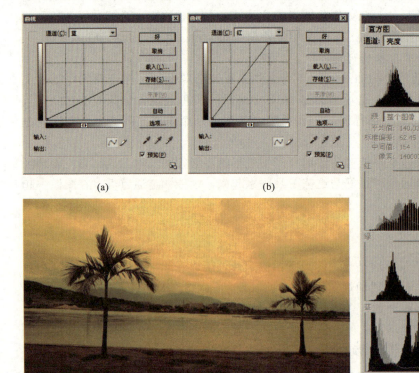

图 6-16　曲线调节及效果

第六章　图像处理工具软件——Photoshop

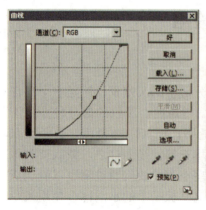

图6-17　RGB通道调节及效果

高光端点移动了一些距离，那么我们就应该将原来属于中间区域的继续留在中间区域。因此，将红色通道和蓝色通道的曲线做下列调整，将两条曲线的中间调留在原处，如图6-18所示。这样调整出来的图像看起来就较为真实了。

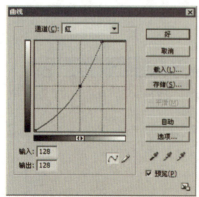
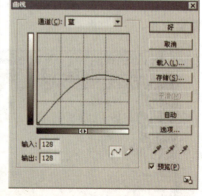

图6-18　红蓝通道调节及效果

129

制作篇

第五节 蒙版的使用

一、什么是蒙版

所谓蒙版，就是在图像上加一层可以让某一部分透明的灰度板（就是一个黑白图像），其中，这个图像中白色的部分可以让图像变得透明，黑色的部分使图像不透明，灰色的部分则是根据不同灰度，使图像半透明。而其中的黑色、白色或灰色，你可以使用任何工具绘制，比如画笔、铅笔、填充等。简而言之，蒙版就类似于你在图像的上面蒙了一块板子，这个板子上有一些小洞，我们透过洞可以看到后面的图像，没有洞的地方就把后面的图像遮住了。这个板子上的小洞部分使用黑色表示，没有洞的地方用白色表示，半透明的地方用灰色表示，这些小洞的形状和透明度可以通过绘图工具和灰度的值来确定。蒙版和通道是密切相关的，可以说没有单独使用的蒙版，它本质上是通道的一种表现。

如图6-19所示，我们看到有上下两个图层，给上面的图层添加了图层蒙版，分别用黑、白、灰来表示，那么我们可以看到黑色的区域将下面图层的图案完全显示出来，灰色的区域呈现半透明的状态，而白色的区域则完全不透明，我们完全看不到下面的图层内容。

图6-19 蒙版

二、蒙版的种类

1. 图层类蒙版

图层类蒙版实质上就是一个图层。作为蒙版的图层，根据本身的不透明度控制

第六章　图像处理工具软件——Photoshop

其他图层的显隐。从广义的角度来讲，任何一个图层都可以视为其下所有图层的蒙版，该图层的不透明度将直接影响其下图层的显隐，只不过在Photoshop中并没有将这种情形以"蒙版"冠名。剪贴蒙版也属于图层类蒙版，是将某一图层作为基底图层，并通过该层像素的不透明度控制剪贴图层组内所有图层的显隐，如图6-20所示。

图 6-20　图层蒙版

2．通道类蒙版

通道类蒙版简单地说就是一个通道，准确地讲，就是通道中的灰度图。这幅灰度图不能独立存在，必须依附于通道载体。图层蒙版是通道类蒙版的典型应用，其目的在于控制某一图层的显隐。需要特别说明的是，当我们为某一图层增加图层蒙版后，会在相应图层的后面增加一个标识，但这个标识并不是图层蒙版本身，真正的图层蒙版其实是一个通道，是通道中的一幅灰度图，因此，只有打开通道调板，才能看到图层蒙版的庐山真面目。如果我们在通道调板中删除这一通道后，图层中原来的蒙版标识符也即随之消失。图层蒙版仅仅是通道类蒙版的应用之一。事实上，通道类蒙版的具体应用尚不止如此，如大家非常熟悉的快速蒙版也属于通道类蒙版，不过其主要作用是用来修改选区，下文将会述及。

3．矢量蒙版

矢量蒙版是用路径来控制目标图层显隐的，作用就是让被路径包围的地方无法看见图像，未被包围的地方图像可以显示。与通道类蒙版类似，当我们为某一图层增加矢量蒙版后，在相应图层的后面也会增加一个矢量蒙版标识符，但这并不是矢

131

量蒙版本身，要想查看真正的矢量蒙版，需在路径调板中调节。我们可以通过菜单"图层"—"启用矢量蒙版"来添加矢量蒙版，添加矢量蒙版和图层蒙版的区别在于链接图标的左边有一条竖线。一旦为图层添加了矢量蒙版，就可以使用钢笔工具或矢量形状工具绘制蒙版路径，进而来控制图像的显示与隐藏。

4. 快速蒙版

快速蒙版是创建和查看图像的临时蒙版，快速蒙版模式使你可以将任何选区作为蒙版进行编辑，而无需使用"通道"调板，在查看图像时也可如此。但快速蒙版本质上是通道蒙版使用的快捷方式。例如，如果用选框工具创建了一个矩形选区，可以进入快速蒙版模式并使用画笔扩展或收缩选区，或者也可以使用滤镜扭曲选区边缘。也可以使用选区工具，因为快速蒙版不是选区。当在快速蒙版模式中工作时，"通道"调板中出现一个临时快速蒙版通道。但是，所有的蒙版编辑是在图像窗口中完成的。快速蒙版按钮位于工具箱的下方，类似图层蒙版按钮，如图6-21所示。

图6-21　快速蒙版

三、蒙版的具体操作

在蒙版图像中绘制黑色，可增加蒙版被屏蔽的区域，并显示更多的图像。在蒙版图像中绘制白色，可减少蒙版被屏蔽的区域，并显示更少的图像。在蒙版图像中绘制灰色，可创建半透明效果的屏蔽区域。

1. 创建图层蒙版

在"图层"面板中选择要添加图层蒙版的图层或图层组，然后执行下列任一操作。

（1）在"图层"面板中单击按钮或执行"图层"—"图层蒙版"—"显示全部"命令，即可创建出显示整个图层的蒙版，如当前图像文件中有选区，可以创建出显示选区内图像的蒙版。

（2）在"图层"面板中单击蒙版缩览图，使之成为当前状态；然后在工具箱中选择任一绘图工具，执行下列操作之一可以编辑图层蒙版。

2. 创建矢量蒙版

矢量蒙版可在图层上创建锐边形状的图像，若需要添加边缘清晰分明的图像则可以使用矢量蒙版。在"图层"面板中选择要添加矢量蒙版的图层或图层组，然后执行下列任一操作即可创建矢量蒙版。在"图层"或"路径"面板中单击矢量蒙版缩览图，将其设置为当前状态；然后利用"钢笔"工具或"路径编辑"工具更改路径的形状，即可编辑矢量蒙版。

3. 停用或启用蒙版

添加蒙版后，执行菜单"图层"—"图层蒙版"—"停用"或"图层"—"矢量蒙版"—"停用"命令，可将蒙版停用。此时"图层"面板中蒙版缩览图上会出现一个红色的交叉符号，且图像文件中会显示不带蒙版效果的图层内容。完成图层蒙版的创建后，既可以应用蒙版使其更改永久化，也可以扔掉蒙版而不应用更改。

4. 删除矢量蒙版

在"图层"面板中，当矢量蒙版层为工作层时，按［Delete］键，可直接将该图层删除。

5. 取消图层与蒙版的链接

默认情况下，图层和蒙版处于链接状态，当使用"移动"工具移动图层或蒙版时，该图层及其蒙版会在图像文件中一起移动，取消它们的链接后可以进行单独移动。

第六节　路径工具和路径面板

一、什么是路径

在Photoshop中，路径是由一条或多条线段或曲线组成的，每一段都有锚点标记，通过编辑路径的锚点，可以很方便地改变路径的形状。在曲线上，每个选中的锚点显示一条或两条调节柄，调节柄以控制点结束。调节柄和控制点的位置决定曲线的大小和形状。移动这些元素将改变路径中曲线的形状。其中，角点和平滑点都属于路径的锚点，选中的锚点显示为实心方形，而未选中的锚点显示为空心方形，如图6-22所示。

图6-22　路径面板

二、路径工具的使用

利用"钢笔"工具，可以创建开放路径和闭合路径。利用钢笔工具的扩展工具，可以对锚点和路径进行详细操作，这在前面的章节中已经有过介绍。我们通过一个具体的实例来深入解读路径工具和路径工作面板的使用。

第一步，打开一幅素材图像，是一个Windows视窗的标注图案，如图6-23所示。我们选取工具箱中的钢笔工具，利用钢笔工具我们将图标完全选中，同时，我们在路径面板中也看到一个完整的路径。

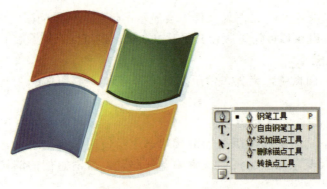

图6-23 选取工具箱中的钢笔工具

第二步,仔细观察,我们发现对于标志的路径选取并不是很准确。因为钢笔工具绘制的锚点都带有明显的尖角,这就要求我们利用转换点工具将有些锚点变成平滑的圆角,同时对于某些细微地方,利用添加锚点工具,添加锚点,使得路径线条与标识的弧度更加吻合,如图6-24所示。这样,我们就将完全按照素材图像标识的形状绘制了一个闭合的路径。

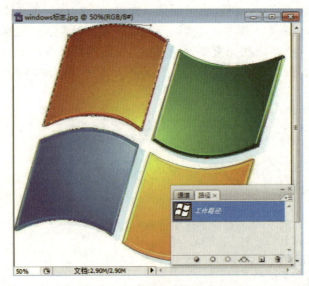

图6-24 绘制完整工作路径

第三步,我们打开路径工具面板,会看到有一个完整的路径,面板的下方,有一组按钮,如图6-25所示,可以对路径进行操作。"填充路径"是利用前景色对选中的工作路径进行填充,类似于利用油漆桶对选区进行填充,如图6-26(a)所示就是"填充路径"后的效果;而"用画笔描边路径"就是利用前景色,对当前的工作路径进行描边,描边的属性由画笔的属性来决定,如图6-26(b)所示就是对路径进行描边的效果。

第六章　图像处理工具软件——Photoshop

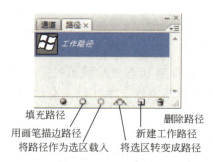

图 6-25　路径面板

(a) 填充路径　　　　　　　　(b) 描边路径

图 6-26　路径的填充和描边

最后，我们要特别说明的是另外两个按钮："将路径作为选区载入"和"将选区转变成路径"。通过前面的讲解，我们都知道，路径工具是不可能脱离开其他工具单独使用的，与它关系最大的就是"选区"。路径工具只有与选区的配合，才能发挥其方便、精确的特性，就如同通道和选区的关系一样，Photoshop 中提供给我们的选择工具很有限，在方便和精准程度上都远远不及路径工具，但是我们在制图过程中又需要非常精确的选区。这时，路径就派上了用场，我们可以通过"将路径作为选区载入"和"将选区转变成路径"工具在路径和选取之间方便转换。

当然，路径工具的功能非常强大，同选区的配合使用只是其功能的一种，我们在操作练习中会逐渐认识到其他不同的作用和使用方法。

第七节　滤镜与综合实例

在 Photoshop 中，滤镜分为内置滤镜和外挂滤镜，内置滤镜就是我们打开操作界面，存在于"滤镜"菜单中的滤镜种类，外挂滤镜是需要我们特别安装的软件。一般的 Photoshop 安装程序是不提供外挂滤镜的，它们常用于一些特殊领域，由于外挂滤镜的特殊性以及专业性，在这里我们主要针对内置滤镜，也就是 Photoshop 的"滤镜"菜单中的常用滤镜进行讲解。

135

一、常用滤镜

1. "风格化"滤镜

"风格化"滤镜通过置换像素和查找并增加图像的对比度，在选区中生成绘画或印象派的效果。它是完全模拟真实艺术手法进行创作的。"风格化"滤镜又包括以下几种常用类型。

【风】：风用于在图像中创建细小的水平线以及模拟刮风的效果。

【浮雕效果】：通过将选区的填充色转换为灰色，并用原填充色描画边缘，从而使选区显得凸起或压低。

【扩散】：根据选中的以下选项搅乱选区中的像素，使选区显得不十分聚焦。

【拼贴】：将图像分解为一系列拼贴，如类似于瓷砖方块，并使每个方块上都含有部分图像。

【凸出】：凸出滤镜可以将图像转化为三维立方体或锥体，以此来改变图像或生成特殊的三维背景效果。

【照亮边缘】：照亮边缘滤镜可以搜寻主要颜色变化区域并强化其过渡像素，产生类似添加霓虹灯的光亮。

2. "模糊"滤镜

模糊滤镜共包括6种，模糊滤镜可以使图像中过于清晰或对比度过于强烈的区域，产生模糊效果。它通过平衡图像中已定义的线条和遮蔽区域的清晰边缘旁边的像素，使变化显得柔和。

【动感模糊】：动感模糊滤镜可以产生动态模糊的效果，此滤镜的效果类似于以固定的曝光时间给一个移动的对象拍照。

【高斯模糊】："高斯"是指当 Adobe Photoshop 将加权平均应用于像素时生成的钟形曲线。"高斯模糊"滤镜添加低频细节，并产生一种朦胧效果。在进行字体的特殊效果制作时，在通道内经常应用此滤镜的效果。

【进一步模糊】："进一步模糊"滤镜生成的效果比"模糊"滤镜强3～4倍。

【径向模糊】：模拟前后移动相机或旋转相机所产生的模糊效果。

【特殊模糊】：特殊模糊滤镜可以产生一种清晰边界的模糊。该滤镜能够找到图像边缘并只模糊图像边界线以内的区域。

【模糊】：产生轻微的模糊效果。

3. "扭曲"滤镜

"扭曲"滤镜将图像进行几何扭曲，创建 3D 或其他整形效果。这些滤镜会占用大量的内存。

【波浪】："波浪"滤镜是 Photoshop 中比较复杂的一个滤镜，它通过选择不同的波长以产生不同的波浪效果。

【波纹】：在选区上创建水纹涟漪的效果，像水池表面的波纹，也可创建出模拟大理石的效果。选项包括波纹的数量和大小。

【玻璃】：玻璃滤镜产生一种透过不同类型的玻璃来观看图片的效果。

【海洋波纹】：将随机分隔的波纹添加到图像表面，使图像看上去像是浸在水中。

【极坐标】：根据选中的选项将选区从平面坐标转换到极坐标，反之亦可。它可以将直的物体拉弯，圆的物体拉直。

4．"艺术效果"滤镜

【彩色铅笔】：使用彩色铅笔在纯色背景上绘制图像。保留边缘，外观呈粗糙阴影线；纯色背景色透过比较平滑的区域显示出来。

【木刻】：使图像看上去像是由从彩纸上剪下的边缘粗糙的剪纸片组成的。高对比度的图像看起来呈剪影状，而彩色图像看上去是由几层彩纸组成的。

【干画笔】：使用干画笔技术绘制图像边缘，效果介于油彩和水彩之间。此滤镜通过将图像的颜色范围降到普通颜色范围来简化图像。

【胶片颗粒】：将平滑图案应用于阴影和中间色调。将一种更平滑、饱和度更高的图案添加到亮区。在消除混合的条纹和将各种来源的图素在视觉上进行统一时，此滤镜非常有用。

【壁画】：使用短而圆的、粗略涂抹的小块颜料，以一种粗糙的风格绘制图像。

【霓虹灯光】：将各种类型的灯光添加到图像中的对象上。此滤镜用于在柔化图像外观时给图像着色。要选择一种发光颜色，请单击发光框，并从拾色器中选择一种颜色。

【绘画涂抹】：可以选取各种大小（1～50）和类型的画笔来创建绘画效果。画笔类型包括简单、未处理光照、暗光、宽锐化、宽模糊和火花。

【调色刀】：减少图像中的细节以生成描绘得很淡的画布效果，可以显示出下面的纹理。

【塑料包装】：给图像涂上一层光亮的塑料，以强调表面细节。

【海报边缘】：根据设置的海报化选项减少图像中的颜色数量，也就是对其进行色调分离，并查找图像的边缘，在边缘上绘制黑色线条。大而宽的区域有简单的阴影，而细小的深色细节遍布图像。

【粗糙蜡笔】：在带纹理的背景上应用粉笔描边。在亮色区域，粉笔看上去很厚，几乎看不见纹理；在深色区域，粉笔似乎被擦去了，使纹理显露出来。

【涂抹棒】：使用短的对角描边涂抹暗区以柔化图像。亮区变得更亮，以致失去细节。

【海绵】：使用颜色对比强烈、纹理较重的区域创建图像，以模拟海绵绘画的效果。

【底纹效果】：在带纹理的背景上绘制图像，然后将最终图像绘制在该图像上。

【水彩】：以水彩的风格绘制图像，使用蘸了水和颜料的中号画笔绘制以简化细节。当边缘有显著的色调变化时，此滤镜会使颜色更饱满。

5."画笔描边"滤镜

与"艺术效果"滤镜一样，"画笔描边"滤镜使用不同的画笔和油墨描边效果创造出绘画效果的外观。

【强化的边缘】：强化图像边缘。设置高的边缘亮度控制值时，强化效果类似白色粉笔；设置低的边缘亮度控制值时，强化效果类似黑色油墨。

【成角的线条】：使用对角描边重新绘制图像。用一个方向的线条绘制图像的亮区，用相反方向的线条绘制暗区。

【阴影线】：保留原稿图像的细节和特征，同时使用模拟的铅笔阴影线添加纹理，并使图像中彩色区域的边缘变粗糙。"强度"选项控制使用阴影线的遍数，从 1～3。

【深色线条】：用短而绷紧的线条绘制图像中接近黑色的暗区；用长的白色线条绘制图像中的亮区。

【墨水轮廓】：以钢笔画的风格，用纤细的线条在原细节上重绘图像。

【喷溅】：模拟喷溅喷枪的效果。增加选项可简化总体效果。

【喷色描边】：使用图像的主导色，用成角的、喷溅的颜色线条重新绘画图像。

【烟灰墨】：以日本画的风格绘画图像，看起来像是用蘸满黑色油墨的湿画笔在宣纸上绘画。这种效果是具有非常黑的柔化模糊边缘。

6."杂色"滤镜

"杂色"滤镜添加或移去杂色或带有随机分布色阶的像素，这有助于将选区混合到周围的像素中。"杂色"滤镜可创建与众不同的纹理或移去图像中有问题的区域，如灰尘和划痕。

【添加杂色】：将随机像素应用于图像，模拟在高速胶片上拍照的效果。"添加杂色"滤镜也可用于减少羽化选区或渐进填充中的条纹，或使经过重大修饰的区域看起来更真实。选项包括杂色分布："平均分布"使用随机数值分布杂色的颜色值以获得细微效果；"高斯分布"沿一条钟形曲线分布杂色的颜色值以获得斑点状的效果；"单色"选项将此滤镜只应用于图像中的色调元素，而不改变颜色。

【去斑】：检测图像的边缘，发生显著颜色变化的区域并模糊除那些边缘外的所有选区。该模糊操作会移去杂色，同时保留细节。

【蒙尘与划痕】：通过更改相异的像素减少杂色。为了在锐化图像和隐藏瑕疵之间取得平衡，可尝试半径与阈值设置的各种组合，或者在图像的选中区域应用此滤镜。

【中间值】：通过调整混合选区中像素的亮度来减少图像的杂色。此滤镜搜索像素选区的半径范围以查找亮度相近的像素，扔掉与相邻像素差异太大的像素，并用搜索到的像素的中间亮度值替换中心像素。此滤镜在消除或减少图像的动感效果时非常有用。

7. "像素化"滤镜

"像素化"子菜单中的滤镜通过使单元格中颜色值相近的像素结成块来清晰地定义一个选区。

【彩色半调】：模拟在图像的每个通道上使用放大的半调网屏的效果。对于每个通道，滤镜将图像划分为矩形，并用圆形替换矩形。圆形的大小与矩形的亮度成比例。

【晶格化】：使像素结块形成多边形纯色。

【彩块化】：使纯色或相近颜色的像素结成相近颜色的像素块。可以使用此滤镜使扫描的图像看起来像手绘图像，或使现实主义图像类似抽象派绘画。

【碎片】：创建选区中像素的4个副本，将它们平均，并使其相互偏移。

【铜版雕刻】：将图像转换为黑白区域的随机图案或彩色图像中完全饱和颜色的随机图案。若要使用此滤镜，请从"铜版雕刻"对话框中的"类型"菜单选取一种网点图案。

【马赛克】：使像素结为方形块。给定块中的像素颜色相同，块颜色代表选区中的颜色。

【点状化】：将图像中的颜色分解为随机分布的网点，如同点状化绘画一样，并使用背景色作为网点之间的画布区域。

8. "渲染"滤镜

"渲染"滤镜在图像中创建3D形状、云彩图案、折射图案和模拟的光反射；也可在3D空间中操纵对象，创建3D对象，如立方体、球面和圆柱，并从灰度文件创建纹理填充以产生类似3D的光照效果。

【云彩】：使用介于前景色与背景色之间的随机值，生成柔和的云彩图案。若要生成色彩较为分明的云彩图案，请按住［Alt］键并选取"滤镜">"渲染">"云彩"。当应用"云彩"滤镜时，现用图层上的图像数据会被替换。

【分层云彩】：使用随机生成的介于前景色与背景色之间的值，生成云彩图案。此滤镜将云彩数据和现有的像素混合，其方式与"差值"模式混合颜色的方式相同。第一次选取此滤镜时，图像的某些部分被反相为云彩图案。应用此滤镜几次之后，会创建出与大理石的纹理相似的凸缘与叶脉图案。当应用"分层云彩"滤镜时，现用图层上的图像数据会被替换。

【纤维】：使用前景色和背景色创建编织纤维的外观。可通过滑动"差异"滑块来控制颜色的变换方式。"强度"滑块控制每根纤维的外观。低设置会产生展开的纤维，而高设置会产生短的绳状纤维。点按"随机化"按钮可更改图案的外观；可多次点按该按钮，直到看到自己喜欢的图案。当应用"纤维"滤镜时，现用图层上的图像数据会替换为纤维。

【镜头光晕】：模拟亮光照射到相机镜头所产生的折射。通过点按图像缩览图的任一位置或拖移其十字线，指定光晕中心的位置。

【光照效果】：可以通过改变 17 种光照样式、3 种光照类型和 4 套光照属性，在 RGB 图像上产生无数种光照效果；还可以使用灰度文件的纹理产生类似 3D 的效果，并存储自己的样式以在其他图像中使用。

9."锐化"滤镜

"锐化"滤镜通过增加相邻像素的对比度来聚焦模糊的图像。

【锐化】和【进一步锐化】聚焦选区并提高其清晰度；"进一步锐化"滤镜比"锐化"滤镜具有更强的锐化效果。

【锐化边缘】和【USM 锐化】：查找图像中颜色发生显著变化的区域，然后将其锐化。"锐化边缘"滤镜只锐化图像的边缘，同时保留总体的平滑度，使用此滤镜在不指定数量的情况下锐化边缘。对于专业色彩校正，可使用"USM 锐化"滤镜调整边缘细节的对比度，并在边缘的每侧生成一条亮线和一条暗线。此过程将使边缘突出，造成图像更加锐化的错觉。

10."素描"滤镜

"素描"子菜单中的滤镜将纹理添加到图像上，通常用于获得 3D 效果。这些滤镜还适用于创建美术或手绘外观。许多"素描"滤镜在重绘图像时使用前景色和背景色。

【基底凸现】：变换图像，使之呈现浮雕的雕刻状和突出光照下变化各异的表面。图像的暗区呈现前景色，而浅色使用背景色。

【粉笔和炭笔】：重绘图像的高光和中间调，其背景为粗糙粉笔绘制的纯中间调。阴影区域用黑色对角炭笔线条替换。炭笔用前景色绘制，粉笔用背景色绘制。

【炭笔】：重绘图像，产生色调分离的、涂抹的效果，主要边缘以粗线条绘制，而中间色调用对角描边进行素描。炭笔是前景色，纸张是背景色。

【铬黄】：将图像处理成好像是擦亮的铬黄表面。高光在反射表面上是高点，暗调是低点。应用此滤镜后，使用"色阶"对话框可以增加图像的对比度。

【炭精笔】：在图像上模拟浓黑和纯白的炭精笔纹理。在暗区使用前景色，在亮区使用背景色。

【绘图笔】：使用细的、线状的油墨描边以获取原稿图像中的细节，多用于对扫描图像进行描边。此滤镜使用前景色作为油墨，并使用背景色作为纸张，以替换原图像中的颜色。

【半调图案】：在保持连续的色调范围的同时，模拟半调网屏的效果。

【便条纸】：创建像是用手工制作的纸张构建的图像。此滤镜简化了图像，图像的暗区显示为纸张上层中的洞，使背景色显示出来。

【影印】：模拟影印图像的效果。大的暗区趋向于只复制边缘四周，而中间色调要么纯黑色，要么纯白色。

【塑料效果】：按 3D 塑料效果塑造图像，然后使用前景色与背景色为结果图像着色。暗区凸起，亮区凹陷。

【网状】：模拟胶片乳胶的可控收缩和扭曲来创建图像，使之在暗调区域呈结块状，在高光区呈轻微颗粒化。

【图章】：用于黑白图像时效果最佳。此滤镜简化图像，使之呈现用橡皮或木制图章盖印的样子。

【撕边】：对于由文字或高对比度对象组成的图像尤其有用。此滤镜重建图像，使之呈粗糙、撕破的纸片状，然后使用前景色与背景色给图像着色。

【水彩画纸】：利用有污点的、像是画在潮湿的纤维纸上的涂抹，使颜色流动并混合。

11. "纹理"滤镜

使用"纹理"滤镜可使图像表面具有深度感或物质感，或添加一种器质外观。

【龟裂缝】：将图像绘制在一个高凸现的石膏表面上，依循着图像等高线生成精细的网状裂缝。使用此滤镜可以对包含多种颜色值或灰度值的图像创建浮雕效果。

【颗粒】：通过模拟不同种类的颗粒如常规、软化、喷洒、结块、强反差、扩大、点刻、水平、垂直和斑点等，对图像添加纹理。

【马赛克拼贴】：绘制图像，使它看起来像是由小的碎片或拼贴组成，然后在拼贴之间灌浆。

【拼缀图】：将图像分解为用图像中该区域的主色填充的正方形。此滤镜随机减小或增大拼贴的深度，以模拟高光和暗调。

【染色玻璃】：将图像重新绘制为用前景色勾勒的单色的相邻单元格。

【纹理化】：将选择或创建的纹理应用于图像。

这里，我们只是简单介绍了一些常用的滤镜，为大家提供参考，Photoshop中还有很多种类的滤镜，如果需要深入学习，可以参考高级滤镜的专业教材。下面通过实例来了解滤镜的使用效果。

二、滤镜实例

利用"彩色半调"滤镜制作半调图案。

（1）新建文档，设置背景白色或透明，文件大小为640×480像素。

（2）新建图层，选择画笔工具，设置画笔大小150像素，硬度为100%，在新建图层上点出一个黑圆，如图6-27所示。也可以在新建图层后，用椭圆选框工具，按住［Shift］键，在画布上拉出一个圆形选区，组合键［Alt+Del］填充黑色，制作一个黑色圆点。

（3）按住［Ctrl］键，点击新图层的缩略图，组合键［Ctrl+Shift+I］反选或者选择-反向，这样圆点之外的所有区域都被选中了。然后新建一个图层。

（4）按［Q］键进入快速蒙版，圆点就成了红色。执行"滤镜"菜单—"像素化"—"彩色半调"命令，设置参数

图6-27　绘制基础圆点

如图6-28所示。

（5）填充图案：按住快捷键［Shift+F5］或者"编辑"菜单—"填充"命令，填充前景色，删除或者隐藏圆点图层。最终结果如图6-29所示。

图6-28　设置彩色半调滤镜　　　　图6-29　填充图案的最终效果图

当然，我们也可以通过不同的设定来制作不同效果的半调图案。如画笔硬度不同，画笔的硬度设置得越小，半调图案中的小圆点就越分散，越远离中心。如图6-30所示，就是画笔硬度分别设置为100%、50%和0%后的效果。

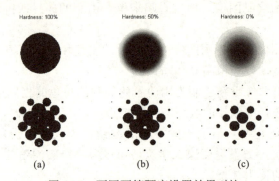

图6-30　不同画笔硬度设置效果对比

如果使用椭圆选框工具，可以通过调整工具选项栏中的羽化数值来制作圆。羽化值为零，制作出的圆是硬边实心圆，随着羽化值的不断加大，圆点的边缘也随之变得更加模糊。彩色半调滤镜中最大半径值越小，半调图案中的圆点就越小、越多。图6-31显示的是大小100像素、硬度为50%的画笔在最大半径值分别为20像素、12像素和5像素时制作出来的最终半调图案。

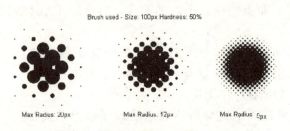

图6-31　不同画笔半径设置效果对比

三、综合实例

1. 制作运动招贴广告画

最终效果如图6-32所示。

（1）新建空白文档，大小为600×1000像素，如图6-33所示。

图6-32 运动招贴广告画的最终效果图

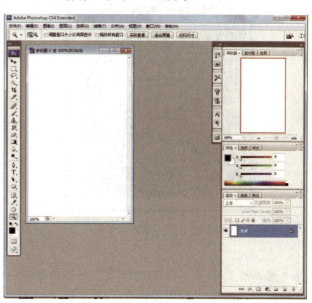

图6-33 新建空白文档

（2）点击渐变填充按钮，将渐变填充参数设置成绿色和浅绿色，如图6-34所示。

（3）采用线性渐变，按住鼠标左键不放，在新建的文档上自下而上拖拽，填充效果如图6-35所示。

（4）这样，我们就完成了最初的招贴画背景设置。

（5）新建一个300×300像素的空白文档，取名"装饰"；在此文档上用选取工具和填充工具绘制如图6-36所示的图形。

（6）将图6-36中的图形做成一个画笔储存起来，具体步骤如下。选

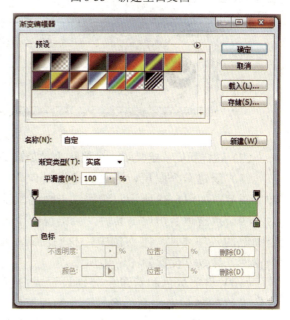

图6-34 渐变设置

制作篇

图 6-35　渐变填充效果图

图 6-36　绘制的图笔形状

择"魔术棒"工具，点击"装饰"文件的空白区，然后"选择"菜单—"反向"，这样就将图6-36中的图形完全选择下来了，再点击"编辑"菜单—"定义画笔预设"，取名"装饰"，如图6-37所示。

图 6-37　自定义画笔

（7）这样我们就定义了一个名称为"装饰"的新画笔，笔头的形状如图6-36所示。

（8）新建一个图层，取名为"装饰层"。点击画笔工具，选中刚才新建的"装饰"画笔，如图6-38所示，然后点击画笔预设工具按钮，如图6-39所示。

（9）点击画笔预设工具后，会出现一个画笔预设工具面板，在此面板中可以设定画笔的各项属性，本实例中，我们用到"形状动态"、"散布"和"颜色动态"3个属性，参数值设置如图6-40所示。

（10）将前景色和背景色分别设置成白色和浅灰色，使用"装饰"画笔，画笔直径大约在25像素左右，根据刚才的画笔属性，在"装饰"层上随意涂抹，然后根据自己的喜好调整"装饰"层的透明度大约为30%左右，最终效果如图6-41所示。

第六章　图像处理工具软件——Photoshop

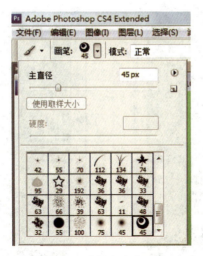

图 6-38　选择自定义画笔

图 6-39　画笔预设

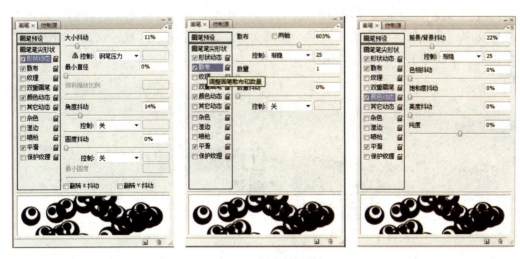

图 6-40　设置画笔属性

（11）这样，招贴画的背景我们就完成了。下面我们来着手做招贴画的内容。首先，新建一个图层，取名为"运动形象"。

（12）在新建的"运动形象"图层上，使用形状工具或者选取工具绘制如图 6-42 所示的运动人物卡通形象，颜色为白色。

145

图6-41　绘制背景底纹　　　　　　图6-42　绘制运动形象

（13）现在，运动宣传海报的图形内容就基本完成了，接下来，我们开始着手添加文字。首先新建一个文字图层，点击文字工具，在空白区域内点击，图层面板会出现一个新的文字图层，如图6-43所示。

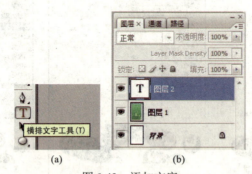

图6-43　添加文字

（14）在新建的文字图层上合适的位置输入文字"快来加入羽毛球大赛吧！"几个字，字体为"微软雅黑"和字号为"24"，颜色设为和背景接近但略深一些的绿色，如图6-44所示。

（15）为了突出文字的效果，我们还可以为文字添加一个背景装饰条，新建一个普通图层，在此图层上利用绘图工具绘制一个白色长条，如图6-45所示。

（16）为了让页面的内容更加丰富一些，我们还可以根据个人的喜好，多添加

第六章 图像处理工具软件——Photoshop

图6-44 设置文字属性　　　　　　　图6-45 绘制文字装饰背景

一些宣传和装饰文字，最终结果如图6-32所示。

2. 制作电影海报——打造陈旧水彩效果人物头像

最终效果如图6-46所示。

图6-46 陈旧水彩人物头像效果

147

制作篇

（1）所需的素材图片有人物头像、水彩纹理图片和羊皮纸纹理图片，如图6-47所示。首先，新建一个文档，为RGB模式，大小为800×1200像素，打开素材图片放在画布的合适位置。

图6-47 所需的素材

（2）对人物头像素材图片进行去色，并调整黑白图像的亮度和对比度，如图6-48所示，复制一个新的图层，在新复制的图层上对黑白人物图像使用滤镜工具，"滤镜"菜单—"艺术效果"—"水彩"对此图层的图像进行处理，并将此图层命名为"水彩效果"图层，如图6-49所示。

图6-48 调整人物头像属性

148

第六章　图像处理工具软件——Photoshop

图6-49　水彩滤镜效果

（3）选择原始去色的黑白图层，点击"图像"菜单—"调整"—"阈值"工具，将阈值设置为149，并将此图层命名为"阈值效果"，如图6-50(a)所示。将"阈值效果"图层的混合模式设置为"正片叠底"模式，将"阈值效果"图层和"水彩效果"图层合并，命名为"复合层"，如图6-50(b)所示。

(a) 设置阈值　　　　　　　　　　　　　(b) 合并图层

图6-50　阈值设置

149

（4）打开水彩素材图片，截取图片中的不同部分，复制在新建文档的不同图层中，同时将所有图层的回合模式设置为"正片叠底"，并合并所有图层，命名为"水彩素材"图层，效果如图6-51所示。

图6-51　改变水彩素材属性

（5）回到刚才的水彩人物文件的"复合层"中，选中图6-51中的"水彩素材"图层并将其复制后拖入"复合层"所在的文档。这时，文档中会有两个图层，内容分别是水彩素材和人物复合层，如图6-52所示。

图6-52　素材内容合并

（6）为刚刚拖入的水彩素材层建立一个遮罩。选中"水彩素材"图层，点击图层面板下方的"添加图层蒙版"按钮，给"水彩素材"图层添加一个图层蒙版，这时你会看到水彩素材图层旁边会出现一个白色的蒙版，如图6-53所示。

（7）选择"复合层"，点击"图像"菜单—"调整"—"反相"工具，或者按住［Ctrl+I］组合键，将此图层的颜色反相，如图6-54所示。点击此图层，复制该图层的内容。

（8）回到"水彩素材"图层，按住［Alt］键点击此图层的蒙版，就会打开蒙版的编辑窗口，粘贴刚才的人物图像，效果如图6-55所示。

图6-53　添加图层蒙版

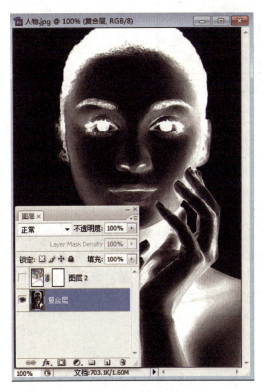

图6-54　反相调整

图6-55　粘贴到蒙版

（9）打开羊皮纸素材图片，拖到此文档中，图像会自动新建一个图层，内容为羊皮纸素材图片内容，将此图层的图层属性改为"线性加深"，如图6-56所示。

（10）最后，加入一些水彩泼溅效果的图片，或加入LOGO标识，整幅作品就完成了。

图6-56　调整素材图像属性

小结

本章以介绍Photoshop CS的基本操作、基本界面为主,从基本工具和命令的使用方法入手,结合实例图片,系统地介绍了Photoshop CS的工具面板、图层、路径和通道的使用技巧,同时讲解了滤镜工具的使用方法,最后通过几个实例的具体操作展示,将理论知识和实际操作结合起来。通过本章的学习,力求熟练掌握Photoshop CS的基本设置和各项工具的使用方法,根据广告主题,配合素材图片,设计制作出优美的平面广告图像,为后续章节的学习奠定基础。

1. 在Photoshop CS中如何改变图层之间的叠放顺序和层叠关系,以达到改变最终视觉效果的目的?

2. 利用滤镜工具,结合自己的名字文字,制作火焰字效果。

3. 设计一幅广告平面招贴,主题为校园音乐节,广告目的是鼓励大家踊跃报名参加,要求5个以上图层,要有广告主题语文字、音乐节的标识、报名时间和地点,其他图像内容根据自己的设计自主选择。

第七章
网络动画广告制作工具软件——Flash

随着信息技术的不断发展,特别是数字影视的飞速发展,网络动画已成为我们日常生活中一种非常重要的视觉媒体,它为我们的生产、生活带来了极大的便利;如今,网络动画已经成为一种高新产业,并且这种产业所带来的社会价值是巨大的。网络动画主要应用于网络广告、多媒体展示、网络游戏、电子贺卡等方面。除了在互联网上的应用,网络动画还用于电视字幕制作、片头广告、MTV制作、多媒体光盘等领域。

互联网目前采用流媒体技术传送信息,Flash动画、位图图像甚至数据量比较大的帧动画和视频,都可以在线连续观赏。Flash动画制作软件主要用于网页动画的设计与制作,其动画制品被广泛使用在各个领域。

第一节 Flash基本工作界面

Flash软件的界面如图7-1所示,主要包括标题栏、菜单栏、时间轴、工具箱、场景和舞台、属性面板等。

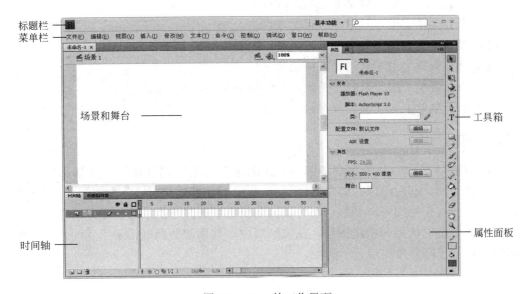

图7-1 Flash的工作界面

Flash 界面中各部分的作用如下。

一、标题栏

标题栏位于窗口的顶部，左端显示软件版本号以及正在编辑的文件的名称，右侧有控制窗口大小以及关闭窗口的"最小化"、"最大化/还原"和"关闭"按钮。

二、菜单栏

菜单栏位于标题栏的下方，主要包括文件、编辑、视图、插入、修改、文本、命令、控制、窗口和帮助等一系列的菜单，如图7-2所示。通过使用它们能使用到 Flash 软件全部的命令和功能。

文件(F) 编辑(E) 视图(V) 插入(I) 修改(M) 文本(T) 命令(C) 控制(O) 调试(D) 窗口(W) 帮助(H)

图7-2 菜单栏

【文件】菜单：用于文件操作，如创建、打开和保存文件等。

【编辑】菜单：用于动画内容的编辑操作，如复制、剪切和粘贴等。

【视图】菜单：用于对开发环境进行外观和版式设置，包括放大、缩小、显示网格及辅助线等。

【插入】菜单：用于插入性质的操作，如新建元件、插入场景和图层等。

【修改】菜单：用于修改动画中的对象、场景甚至动画本身的特性，主要用于修改动画中各种对象的属性，如帧、图层、场景以及动画本身等。

【文本】菜单：用于对文本的属性进行设置。

【命令】菜单：用于对命令进行管理。

【控制】菜单：用于对动画进行播放、控制和测试。

【调试】菜单：用于对动画进行调试。

【窗口】菜单：用于打开、关闭、组织和切换各种窗口面板。

【帮助】菜单：用于快速获得帮助信息。

三、时间轴

时间轴是制作动画最重要的部分，主要由图层区、播放指针（又称播放头）、标尺、帧、帧状态栏组成，如图7-3所示。将鼠标移到帧状态栏各个按钮上，停顿2秒即出现该按钮的提示解释框。在时间轴面板中，其左边的上方和下方的几个按钮用于调整图层的状态和创建图层。在帧区域中，其顶部的标题指示了帧编号，动画播放头指示了舞台中当前显示的帧。

第七章 网络动画广告制作工具软件——Flash

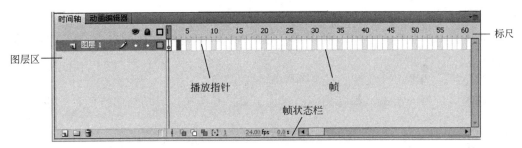

图7-3 时间轴面

四、场景和舞台

场景是用户制作动画的工作区，中间空白的部分是舞台，舞台是放置动画内容的区域，可以在整个场景中绘制或编辑图形，但是最终动画仅显示场景白色区域中的内容，而这个区域就是舞台，如图7-4所示。

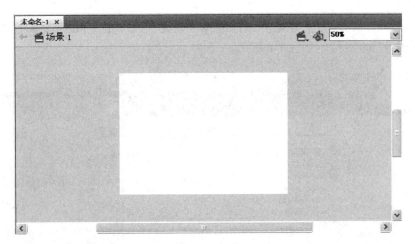

图7-4 舞台

五、工具箱

Flash的绘图工具都集中在工具箱中。工具箱一般都固定在Flash界面左侧或右侧，用户可以通过鼠标单击将其拖动到任意位置。工具箱分为工具区、查看区、颜色区和选项区4部分，如图7-5所示。

图7-5 工具箱

155

工具区：Flash中基本的图像、文字边界与选择工具等都集中在工具区。

查看区：在创作过程中，利用本区的查看工具可对对象进行移动、放大或缩小等操作。

颜色区：为图像、文字、线条等编辑对象颜色。

选项区：每一个工具都有相应的选项工具，是所选工具功能属性的扩充设置。

六、属性面板

根据当前编辑的对象，属性面板可以显示不同的属性信息。

第二节　Flash的基本操作

一、新建 Flash 空白文档

新建空白Flash文档有以下两种方法。

（1）启动Flash，显示开始界面，选择"新建"栏中的"Flash文件"选项，即可新建一个Flash文档。如图7-6所示。

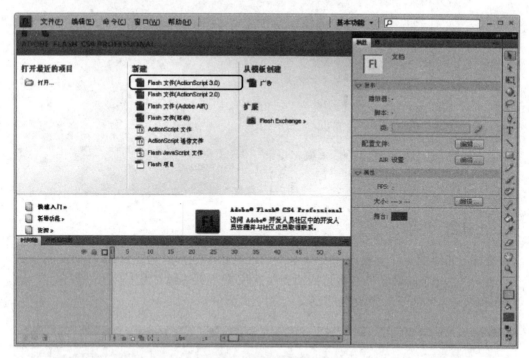

图7-6　新建Flash文档

（2）选择"文件"→"新建"命令，将打开"新建文档"对话框，单击 确定 即可按默认方式新建Flash文档，如图7-7所示。

图7-7　新建Flash文档

二、保存Flash文档

对于制作过程中的动画文件,一定要不间断地进行保存。保存文档有以下两种方法。

(1)选择主菜单"文件"→"保存"命令,打开"另存为"对话框,选择所要保存的地址,在"文件名"文本框中输入一个文件名,单击"保存"按钮即可。

(2)单击工具栏中的"保存"按钮,弹出"另存为"对话框,选择所要保存的地址,在"文件名"文本框中输入一个文件名,单击"保存"按钮。

三、关闭Flash文档

Flash动画制作完毕后,需要将其关闭,具体操作步骤如下。

(1)单击文档标签右侧的"关闭当前文档"按钮,可关闭当前文档。如图7-8所示。

(2)单击窗口右上角的"关闭软件"按钮,或者选择主菜单"文件"→"退出"命令,可关闭Flash软件。

图7-8 空白文档

四、打开Flash文档

打开Flash文档有以下两种方法。

（1）选择主菜单"文件"→"打开"命令，在弹出的"打开"对话框中选择需要打开的文档，单击 打开(O) 按钮即可。

（2）从文件夹中选择要打开的文档，双击Flash源文件图标，即可打开此Flash文档的源文件，用户可在源文件中对文档进行编辑或修改。如果只是欣赏Flash动画，只要双击swf图标即可。

五、设置制作环境

在Flash中可以设置文档的大小、尺寸和背景颜色等，Flash中提供了多种辅助工具，可以帮助用户设计制作动画。

1. 设置文档属性

选择主菜单"修改"→"文档"命令，弹出"文档属性"对话框，通过"文档属性对话框可以设置场景大小、颜色和帧频等项目，默认的舞台尺寸宽550像素、高400像素，背景颜色为白色，帧频为24fps。我们可以通过修改各项参数更改舞台大小、背景颜色、每秒播放的动画帧的数量等，如图7-9所示。

打开"文档属性"对话框还有以下两种方法。

（1）单击窗口下侧属性面板的折叠按钮打开"文档属性"面板，单击"编辑"按钮即可，如图7-10所示。

（2）在舞台中单击鼠标右键，在弹出的快捷菜单中选择"文档属性"命令即可。

第七章 网络动画广告制作工具软件——Flash

图7-9 "文档属性"对话框

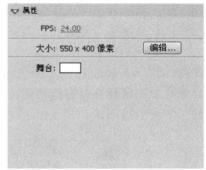

图7-10 "属性"面板

下面设置一个宽为400像素、高为300像素，背景为红色的舞台，帧频保持默认值。具体操作步骤如下。

① 新建Flash文档，选择主菜单"修改"→"文档"命令，打开"文档属性"对话框。

② 在"宽"文本框中输入数值"400"，在"高"文本框中输入数值"300"（默认尺寸单位为像素）。

③ 单击"背景颜色"右侧的颜色按钮，从弹出的颜色样本中选择红色，或者在颜色代码框中直接输入红色代码＃FF 0000。

④ 设置完成后返回"文档属性"对话框，单击"确定"按钮，即可完成对场景的设置。

2. 设置标尺和辅助线

选择主菜单"视图"→"标尺"命令，可在舞台上侧和左侧显示标尺。再次选择此命令，将隐藏标尺。如图7-11所示。

图7-11 显示标尺

标尺以场景左上角作为坐标原点，水平向右为X轴，垂直向下为Y轴。通过标尺可以计算编辑对象的大小，有利于整体布局。只有标尺在界面显示时才能拉出辅助线。把光标放在横向的标尺上，单击鼠标并向下拖动到场景中释放鼠标，界面中将出现一条横向的荧光绿色细线，这条细线就是辅助线。把光标放在纵向的标尺上，单击鼠标并向右拖动到场景中释放鼠标，界面上将出现一条纵向荧光绿色细线。如图7-12所示。

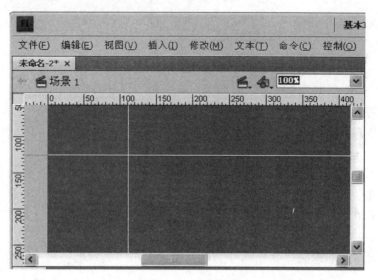

图7-12 辅助线

3. 设置网格

网格可以更加直观地体现舞台中编辑对象的大小、位置，以及对象与对象之间的距离。选择主菜单"视图"→"网格"→"显示网格"命令，可在舞台中显示网格；再次选择此命令，将隐藏网格。如图7-13所示。

选择主菜单"视图"→"网格"→"编辑网格"命令，打开"网格"对话框，在该对话框中可设置网格的大小、颜色等。如图7-14所示。

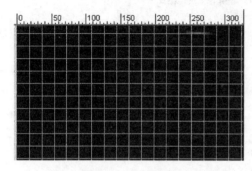

图7-13 显示网格

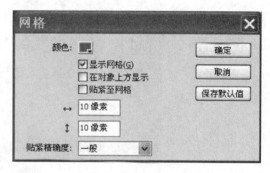

图7-14 编辑网格

第三节　Flash绘图工具的使用

在制作Flash动画之前，一定要先准备好要使用的素材，这些素材可以从网上下载，也可以自己在Flash中绘制。通过Flash工具箱中的各种工具，也可以制作出十分漂亮的图片。各种工具名称如图7-15所示。

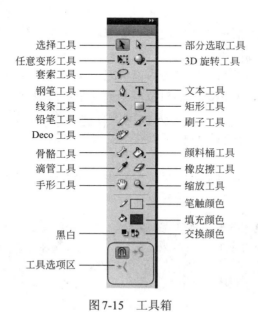

图7-15　工具箱

一、选择工具

1. 选择对象

选择工具：用于选取、移动和编辑对象，该工具默认选项区包括"贴紧至对象"按钮、"平滑"按钮和"伸直"按钮。

使用选择工具选取对象有点击和框选两种方法。

（1）点击法：在绘图工具条中选取选择工具，在图形上点击即可将整个图形选取。

（2）框选法：选取选择工具，按住鼠标左键拖出一个选择框，使整个图形被该选择框包含，释放鼠标左键后整个矩形被选取。

如果拖出的选择框只包含矩形的一部分，则只有被包含的这部分被选取，因此选取工具可以对对象进行"部分选取"。

Flash中的图形包括边框和填色区域两个部分，上面介绍的是使用选取工具选取图形的填色区域的方法。

选取图形的所有边框有两种方法。

① 选择选择工具，按住键盘上的［Shift］键一一单击选取。这种方法对于像三

角形这样边框数较少的图形还可以，如果图形的边框数较多，特别是一些不规则图形，这种方法就不实用了，必须用到下一种方法。

② 选择选择工具，双击任意一条边框即可选取该图形的所有边框。

选取对象后按住鼠标左键拖动鼠标即可移动对象，值得注意的是如果在移动对象的同时按住键盘上的［Ctrl］键，则可以将该对象复制。

2. 移动对象

单击选中对象，然后拖动鼠标便可以把编辑对象移动到场景中的任意位置，当位置确定后，释放鼠标即可。

如果移动一个分离的对象，单击内部填充区域时只移动填充部分，单击笔触部分时只移动笔触部分，双击分离的对象可全部选中该对象并移动。可以配合使用键盘上的"上"、"下"、"左"、"右"光标键进行细微移动，也可以单击"贴紧至对象"按钮使之成为弹起状态，这样可以移动更细微的距离。

3. 编辑对象

（1）将鼠标指针移到对象的边缘，鼠标指针变为如图7-16所示的形状后，按住鼠标左键不放进行拖拽，即可改变对象的造型。

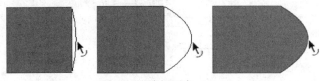

图7-16　编辑对象（一）

（2）若鼠标指针变成如图7-17所示的形状后，则会拖拽出直线造型。

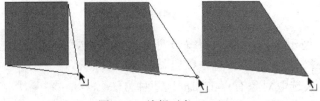

图7-17　编辑对象（二）

二、线条工具

线条工具用来绘制矢量线条。单击工具箱中的"线条工具"按钮，当光标变成十字形状时单击并向右上方拖动一段距离，释放鼠标即可得到一条矢量线段，如图7-18所示。

单击"选择工具"按钮，将光标移动到线条附近并变成如图7-19所示形状时，单击并拖动鼠标可改变线条形状。

提示：编辑对象处于被选中状态（上面有一层白色网点）时，不能改变其形状；在空白处单击，取消选中状态后即可进行编辑修改操作。

第七章 网络动画广告制作工具软件——Flash

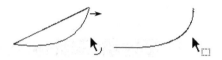

图7-18 绘制线条　　　　　图7-19 线条变形过程

　　线条工具在"绘图工具栏"的选项区中会出现2个选项："对象绘制" 和"贴紧至对象" 。使用"对象绘制"功能绘制线条，在完成绘制后会发现线条被一个矩形框包围着，其目的是为了能对所绘制的图形单独处理。打开"贴紧至对象"功能绘制线条，当绘制的线段端点靠近另一条线段时，鼠标指针会变为圆形，会自动吸附过去，与另一条线段连接在一起。

　　线条的属性主要有笔触颜色、笔触高度和笔触样式3种，可以在"属性"面板中进行设置，使用［Ctrl+F3］快捷键即可打开"属性"面板，如图7-20所示。笔触颜色也可以在"绘图工具栏"中 进行设置。

图7-20 "线条工具"属性面板

1. 笔触颜色

　　单击属性面板中的"笔触颜色"按钮 ，弹出颜色拾取面板，可通过鼠标来选择线条颜色。在笔触颜色拾取面板中，可以看到一个Alpha参数。这个参数是用来设置直线的透明度的，100%显示为正常颜色，0%显示为透明。

2. 笔触高度

　　在"笔触高度"文本框中可以输入不同的值来改变线条的粗细，取值范围为0.1~200像素。

3. 笔触样式

　　单击 下拉菜单，可以选择不同样式的直线，如图7-21所示。

　　用户还可以通过下拉菜单后面的"编辑"按钮 ，在弹出的"笔触样式"对话框中进行自定义设置，如图

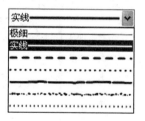

图7-21 各种线条形状

163

7-22 所示。

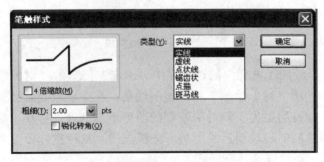

图 7-22　笔触样式对话框

缩放样式用来设置当制作的对象(图像动画可以称为对象)在 Player 播放中的缩放样式。

无：当放大播放画面时，不进行笔触缩放。

一般：默认设置，当缩放所在播放画面时，对笔触高度按整体的宽高比例缩放。

水平：水平方向拉伸播放画面时候，对笔触高度进行缩放。

垂直：垂直方向拉伸播放画面时候，对笔触高度进行缩放。

"提示"：选中此项可以将笔触锚点点保持为全像素可防止出现模糊线。

端点：设置所画直线的两端形状，有方形和圆形。

接合：指任意两条直线连接时候转角的轮廓选择，选择尖角时还有尖角锐度设置。数值越大，转角轮廓也越明显。

三、铅笔工具

铅笔工具用于在场景中指定帧上绘制线和形状，它的效果就好像用真的铅笔画画一样。如果鼠标用得比较熟练，在选用铅笔工具绘图时会感觉和使用真正的铅笔差不多。Flash 还会对所绘线条进行拉直或圆滑，拉直或圆滑的程度取决于所选绘图模式。另外，线条的锐角处将会分段，这样就便于分别单击线条的不同部分进行操作。其属性面板与线条工具的属性面板基本一致，这里就不再重复。

选择工具箱中的铅笔工具的时候，在工具栏下部的选项部分中将显示对象绘制按钮，用于绘制互不干扰的多个图形，单击右侧下的小三角形，会出现如图 7-23 所示的选项。

图 7-23　铅笔的线型选项

图 7-23 中这 3 个选项是铅笔工具的 3 个绘图模式。

选择"伸直"选项时，系统会将独立的线条自动连接，接近直线的线条将自动拉直，摇摆的曲线将实施直线式的处理。

选择"平滑"选项时，将缩小 Flash 自动进行处理的范围。在平滑选项模式下，线条拉直和形状识别都被禁止。绘制曲线后，系统可以进行轻微的平滑处理，端点接近的线条彼此可以连接。

选择"墨水"选项时，将关闭 Flash 自动处理功能。画的是什么样，就是什么样，不做任何平滑、拉直或连接处理。

四、矩形工具、椭圆工具、多角星形工具、基本矩形工具、基本椭圆工具

矩形工具、椭圆工具、基本矩形工具、基本椭圆工具、多角星形工具共用一个按钮位置，在矩形工具按钮上按一会儿可以显示一个选择菜单，有矩形工具、椭圆工具、基本矩形工具、基本椭圆工具和多角星形工具。在这个菜单中，可以选择不图的图形绘制工具。矩形工具和椭圆工具用于绘制椭圆形、圆形、矩形和正方形，多角星形工具可以用来绘制多边形及星形。

1. 矩形工具

使用▭可以绘制出矩形或圆角矩形图形。绘制的方法为：在工具箱中选择（矩形工具），然后在舞台中单击并拖拽鼠标，随着鼠标拖拽即可绘制出矩形图形。绘制的矩形图形由外部笔触线段和内部填充颜色所构成。

提示：使用矩形工具绘制矩形时，如果按住键盘上的［Shift］键的同时进行绘制，可以绘制正方形；如果按住［Alt］键的同时进行绘制，可以从中心向周围绘制矩形；如果按住［Alt+Shift］组合键的同时进行绘制，可以从中心向周围绘制正方形。

选择工具箱中的矩形工具后，在属性面板中将出现矩形工具的相关属性设置，如图 7-24 所示。

图 7-24 "矩形工具"属性面板

在属性面板中可以设置矩形的外部笔触线段的属性、填充颜色属性以及矩形选项的相关属性设置，其中，外部笔触线段的属性与铅笔工具的属性设置相同。

矩形工具不仅可以绘制矩形、正方形，还可以用来绘制圆角矩形，通过使用属

性面板中的"矩形选项"用于设置矩形4个边角半径的角度值。当圆角半径的值设置为0时，绘制的是矩形或正方形，改变半径的值，可以绘制出不同圆角值的圆角矩形。如图7-25所示，左下角有一把链锁，锁定状态下4个圆角的半径是一样的，即其他3个圆角半径不用设置，和左上圆角的半径是一样的。当单击中间的小锁图标后，4个圆角半径的值可以独立设置，从而可以更加灵活地绘制不同的形状。

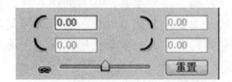

图7-25　矩形工具的圆角设置

如图7-26所示是在不同圆角半径下绘制的形状。

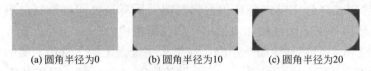

(a) 圆角半径为0　　　(b) 圆角半径为10　　　(c) 圆角半径为20

图7-26　不同圆角半径的矩形

单击小锁图标，矩形工具的圆角半径设置如图7-27所示，可以单独设置每一个圆角的值。图7-27中给出了两组不同的值，它们对应的图形如图7-28所示。

图7-27　解锁后的矩形工具的圆角设置

图7-28　不同的圆角半径值绘制的形状

2. 椭圆工具

椭圆工具用于绘制椭圆图形，其使用方法与矩形工具基本类似，这里不再赘述。在工具箱中选择椭圆工具后，在属性面板中将出现椭圆工具的相关属性设置，如图7-29所示。使用椭圆工具可以绘制椭圆（按住［Shift］键可以绘制圆形）。

"开始角度"与"结束角度"：用于设置椭圆图形的起始角度与结束角度值。如果这两个参数均为0时，则绘制的图形为椭圆或圆形；通过调整它们的不同参数，则可以轻松地绘制出扇形、半圆形及其他具有创意的形状。图7-30为不同"开始角度"与"结束角度"参数时的图形效果。

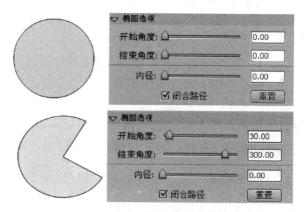

图7-29 "椭圆工具"属性面板　　　　图7-30 起始角度与结束角度不同的图形

内径：用于设置椭圆的内径，其参数值范围为0～99。如果参数值设置为0时，则可依据"开始角度"与"结束角度"绘制没有内径的椭圆或扇形图形；如果参数值为其他参数，则可绘制有内径的椭圆或扇形图形。图7-31为"内径"参数为50的图形效果。

闭合路径：用于确定椭圆的路径是否闭合。如果绘制的图形为一条开放路径，则生成的图形不会填充颜色，仅绘制笔触。默认情况下选择"闭合路径"选项。

重置：单击重置按钮，椭圆工具的"开始角度"、"结束角度"和"内径"参数将全部重置为0。

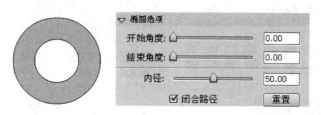

图7-31 内径为50的圆环

3. 多角星形工具

多角星形工具的选项及颜色设置与椭圆工具相同，也没有圆角矩形半径设置。但在属性面板中，多边形工具的属性面板多了一个"选项"按钮，单击该按钮可以打开如图7-32所示的对话框。

在样式选择中可以选择多边形和星形，边数设置为需要的边数，可以通过设置星形顶点大小设置星形的形

图7-32 "工具设置"对话框

状，当样式为多边形时，它不起作用。

样式：用于设置绘制图形的样式，有多边形和星形两种类型可供选择。

边数：用于设置绘制的多边形或星形的边数。

星形顶点大小：用于设置星形顶角的锐化程度，数值越大，星形顶角越圆滑；反之，星形顶角越尖锐。

4. 基本矩形工具、基本椭圆工具

基本矩形工具、基本椭圆工具与矩形工具、椭圆工具类似，同样用于绘制矩形或椭圆图形。不同之处在于使用基本矩形工具、基本椭圆工具绘制出的图形上包括图元节点，用户可以在"属性"面板中设置图形的"开始角度"和"结束角度"，也可以在使用选择工具，直接使用鼠标指针拖动节点来调整。

五、颜色设置

1. 颜色对话框

在 Flash 中使用颜色，可以实现各种各样的色彩变换。设置颜色时可以直接在如图 7-33 所示的颜色面板中选择需要的颜色。如果需要，还可以在颜色面板上单击按钮进入颜色设置对话框，如图 7-33 所示，进行更加精细的颜色选择与设置。

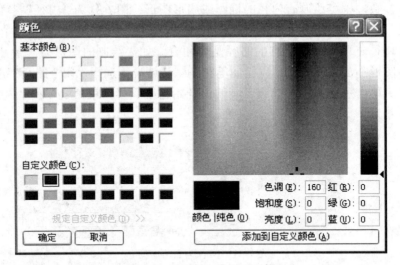

图 7-33 "颜色"设置对话框

可以用以下几种方法来设置颜色。

（1）颜色和亮度的设置：用鼠标在颜色区内单击相应的色彩，选好后在右边的色调框中拖动鼠标设定其亮度值，所选色彩在颜色预览框中显示。

（2）RGB 的设置：可以通过定义红色、绿色和蓝色的值来定义一种颜色，只需在相应的 RGB 文本框中填入设定值即可。

在定义好自己所需的颜色后，可以进行下列的操作之一。

第七章　网络动画广告制作工具软件——Flash

（1）单击添加到自定义颜色按钮，可以把自己新设置的颜色添加到自定义栏中，对于经常使用的颜色，可以通过该操作加入到自定义颜色区，方便今后的使用。

（2）单击"确定"按钮，把新定义的颜色作为当前颜色。

2．渐变色

另外一种使用得比较多的颜色是渐变色。所谓渐变色就是在两个或者多个颜色之间实现颜色上的过渡，比如彩虹的颜色。在Flash中填充色面板的最下面一行已经提供了7种渐变色，其中包括3种线性渐进色，4种中心渐进色。当然，这些渐变色并不能完全满足用户的需要，还可以在颜色设置面板中定义所需的渐变色。

颜色设置面板一般处在Flash工作界面的右侧面板区，如果不在的话，可以单击菜单"窗口"|"颜色"命令打开如图7-34所示的颜色面板。

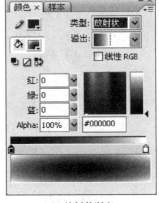

(a) 线性渐变　　　　　　(b) 放射状渐变

图7-34　颜色面板中的两种不同渐变

色标和色标上方的三角区域是不同的，前者上方的三角是黑色的，表示为当前编辑的色标，其下方的方形区域为白色，表示当前的颜色为白色；后者上方的三角区域是白色的，表示为非当前色标。如图7-34（a）中右侧色标，为当前色标，颜色为白色，左侧色标为非当前色标，颜色为黑色。这两个色标表示了一个从白色到黑色的渐变，如果需要更多的颜色，可以在两个色标之间的渐变区域上单击添加新的色标，并设置颜色，如果色标加多了，只要拖出渐变区域就可以删掉多余的色标。

图7-34(a)和图7-34(b)显示了线性渐变和放射状渐变，图中的左下方有一个Alpha下拉列表，默认值为100%，可以修改这个值，使渐变颜色变淡。

3．位图填充

单击图7-34(a)中的下拉按钮，打开颜色的类型选择列表选择位图，如图7-35所示。可以设置位图填充，即使　图7-35　填充类型选择用已有的图像作为填充色填充图形。现在选择位图选项，系统弹出"导入到库"对话框，选择需要作为填充的位图图像，就可以使用该位图填充了。

六、基本绘画工具

1. 笔刷工具

运用笔刷工具，可以方便地为图形、区域着色，甚至可以直接用它来作图。

在绘图工具栏中单击图标，绘图工具栏的选项区域变为如图7-36(a)所示。最上方的图标为笔刷方式选择按钮，单击它会弹出如图7-36(b)所示的菜单，可以选择以何种方式为图形着色。

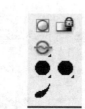

(a) 笔刷工具的设置选项　　(b) 笔刷的着色方式选项

图7-36　笔刷工具的选项

标准绘画：笔刷所过之处将会覆盖同一图层中所有的线条和填充色。

颜料填充：在空白区域和图形内部着色，而保留轮廓线及其他线条不被覆盖。

后面绘画：只能为空白区域着色，线条、轮廓线及封闭的图形内部将保留原状态不变。

颜料选择：只能喷涂所选定的填色区域，可以用选择工具选定一块区域填充。

内部绘画：在笔刷起始点所处区域内部填充且不会影响到线条，也永远不会影响到线条以外的部分。如果笔刷起始位置位于空白区域，则现有的线条和图形区域将不会受到影响。

笔刷工具的选项除了可以选择涂色的方式外，还可以进行笔刷大小和形状的选择，在此就不再一一介绍了。下面重点介绍一下填充锁定按钮。

选用渐进色来画线，在没有单击图标的情况下，也就是说处于非锁定方式时，可以看到，画出的线条无论长短，都是两端黑、中间浅，如图7-37（a）所示，这说明渐进色实际填充的就是笔刷所绘制的图形。而在锁定方式下时，如图7-37（b）所示，可以看出二者的区别，这时的背景正是用所选渐进色绘制出的固定大小的图形，而笔刷刷过的地方背景图都显示了出来。所以利用这个按钮可以产生揭示填色效果的作用，另外使用它也可以得到单一渐进色或位图填色延伸多个对象的效果。

第七章 网络动画广告制作工具软件——Flash

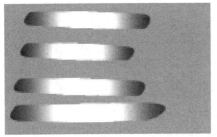

(a) 不使用渐变色锁定　　　　　　(b) 使用渐变色锁定

图7-37　渐变色锁定方式按钮的使用

2. 墨水瓶工具

墨水瓶工具能编辑线条与图像轮廓的颜色、宽度和样式，还可以为文字描边。进入墨水瓶涂色方式，这时图标也变为墨水瓶形状。单击线条或形状，可以将其改为指定的颜色。选择墨水瓶工具后，在属性面板中包含3个参数的设置，分别为颜色、线宽和线型。墨水瓶工具与铅笔工具的这些属性的使用方法相同，此处不再赘述。

3. 滴管工具

滴管工具的作用是拾取工作区中已经存在的颜色及样式属性并将其应用于别的对象中。这个工具不能设置参数，使用也非常简单，只需把滴管移动到需要取色的线条或图形中单击鼠标左键即可。注意：当选中这个工具时，在空白工作区、线条及图形内部时鼠标的形状各不相同。在空白工作区时，该工具无效。在单击线条后会立即进入墨水瓶填色状态，并将填色的颜色、线宽及线型等参数自动设置为滴管工具所选位置的属性。同样，单击图形内部会立即进入颜料桶状态，其参数也会自动具有所选位置的属性。

当颜色面板中有不同的位图时，滴管工具还可以让用户进行位图取样，并以此属性填充图形。

4. 颜料桶工具

颜料桶工具的作用是使用单色、渐进色或位图填色对某一区域进行填充，注意不能作用于线条。单击图标进入颜料桶填色状态，如图7-38(a)所示为其选项，可以设置填充的相关参数。

图7-38(a)中的图标为缺口封闭方式按钮，单击后弹出的菜单如图7-38(b)所示。在Flash中，允许区域在不完全封闭的状态下进行填充。菜单中所列分别为：不封闭缺口（默认选项，区域在完全封闭状态下才能填充），其余的选项分别为封闭小缺口、封闭中等缺口封闭大缺口，它们可以设置允许区域存在多大缺口时填充。不过在Flash中即使是大缺口也很小，而且让系统自动封闭缺口会减慢动画速度，一般不推荐使用。

171

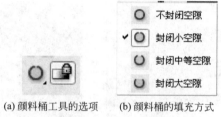

(a) 颜料桶工具的选项　　(b) 颜料桶的填充方式

图 7-38　颜料桶工具

七、变形工具

1. 渐变变形工具

任意变形工具 包括两个按钮，其中一个是 图标，用来编辑渐变变形颜色，对于纯色填充没有作用，可以用于渐变填充和位图填充，可以对所填颜色的范围、方向等进行修改以获得特殊的效果。下面详细介绍此工具的使用方法。

首先，如图 7-39(a) 所示绘制一矩形框，选择颜料桶工具，在颜色面板中设置橘黄中心的放射性渐变色 ，用颜料桶单击矩形中心，得到的效果如图 7-39(b) 所示，这时矩形内部的颜色已经改变。选中渐变变形工具 图标后，将鼠标移到矩形中，发现这时鼠标形状不再是颜料桶，而成为如图 7-39(c) 所示形状。单击左键，矩形外出现一已被选取的圆，上面有 3 个修改手柄。这个圆被称作是渐变圆，表示渐变色变化的区域。试着将鼠标移到渐变圆最下面的手柄上，鼠标变成如图 7-39(d) 所示形状，选中该手柄并拖动，发现所有的手柄都移动了一段距离。这个手柄可以用来调整渐变圆的方向，因为目前矩形均匀对称着色，所以该手柄的效果暂时还看不出来。

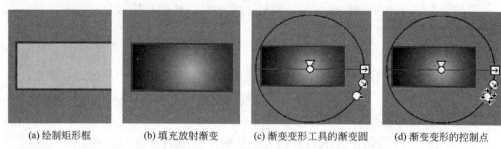

(a) 绘制矩形框　　(b) 填充放射渐变　　(c) 渐变变形工具的渐变圆　　(d) 渐变变形的控制点

图 7-39　填充变形工具使用示例

再试着把鼠标移动到中间的圆形手柄上，这个手柄可以调整渐变圆的大小。选中拖动，发现渐变圆的大小发生了变化，如图 7-40(a) 所示；同时可以看到矩形内部的颜色也有所改变，渐变圆的中心也可以移动，如图 7-40(b) 所示。虽然渐变圆的大小并没有改变，但由于填充渐进色的范围发生了变化，同时改变了填色效果。其实在图 7-39(b)中，用颜料桶单击矩形内部不同位置，也会得到不同效果，其作用相当于移动了渐变圆的圆心。

渐变圆上的方形手柄可以调整渐变圆的长宽比。拖动它可以看到，渐变圆发生了变形，且其变形的方向就是此方形手柄与圆心的连线方向，如图 7-40(c)所示，可以看到矩形中的颜色随着渐变圆形状的改变而发生变化。现在已经了解了所有手柄的作用，可以如图 7-40(d)所示，随意调整修改、组合使用以获得需要的效果。

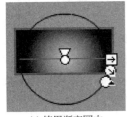 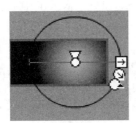 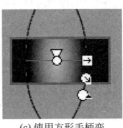 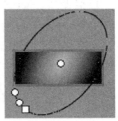

(a) 使用渐变圆中　　(b) 移动渐变圆的中心　　(c) 使用方形手柄变　　(d) 旋转渐变圆
　　间手柄缩小渐变　　　　　　　　　　　　　　　形渐变圆

图 7-40　填充变形工具渐变圆上的各个控制点的使用

同样，对于线性渐变色，也可以进行类似的操作。如图 7-41(a)所示，是用橘黄线性渐变色填充的矩形。在选中渐变变形工具图标以后，移动鼠标到矩形上，单击后出现如图 7-41(b)所示两条平行线；圆形的修改手柄可以调整渐变色的方向，修改后效果如图 7-41(c)所示；方形手柄可以调整两条平行线的距离，从而改变渐变色的渐变范围，如图 7-41(d)所示。

 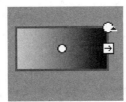 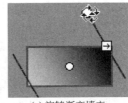 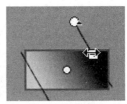

(a) 初始图形　　　　(b) 使用渐变变形工具　　(c) 旋转渐变填充　　(d) 积压渐变填充

图 7-41　线性渐变填充变形工具的使用

2．任意变形工具

任意变形工具还包括一个按钮，用来变形物体的形状，任意变形可以实现对物体的形状的修改，下面介绍一下该工具的使用。

首先绘制一个不带边框的橙色椭圆，选择任意变形工具，在椭圆上单击，显示 8 个方形控制点外加一个圆形的中心点，如图 7-42(a)所示。随着鼠标在不同的控制点的不同位置移动，鼠标的形状也会跟着发生变化。这时，不同的鼠标形式有不同的作用：当鼠标放在 4 个角上的控制点时，鼠标的形状为，这时水平垂直两个方向同时缩放对象；当鼠标放在上边线或下边线中间的控制点时，鼠标的形状为，这时可以在垂直方向缩放对象；当鼠标放在左边线或右边线中间的控制点时，

鼠标的形状为 ▯，这时可以在水平方向缩放对象；当鼠标放在水平的边线控制点中间时，鼠标的形状为 ▯，这时可以在水平方向变形对象；当鼠标放在垂直的边线的控制点中间时，鼠标的形状为 ▯，这时可以在垂直方向变形对象；当鼠标放在4个顶点上的控制点斜上方或斜下方时，鼠标的形状为 ▯，这时可以旋转对象。另外，需要注意的是中间的圆点是可以移动的，它是旋转时的中心，当鼠标放在中心的圆点时，鼠标的形状为 ▯，这时可以拖动中心点，然后再旋转物体，可以发现旋转的中心点变了。如图7-42(b)和图7-42(c)所示，即是显示了中心点移动前后旋转的不同效果。

除了灵活使用上面介绍的控制点外，任意变形工具的选项设置可以帮助用户方便地实现变形的功能，如图7-43所示显示了任意变形工具的选项设置，图下面的4个选项分别是旋转与倾斜、缩放、扭曲和封套，前3个选项可以实现常规的变形，选择封套后，要变形的对象周围会显示很多控制点，可以实现对象的复杂变形。

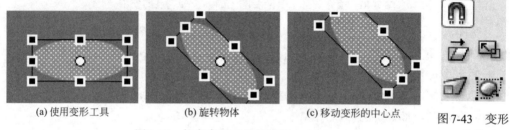

(a) 使用变形工具　　(b) 旋转物体　　(c) 移动变形的中心点　　图7-43　变形
图7-42　任意变形工具的使用　　　　　　　　　　　　　　　　　工具选项

八、钢笔工具

1. 钢笔工具

钢笔工具 ▯ 可以用来绘制直线和复杂曲线。▯ 按钮包含了4个不同功能的按钮，如图7-44所示，熟练使用这几个按钮，可以绘制出复杂的形状。

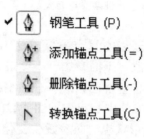

图7-44　钢笔工具按钮组

选择了钢笔工具后，可以看到它的属性面板设置只比铅笔工具少了平滑选项，其他都是一样的，在使用钢笔进行绘制时，先设置好颜色、线宽和线型，然后就可以开始绘制。在绘制的过程中可以让线闭合，这时只需要让终点和起点重合即可；也可以不闭合，这时需要按［Esc］键中止画线。绘制直线和曲线还有所不同，直线只需要在需要的位置单击鼠标即可。如果要绘制曲线，则需要按下鼠标后进行拖动，就会产生曲线，这时鼠标拖动的方向决定曲线在该点的切线方向，而拖动的距离确定曲线在该点的距离。如图7-45所示，显示了使用钢笔绘制直线和曲线的情形。

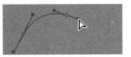

图7-45　钢笔工具绘制直线与曲线

绘制完成图形后，如果需要进一步地修改形状，可以使用 和 按钮对使用钢笔工具绘制的形状边线进行修改、添加或者删除锚点，而使用工具 单击圆弧处的锚点，可以使锚点变形为尖角锚点，如果想要使一个尖角锚点变为圆弧锚点，则使用工具 拖拽尖角锚点即可。

2．部分选取工具

部分选取工具 用于对选择的子对象进行移动、拖拉和变形等处理。当某一对象被选中后，它的边框将出现许多控制点，表示该子对象已被选中。效果如图7-46(a)所示。

使用部分选取工具移动控制点后，可以看到控制点上出现了可以调节曲度的控制柄，如图7-46(b)、图7-46(c)所示，通过拖动控制柄可以来修改相应控制点的曲度。

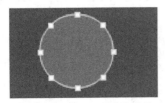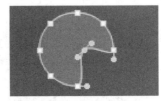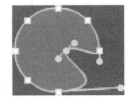

(a) 使用部分选取工具单击图形　　(b) 使用部分选取工具移动控制点　　(c) 调整曲度

图7-46　部分选取工具的使用

3．套索工具

单击绘图工具栏中的 图标进入套索选取状态。套索工具可以用来选取任何形状范围内的对象，相对于箭头工具只能选择矩形框内的对象而言，套索工具在这方面功能更强一些。按住鼠标并拖动，就像使用铅笔工具那样绘出要选择的区域，可以不封闭，Flash将用直线来自动封闭。松开鼠标后所套住的区域被选中，如图7-47(b)和图7-47(c)所示。

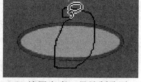

(a) 套索工具选项　　　(b) 使用套索工具绘制选区　　　(c) 选择的区域

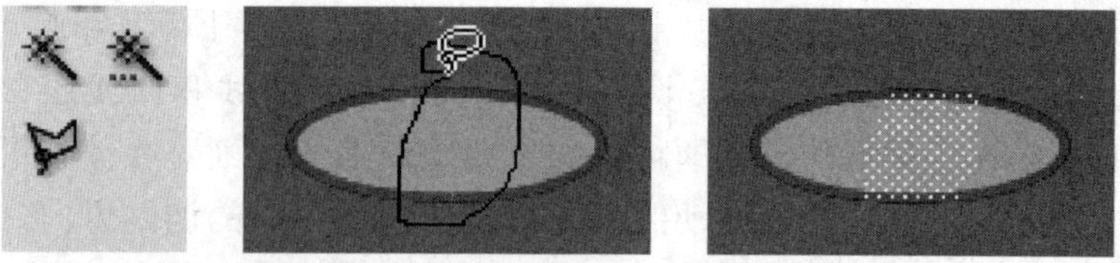

图 7-47　套索工具的选用

如图 7-47(a)所示为套索工具的选项设置，上面的两个按钮 为魔术棒工具，主要用于对位图进行操作，其中右边的按钮用于对魔术棒参数进行设置，一共有两个参数。一个是阈值，用于定义包括在选取范围内的相邻像素色值的接近程度，数值越高，可选取范围越宽，如果输入数值为 0，只有与最先单击那一点的像素色值完全一致的像素才会被选中。另一个参数是平滑程度，用于定义位图边缘平滑到什么程度，其选项包括平滑、像素、粗略和正常。按钮 为多边形套索工具，可以绘制出边为直线的多边形选择区域，绘制时在顶点单击鼠标，在结束时双击鼠标即可。

九、文字工具

文字处理在 Flash 中经常会用到，可以给动画加入文字，设定字体大小、字样、类型、间距、颜色和排列等，也可以像处理对象那样处理字体变形，包括旋转、缩放、倾斜、翻转等，还可以对字符进行编辑，例如可以打散字体做变形动画。另外，用 Flash 还可以实现用户信息的交互性，也就是说它可以接收用户端的文字符号。

单击 T 图标进入文字编辑状态，如图 7-48 所示为文字工具的属性设置，可以选择的项目包括字体、字号、颜色、加粗、倾斜、对齐方式、段落属性以及固定行宽。

图 7-48　文字工具的属性

第七章 网络动画广告制作工具软件——Flash

进入文字编辑状态后,用鼠标在要输入文字的地方单击一下,会出现标志。注意这时右上角的手柄为圆形的,表示文本可以向右延伸,文本域的范围也会随着文字的增多而向右扩展。当然,也可以在准备输入文字时拖动鼠标使文本域至大于两个字宽左右时松开鼠标,这时文本域会变成,右上角的手柄变为方形,表示该文本域为固定行宽,当输入文字超过这个行宽时自动换行。如果对目前的行宽不满意,也可以用鼠标拖动手柄到满意的位置。要取消固定行宽,把行宽设为可延伸的文本域,只需双击方形手柄即可。

属性设置中非常重要的一项是文本类型选择列表框,打开列表框可以看到三个选项,分别是静态文本、动态文本和输入文本,如图7-49所示。

图7-49 文本类型选择

下面解释一下这三类文本:"静态文本"就是用来显示的文本,内容事先确定好了,在动画运行时不会改变;"动态文本"是指可以随着动画的播放显示文本的内容可以改变,比如,可以实时显示体育比赛的结果,股市行情或者天气预报等;"输入文本",用户可以在动画运行的时候输入内容,这运用于通过表格调查和收集信息。

创建动态文本和输入文本的方法很简单。只需要在文本类型列表框中选择不同的选项即可。与静态文本一样,动态文本和输入文本也可以通过单击和拖动的方式创建:单击此按钮后在工作区单击一下鼠标,出现标志,圆形手柄现在右下角。同样,单击拖动鼠标使文本域大于大约两个字宽时松开鼠标,文本域变成形状,手柄变为方形。创建完了一种文本后,仍然可以通过修改文本类型选择框来改变它的类型。

十、其他工具

1. 橡皮工具

橡皮工具的作用是擦除图层上的对象。双击该按钮会擦除掉工作区中所有的图形。当选中该按钮后,就可以有选择地擦除画面中部分图形。

如图7-50(a)所示为该工具的选项设置,为清除方式选择按钮,单击后弹出如图7-50(b)所示菜单。其中的可选项分别为标准擦除、擦除填色、擦除线条、擦除所选填充以及内部擦除,因为它们与前面提到的笔刷工具的相应选项比较类似,所以此处不再赘述,但要注意的问题还是鼠标起始点的位置。比如,在内部擦除方式下,如果起始点在空白区域,则任何图形都不会被擦除。按钮是橡皮工具的一种快捷方式，可以迅速移除整个线条或填充区，在单击这个按钮后，鼠标也会变成水龙头形状，这时只需在待清除的线条或填充区域上用水龙头下的水滴点一下，则会在瞬间完成清除工作。选项设置中最下方的菜单项用于调整橡皮工具的大小和形状，以改变其一次擦除的区域面积。

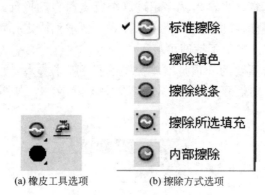

图 7-50　橡皮工具选项

2. 手形工具

这个工具用于在画面内容超出显示范围时的调整，用法简单，就不再多说了。

3. 放大镜工具

当所要编辑的图形过大或过小时，可以利用工具对图形的尺寸作出调整，以获得比较恰当的画面比例。它只有两种状态，且两个状态不能同时存在：一个是放大状态，另一个是缩小状态。可以通过激活其中一个按钮，再用鼠标单击工作区实现画面的比例变化。也可以在选择了工具后，用鼠标拉出一个待放大的矩形区域，则松开鼠标后，该区域内的图形将放大至填满整个窗口。放大镜工具的快捷选择方式为［Ctrl+Space（放大）］组合键以及［Ctrl+Shift+Space（缩小）］组合键，按住快捷键再单击鼠标就可实现放大和缩小操作，松开快捷键后则会回到上一次选中的绘图工具。

第四节　管理库资源

每一个Flash动画文件都有用于存放动画元素的"库"，其中包括元件、位图、声音以及视频文件等。通过"库"可以方便地查看和组织这些内容。

一、元件

Flash动画都是由元件组成的，使用元件可以有效地减少最后生成的动画的文件量，并且可以极大地提高工作效率。

创建一个元件之后,该元件就被自动添加到当前文档的"库"面板中,这个元件可以在创作过程中重复使用。任何一种元件都有自己独立的场景和时间轴,对一个元件进行修改,即可改变影片中所有使用过此元件的实例。

Flash可以创建3种类型的元件,即图形元件、影片剪辑元件和按钮元件。其具体功能说明如下。

1. 图形元件

该元件可以包含文字内容和图像内容,有自己独立的场景和时间轴,常常用于静态的图像或简单的动画中。图形元件与影片的时间轴同步运行,不能带有音频效果和交互效果。

2. 影片剪辑元件

该元件是一个独立的动画片段,有自己独立的场景和时间轴,可以在一个影片剪辑元件内添加各种元件以创建嵌套的动画效果。与图形元件不同的是,影片剪辑元件可以带有音频效果和交互效果。

3. 按钮元件

该元件支持鼠标向上、弹起、经过、按下等状态,主要用于创建响应鼠标事件的按钮;支持音频效果和交互效果,能与图形元件、影片剪辑元件嵌套使用,功能十分强大。

在Flash中附带了许多已经做好了的元件,存放在图库中,直接调用就可以。图库是用来存放和组织已创建符号的地方,也是存放输入文档中包括的声音文件、位图图形和QuickTime影像的地方。图库窗口让用户可以在文件夹中组织图库中的项目,如图7-51所示。Flash中,可以通过菜单命令"窗口"|"库"打开图库窗口,

图7-51 "库"面板

也可以使用快捷键［Ctrl+L］打开。在图库的选项菜单里包含有所有与元件操作相关的命令，其中大部分命令可以在图库窗口的面板中找到对应的图标或按钮；也可以在选中的某一元件上单击鼠标右键，弹出的快捷菜单中也包含了对该元件操作的全部命令。窗口下方的■按钮用于创建新的元件，单击它会打开对话框，可以选择新元件的名称和类型。■按钮用于创建新文件夹，以便更好地组织和存放元件。单击■按钮可以更改元件的名称和类型，也可以对元件进行编辑。■按钮的作用是删除当前选中的元件。

二、建立和编辑元件

可以选定舞台上的对象将其转换为元件，也可以创建一个空元件，然后在元件编辑模式下为其添加内容。

1. 将选定对象转换为元件

在舞台上选择一个或多个对象。执行下列操作之一。

选择"修改"＞"转换为元件"。

将选中对象拖到"库"面板上。

在"转换为元件"对话框中，键入元件名称并选择类型，如图7-52所示。在注册网格中单击，以便放置元件的注册点。

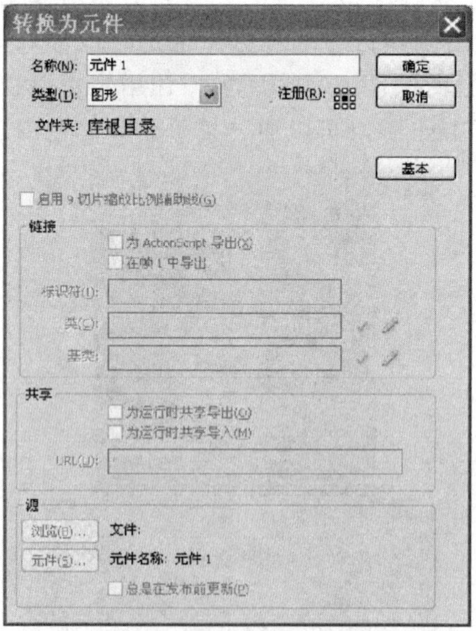

图7-52　元件属性设置窗口

Flash会将该元件添加到库中。舞台上选定的元素此时就变成了该元件的一个实例。创建元件后，您可以通过选择"编辑"＞"编辑元件"以在元件编辑模式下编辑该元件，也可以通过选择"编辑"＞"在当前位置编辑"以在舞台的上下文中编辑该元件。您也可以更改元件的注册点。

2. 创建空元件

要创建一个新元件，可执行下列操作之一。

选择"插入"＞"新建元件"。

单击"库"面板左下角的"新建元件"按钮。

从"库"面板右上角的"库面板"菜单中选择"新建元件"。

在"创建新元件"对话框中，键入元件名称并设置其属性。

Flash会将该元件添加到库中，并切换到元件编辑模式。在元件编辑模式下，元件的名称将出现在舞台左上角的上面，并由一个十字光标指示该元件的注册点。

要创建元件内容，可使用时间轴、用绘画工具绘制、导入介质或创建其他元件的实例。

在创建元件时，注册点位于元件编辑模式中的窗口的中心。可以将元件内容放置在与注册点相关的窗口中。要更改注册点，在编辑元件时，应相对于注册点移动元件内容。

3. 编辑元件

元件与实例是父子关系，编辑元件时，Flash同时更新影片中该元件的所有实例。

Flash提供了以下三种编辑元件的方式。

（1）在当前位置编辑：双击舞台上的实例。舞台上的其他对象将显示灰色，以区别元件，仅作为背景或参照物。被编辑元件的名称将出现在舞台顶端的信息栏中，位于当前场景名称的右边。

（2）在元件编辑模式下编辑：双击库面板内的元件图标或用鼠标右键单击舞台上的实例，然后从弹出的快捷菜单中选择"编辑"命令，该实例所属的元件即在元件编辑模式中打开。被编辑元件的名称将出现在舞台顶端的信息栏中，位于当前场景名称的右边。

（3）在新窗口中编辑：选中舞台上的实例，右键菜单"在新窗口中编辑"命令，就可以在单独的新的窗口中编辑元件。

第五节　声音处理

在Flash中可以导入外部的声音素材作为动画的背景音乐或音效。Flash提供了许多使用声音的方式。它可以使声音独立于时间轴连续播放，或使动画和一个音轨同步播放。可以向按钮添加声音，使按钮具有更强的互动性，还可以通过声音淡入淡出产生更优美的声音效果。

在Flash中有两种声音类型：事件声音和流式声音。事件声音在播放之前必须完全下载，它可以持续播放直到有明确的停止命令，因此比较适合制作很短的声响,比如单击按钮的声音。流式声音则只需下载开始几帧的数据就可以开始播放,而且声音的播放和时间轴是同步的,这一点特别适合用于网络中,所以流声音可以用于制作很长的背景音乐,用户无需等待太长的时间就可以听到,因为流声音可以边播放边下载。

一、应用声音

选择"文件">"导入">"导入到库",可以将声音文件导入到当前文档的库,如图7-53所示。选中要添加声音的关键帧,在库中选中声音文件并拖到舞台上,这样就可以将声音文件放入到Flash影片中。要使用声音文件,最好新建一个图层,单独放置声音文件,这样更便于声音的更换和处理。

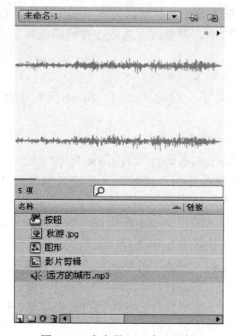

图7-53 声音导入"库"面板

二、声音属性

选中添加声音的帧,打开属性面板,如图7-54所示。打开"声音"下拉列表,在列表中将会列出所有导入到库的声音文件,用户可以在此选择或替换关联到某声音层的声音文件。

从"效果"弹出菜单中选择效果选项。

(1)无:不对声音文件应用效果。选中此选项将删除以前应用的效果。

(2)左声道/右声道:只在左声道或右声道中播放声音。

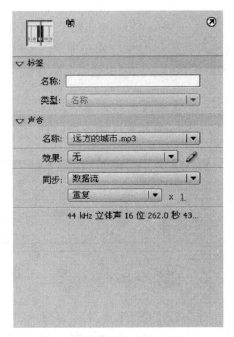

图7-54 声音"属性"面板

（3）从左到右淡出/从右到左淡出：会将声音从一个声道切换到另一个声道。

（4）淡入：随着声音的播放逐渐增加音量。

（5）淡出：随着声音的播放逐渐减小音量。

（6）自定义：允许使用"编辑封套"创建自定义的声音淡入和淡出点。

从"同步"弹出菜单中选择"同步"选项。

（1）事件：会将声音和一个事件的发生过程同步起来。事件声音（例如，用户单击按钮时播放的声音）在显示其起始关键帧时开始播放，并独立于时间轴完整播放，即使SWF文件停止播放也会继续。当播放发布的SWF文件时，事件声音会混合在一起。如果事件声音正在播放，而声音再次被实例化（例如，用户再次单击按钮），则第一个声音实例继续播放，另一个声音实例同时开始播放。

（2）开始：与"事件"选项的功能相近，但是如果声音已经在播放，则新声音实例就不会播放。

（3）停止：使指定的声音静音。

（4）数据流：选项将强制动画和音频流同步。与事件声音不同，音频流随着SWF文件的停止而停止；而且，音频流的播放时间绝对不会比帧的播放时间长。当发布SWF文件时，音频流混合在一起。

通过"同步"弹出菜单还可以设置"同步"选项中的"重复"和"循环"属性。为"重复"输入一个值，以指定声音应循环的次数，或者选择"循环"以连续重复播放声音。

三、编辑声音

在Flash中,可以定义声音的起始点,或在播放时控制声音的音量,还可以改变声音开始播放和停止播放的位置。这对于通过删除声音文件的无用部分来减小文件的大小是很有用的。

将声音添加至帧,或选择某个已经包含声音的帧,打开"属性"面板,单击"编辑封套"按钮 。打开声音编辑窗口,如图7-55所示。

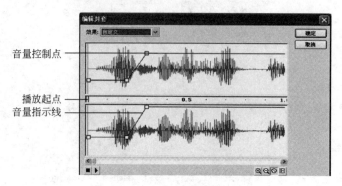

图7-55　声音编辑窗口

若要改变声音的起始点和终止点,拖动"编辑封套"中的"播放起点"和"播放终点"控件。

若要更改声音封套,请拖动音量控制点来改变声音中不同点处的级别。 音量指示线显示声音播放时的音量。若要创建其他控制点(总共可达8个),单击指示线。若要删除控制点,将其拖出窗口。

若要改变窗口中显示声音的多少,单击"放大"或"缩小"按钮。

要在秒和帧之间切换时间单位,单击"秒"和"帧"按钮。

若要听编辑后的声音,单击"播放"按钮。

第六节　创建动画

在Flash软件中可制做逐帧动画与补间动画两种类型的动画。

逐帧动画又叫帧帧动画,在时间轴上由一系列关键帧组成,每个关键帧都可以进行独立编辑。通常相邻的两个关键帧图像变化不大,在播放时逐帧显示每帧上的画面就形成了动画效果,与电影的播放效果是同一个原理。利用逐帧动画可以制作出任意效果的动画,但由于每个关键帧都要进行独立编辑操作,所以工作量大,作品文件量也大(因为要保存每个关键帧的图像),因此只有需要特殊效果时才用到帧帧动画。

补间动画又叫渐变动画,只需在时间轴中设置开始关键帧和结束关键帧即可,在两个关键帧中间创建动作补间，Flash 软件就自动生成连续的动画效果。渐变动画制作简单，动作连贯，作品文件量小，是最常用的制作动画方法。

一、创建逐帧动画

制作逐帧动画需要编辑每一帧的对象，也可以导入外部素材来制作简单的帧帧动画。下面制作一个简单的逐帧动画。

首先，我们使用绘图工具来绘制一只蝴蝶。

（1）新建 Flash 文档，在文档属性面板设置帧频为"6fps"。选择"插入">"新建元件"，打开新建元件窗口，名称输入"蝴蝶"，类型选择"图形"，单击"确定"按钮后进入蝴蝶元件的编辑窗口。

（2）选择工具箱中的椭圆工具，在属性面板中设置"笔触颜色"为禁止，"填充颜色"为"#996600"，在舞台上绘制一个椭圆，如图7-56(a)所示。选择工具箱中的选择工具，单击选中椭圆对象，按［Ctrl+G］组合键将椭圆形组合成一个整体图像。

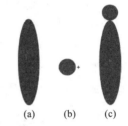

图7-56　绘制蝴蝶身体

（3）选择工具箱中的椭圆工具，在工具箱颜色区中设置"笔触颜色"为禁止，"填充色"为"#996600"，按住［Shift］键，在舞台上绘制一个小圆形，如图7-56(b)所示。选择工具箱中的选择工具，单击选中椭圆对象，按［Ctrl+G］组合键将椭圆形组合成一个整体图像。

（4）拖动小圆形到椭圆形上方，如图7-56(c)所示，同时选中两个图像，选择"窗口">"对齐"，打开"对齐"面板，按下"相对于舞台"按钮，单击水平居中按钮，然后按［Ctrl+G］组合键可将两个图像组合成一个整体，蝴蝶身体绘制完。

（5）选择工具箱中的椭圆工具，在属性面板中设置"填充颜色"为禁止，"笔触颜色"为"黑色"，在舞台上绘制一个正圆，如图7-57(a)所示。

（6）选择箭头工具，按［Alt］键同时拉动左边向右拉，如图7-57(b)所示。不按键，只用鼠标拉动其他边沿，经过选择不同的点拉动变形，最终成为翅膀的轮廓，如图7-57(c)所示。

（7）选择颜料桶工具，选择"窗口">"颜色"，打开颜色面板，在"类型"下拉选择表中选择"放射状"渐变色填充，在下边色条上设置两个颜色分别为"#009900"和"#CCCC00"如图7-57(d)，在图7-57(c)上单击鼠标，效果如图7-57(e)所示。选择工具箱中的选择工具，拖动鼠标选中整个图像，按［Ctrl+G］组合键将其组合成一个整体图像。蝴蝶翅膀绘制完毕。

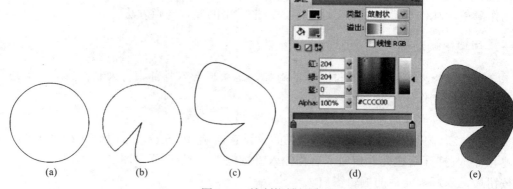

图 7-57　绘制蝴蝶翅膀

（8）将蝴蝶翅膀放在蝶身的左侧，如图 7-58(a) 所示。选择翅膀，按［Ctrl+C］组合键复制翅膀，选择菜单"编辑">"粘贴到当前位置"命令，产生一个新的翅膀。选择"修改">"变形">"水平翻转"命令，将上面的翅膀进行 180°水平翻转，效果如图 7-58(b) 所示。按住键盘上的"→"光标键，使其向右移至如图 7-58(c) 所示位置。此时一个蝴蝶的雏形制作完成。

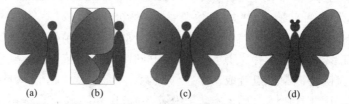

图 7-58　绘制蝴蝶身体

（9）使用椭圆工具为蝴蝶画上眼睛，如图 7-58(d) 所示。

（10）使用铅笔工具画出蝶须，在铅笔工具的属性面板中，线条选择"极细"。笔触颜色为"#ff0000"，并将颜色设置"Aphla"为 50%，如图 7-59(a) 所示。在工具面板选项区选择光滑模式 S.，绘制蝶须。绘制完毕，选择工具箱中的选择工具，拖动鼠标选中整个图像，按［Ctrl+G］组合键将其组合成一个整体图像。最终效果如图 7-59(b) 所示。

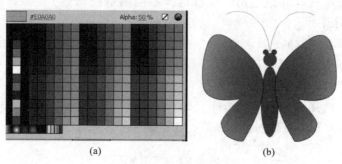

图 7-59　绘制蝴蝶

下面开始制作逐帧动画。

（11）返回文档窗口，在库面板中选中蝴蝶元件，拖到舞台上来。

（12）在时间轴第2帧的位置单击鼠标右键，从弹出的快捷菜单中选择"插入关键帧"命令，如图7-60所示。

（13）选择工具箱中的任意变形工具，选中蝴蝶，然后单击左侧中间节点并向右拖动，将蝴蝶变形，如图7-61所示。

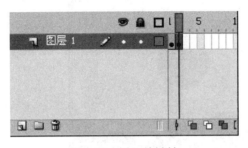

图7-60　插入关键帧　　　　图7-61　变形蝴蝶

（14）按［Ctrl+Enter］组合键测试动画。

二、补间动画

补间动画分为动画补间和形状补间。动画补间：适用于群组对象、文字、元件实例，图形素材。当对象是矢量图形、文字或为两个以上对象时，必须先转换成元件或建组。形状补间则适用于完全分离的图像或文本。

1. 动画补间

（1）新建Flash文档，将上例中绘制的蝴蝶图形元件复制到此文档的"库"中。

（2）选择"插入"＞"新建元件"，打开新建元件窗口，名称输入"蝴蝶飞"，类型选择"影片剪辑"，单击"确定"按钮后进入蝴蝶元件的编辑窗口。

（3）在此步骤中创建蝴蝶飞的逐帧动画，参考上例。

（4）返回文档窗口，在库面板中选中蝴蝶飞元件，拖到舞台上的右下角。

（5）在时间轴第10帧的位置单击鼠标右键，从弹出的快捷菜单中选择"插入关键帧"命令，并将蝴蝶飞实例拖到舞台左上角。

（6）选中第1～10帧中的任意一帧，单击鼠标右键，在弹出的下拉菜单中选择传统补间动画。

（7）按［Ctrl+Enter］组合键测试动画。

2. 形状补间

（1）新建Flash文档，选择工具箱中的椭圆工具，在工具箱颜色区中设置笔触颜色为禁止，填充颜色为"#FF0099"，在舞台上绘制一个正圆形。

（2）利用选择工具单击选中正圆形，然后打开"对齐"面板，按下"相对于舞台"按钮,单击水平居中按钮和垂直居中按钮,将正圆形放在舞台的中心,如图7-62所示。

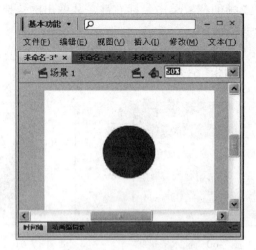

图7-62 正圆形图

(3)在第10帧按[F7]快捷键,插入空白关键帧。选择工具箱中的矩形工具,在舞台上绘制一个正方形,利用"对齐"面板将其与舞台中心对齐,如图7-63所示。

图7-63 正方形图

(4)单击时间轴第1~10帧中的任意一帧,单击鼠标右键,在弹出的下拉菜单中选择创建补间形状。

(5)按[Ctrl+Enter]组合键测试动画,效果如图7-64所示,圆形将逐渐变成长方形。

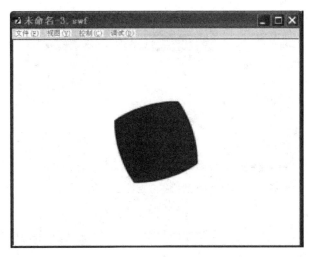

图 7-64　测试效果

三、引导动画

利用引导线可以创建自然流畅的动画效果，适用于图形元件、影片剪辑元件等。引导层上的内容不会随影片一起导出，不会显示在发布的 SWF 格式文件中。

图层名称左侧的图标 表明该层是引导层。引导层上放一个引导线就可以制作引导动画了，引导线是一条不能闭合的分离的线条。被引导层在引导层下面，引导动画各层示意图如图 7-65 所示。

图 7-65　引导图层示意

我们下面通过一个实例，详细讲解引导动画的制作。

（1）新建 Flash 文档，将"图层 1"重命名为"背景"，选择"文件"→"导入到库"命令，导入背景图像。在"库"面板中选中背景图像"bg.jpg"拖到舞台上，利用对齐面板放到舞台中心，选中背景图像，打开属性面板，查看图片的大小（640×447），打开文档属性对话框，将文档大小改为图像的大小尺寸（640×447）。

（2）在第 40 帧按［F5］快捷键插入帧，选中背景图层，单击锁定按钮 。锁定背景图层后，将不能对其进行任何操作，解锁后才可再次编辑。效果如图 7-66 所示。

图7-66 背景图层设置

（3）参考前面学过的"蝴蝶飞"影片剪辑元件的制作方法，创建"蝴蝶飞"影片剪辑元件。

（4）单击图层面板上的新建图层按钮，并将新建图层命名为"蝴蝶"。

（5）打开"库"面板，将"蝴蝶飞"影片剪辑元件拖入到场景中，并锁定蝴蝶图层。

（6）右键单击"蝴蝶"图层，在弹出的快捷菜单中选择"添加传统运动引导层"，新增一个引导层，利用铅笔工具从舞台右下角向左上角绘制一条曲线作为引导线，并锁定引导层。如图7-67所示。

图7-67 添加运动引导层

（7）解除"蝴蝶"图层的锁定，选中开始关键帧，把蝴蝶拖动到左下角引导线起始端；在"蝴蝶"图层第40帧处，按［F6］快捷键插入关键帧。选中结束关键帧，把蝴蝶拖动到右上角引导线结束端，并在开始关键帧处单击鼠标右键，在弹出的快捷菜单中选择"创建传统补间"命令。

注意：在拖动蝴蝶时，蝴蝶中心点自动吸附在线条上，如果自动吸附现象没有出现，请检查工具箱"选择工具"下边选项区内的"紧贴至对象" 按钮是否为按下状态。

（8）打开"属性"面板，选中"调整到路径"前面的复选框。如图7-68所示。

图7-68　选中"调整到路径"

（9）选择工具箱中的任意变形工具，选中开始关键帧的蝴蝶，旋转使其头部正对引导线，如图7-69所示；选中结束关键帧的蝴蝶，旋转使其头部正对引导线结束端，并适当缩小蝴蝶。

图7-69　设置蝴蝶头部对准引导线方向

（10）按［Ctrl+Enter］组合键测试动画，可以看到蝴蝶从窗口的右下角飞向左上角飞去，并且从视觉上感到蝴蝶越飞越远、越飞越小。

四、遮罩动画

图7-70 遮罩层示意图

遮罩动画是Flash中的一个很重要的动画类型，很多效果丰富的动画都是通过遮罩动画来完成的。遮罩动画也称为蒙版动画，主要通过一个"遮罩层"制作出特殊的动画效果。

创建"遮罩层"需要在该层上单击右键，在弹出的快捷菜单中选择"遮罩层"命令，对应的下面一个图层自动变为"被遮罩层"。如图7-70所示。

在创建动画过程中，为了得到特殊的显示效果，可以在遮罩层上创建一个任意形状的"视窗"，遮罩层下方的对象可以通过该"视窗"显示出来，而"视窗"之外的对象将不会显示。遮罩层中的图形对象在播放时是看不到的，遮罩层中的内容可以是按钮、影片剪辑、图形、位图、文字等，但不能使用线条，如果一定要用线条，可以将线条转化为"填充"。被遮罩层中的对象只能透过遮罩层中的对象被看到。在被遮罩层，可以使用按钮，操作影片的剪辑、图形、位图、文字、线条。可以在遮罩层、被遮罩层中分别或同时使用形状补间动画、动作补间动画、引导动画等动画手段，从而使遮罩动画变成一个可以施展无限想象力的创作空间。

在Flash动画中，"遮罩"主要有两种用途：一个作用是用在整个场景或一个特定区域，使场景外的对象或特定区域外的对象不可见；另一个作用是用来遮罩住某一元件的一部分，从而实现一些特殊的效果。

下面通过实例探照灯效果，详细讲解遮罩动画的使用方法。

（1）新建Flash文档，将图层1重命名为背景。选择"文件"→"导入到库"命令，导入背景图像。在"库"面板中选中背景图像"bg1.jpg"拖到舞台上，利用对齐面板放到舞台中心，选中背景图像，打开属性面板，查看图片的大小（1000×714），打开文档属性对话框，将文档大小改为图像的大小尺寸（1000×714）。

（2）在第40帧按［F5］快捷键插入帧，选中背景图层，单击锁定按钮 。

（3）单击图层面板上的新建图层按钮 ，并将新建图层命名为"文本"。

（4）选择文本工具，在其属性面板设置字体为"隶书"，颜色为"#FF0098"，大小为"100"，输入文本"面向大海，春暖花开"。

（5）在第40帧按［F5］快捷键插入帧，选中背景图层，单击锁定按钮 。如图7-71所示。

（6）新建一个图层，并将新建图层命名为"遮罩"，选择椭圆工具，在工具箱颜色区设置"笔触颜色"为禁止，填充色任意（因为在播放影片时只显示形状不显示颜色，所以可以设置为任意颜色）。在文字左侧绘制一个正圆形，比文字稍高一点。按［Ctrl+G］组合键，组合为一个整体。如图7-72所示。

图7-71　背景与文本图层效果

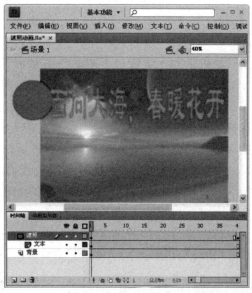

图7-72　遮罩层效果

（7）在遮罩层第40帧按［F6］快捷键插入关键帧，选中第40帧，按住［Shift+→］键，向右移动小圆形，移动到文字的右侧。

（8）选择遮罩层第1～40帧的任意一帧单击鼠标右键，在弹出的快捷菜单中选择"创建传统补间"命令。

（9）选择遮罩层，单击鼠标右键，在弹出的快捷菜单中选择"遮罩层"命令，如图7-73所示，文本层自动变成被遮罩层。

（10）按［Ctrl+Enter］组合键测试动画，如图7-74所示，可以看到影片中的文字只从一个移动的圆孔中出现，测试完毕，保存文档。

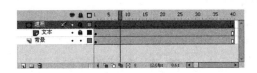

图7-73　设置遮罩层

图7-74　探照灯效果

第七节　Flash作品的优化和发布

一、测试动画

动画的制作完成后，不要急着发布，应该先对它进行测试，在确保无误情况下才可以发布。要对动画进行测试，可以通过选择"控制">"测试影片"或"测试场景"命令来执行，同时也可以使用系统提供的多种辅助测试手段来执行。例如，选择测试窗口中的"视图">"宽带设置"命令，以图形化的方式查看下载的性能，使用"下载设置"命令设置网络下载的带宽等。

测试场景与测试影片时，都会在存放".fla"动画文件的文件夹中创建一个".swf"文件，同时也可以对影片中的动作脚本语句进行测试。

下面将对蝴蝶飞动画进行测试，具体操作步骤如下。

（1）打开一个动画文件"蝴蝶飞"，如图7-75所示。选择"控制">"测试影片"命令或者按［Ctrl+Enter］组合键测试影片，如图7-76所示。

图7-75　打开"蝴蝶飞"

图7-76　测试影片

图7-77　"视图">"下载设置"

（2）选择主菜单"视图">"下载设置"命令，如图7-77所示，在子菜单中选择下载速度。也可以选择"自定义"命令，弹出如图7-78所示的"自定义下载设置"对话框，设置完后，单击"确定"按钮关闭对话框。

（3）选择"视图">"带宽设置"命令，打开"带宽设置"面板，如图7-79所示。可以从中查看动画的下载性能，再次选择此命令可关闭"带宽设置"面板。

第七章 网络动画广告制作工具软件——Flash

图 7-78 "视图">"自定义下载设置"　　图 7-79 带宽设置面板

（4）选择"视图">"模拟下载"命令，可模拟真实的下载过程。此时，动画窗口将变成白色，表示正在下载，在"状态"下显示加载的进程，如图 7-80 所示。

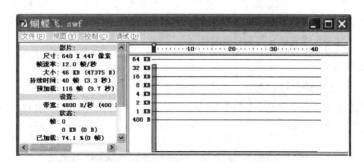

图 7-80 模拟下载

二、Flash 影片的优化

Flash 影片主要用于网络方面，所以浏览和下载速度非常重要。要能够快速打开和下载动画，就要对动画进行优化。优化的前提是保证原始画面效果，尽量减小文件量。

1. 优化影片的一般原则

（1）影片中多次使用的对象，应转换为元件。

（2）尽量使用电影剪辑制作动画序列，而不是图形元件。

（3）尽可能使用补间动画，而不是逐帧动画。因为相同的动画效果，补间动画的文件要比逐帧动画文件量小得多。

195

（4）限制关键帧中的动画区域，使动作发生在尽量小的区域。

（5）尽量少用位图图像元素制作动画，位图图像应作为静态元素或背景。

（6）导入声音文件时，最好使用文件量较小的文件格式，尽量使用MP3声音格式。

2. 优化动画元素和线条的一般原则

（1）使用层分隔那些将随动画改变的元素。

（2）尽可能组合元素。

（3）限制特殊线条类型（例如短划线、虚线和波浪线等），尽量使用实线。

3. 优化文本的一般原则

（1）限制字体和字体样式的数量，字号也尽可能小一些。

（2）尽量少用嵌入字体。

（3）尽量不要把文字分离。

4. 优化颜色的一般原则

（1）尽量少使用渐变填充颜色。

（2）尽量少使用Alpha透明效果。

三、Flash影片的导出

使用"文件"＞"导出影片"命令可以Flash文件导出为动画文件格式，如Flash，QuickTime，Windows AVI以及GIF动画；也可以导出为多种静止的图像格式，如GIF，JPEG，PNG，BMP，PICT等。

1. 导出影片

将动画作为影片或序列导出，操作步骤如下。

（1）"选择文件＞"导出"＞"导出影片"命令，出现导出影片对话框，如图7-81所示。

图7-81 "导出影片"对话框

（2）为导出的电影命名，选择文件的保存路径和保存类型，例如Flash影片（*.swf）、windows AVI(*.avi)、QuickTime(*.mov)、GIF动画（*.gif）。

（3）单击"保存"按钮即可。

2．导出图像

将动画的单个帧作为图像导出，操作步骤如下。

（1）选择"文件"＞"导出"＞"导出图像"命令，出现导出图像对话框，如图7-81所示。

（2）为导出的图像命名，选择图像的保存路径和保存类型后，单击"保存"按钮，弹出"导出JPEG"对话框，如图7-82所示。

图7-82 "导出JPEG"对话框

（3）在导出设置对话框中进行调整，设置完毕，单击"确定"按钮。

四、Flash作品的发布

使用"导出"功能，只能导出静态图像和普通影片，若要导出动态图像或网页文档，就需要使用"发布"命令了。为了让更多人欣赏自己的作品，可对作品进行发布。下面先来学习如何设置发布格式。发布Flash文档的过程分为两步。

第一步：选择发布文件格式，并用"发布设置"命令选择文件格式设置。

第二步：用"发布"命令发布Flash文档。

下面来学习Flash影片的发布设置。

（1）选择"文件"＞"发布设置"，出现如图7-83所示的对话框。

（2）在"格式"选项卡中选取要创建的文件格式。

（3）用户可以为文件输入名称，如果不输入名称，系统会为该电影文件自动设置一个默

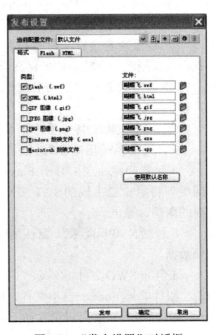

图7-83 "发布设置"对话框

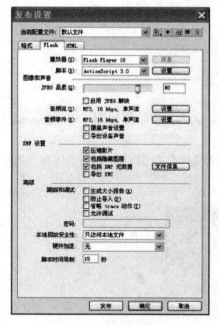

图7-84　Flash选项卡

认的名称。所有的文件名都将使用Flash文件的原始文件名，并在该文件名的后面加上各自的扩展名。

（4）在发布设置对话框中单击Flash标签，打开Flash选项卡，如图7-84所示。

（5）使用Flash选项卡用户可以改变以下设置。

① 播放器：选择播放器版本。

② 脚本：选择ActionScript版本。如果选择ActionScript 2.0 或 3.0 并创建了类，则单击"设置"来设置类文件的相对类路径，该路径与在"首选参数"中设置的默认目录的路径不同。

③ JPEG 品质：控制位图压缩。图像品质越低，生成的文件就越小；图像品质越高，生成的文件就越大。

④ 启用JPEG解块：使高度压缩的JPEG图像显得更加平滑。此选项可减少由于JPEG压缩导致的典型失真，选中此选项后，一些JPEG图像可能会丢失少量细节。

⑤ 音频流和音频事件：为SWF文件中的所有声音流或事件声音设置采样率和压缩。

⑥ 覆盖声音设置：覆盖在属性检查器的"声音"部分中为个别声音指定的设置。若要创建一个较小的低保真版本的SWF文件，请选择此选项。

⑦ 导出设备声音：导出适合于设备（包括移动设备）的声音而不是原始库声音。

⑧ SWF 设置：具体项目如下。

a. 压缩影片：压缩SWF文件以减小文件大小和缩短下载时间。

b. 包括隐藏图层：导出 Flash 文档中所有隐藏的图层。取消选择"导出隐藏的图层"将阻止把生成的SWF文件中标记为隐藏的所有图层（包括嵌套在影片剪辑内的图层）导出。

c. 包括XMP元数据：默认情况下，将在"文件信息"对话框中导出输入的所有元数据。

d. 导出SWC文件：".swc"文件用于分发组件。".swc"文件包含一个编译剪辑、组件的ActionScript类文件，以及描述组件的其他文件。

⑨ 高级：一些高级设置如下。

a. 生成大小报告：生成一个报告，按文件列出最终Flash内容中的数据量。

b.防止导入：防止其他人导入SWF文件并将其转换回FLA文档。可使用密码来保护SWF文件。

c.省略Trace动作：使Flash忽略当前SWF文件中的ActionScript trace语句。如果选择此选项，trace语句的信息将不会显示在"输出"面板中。

d.允许调试：激活调试器并允许远程调试SWF文件。可让您使用密码来保护SWF文件。

e.密码：如果使用的是ActionScript 2.0，并且选择了"允许调试"或"防止导入"，则在"密码"文本字段中输入密码。如果添加了密码，则其他用户必须输入该密码才能调试或导入SWF文件。若要删除密码，请清除"密码"文本字段。

f.本地回放安全性：选择要使用的Flash安全模型。指定是授予已发布的SWF文件本地安全性访问权，还是网络安全性访问权。"只访问本地"可使已发布的SWF文件与本地系统上的文件和资源交互，但不能与网络上的文件和资源交互。"只访问网络"可使已发布的SWF文件与网络上的文件和资源交互，但不能与本地系统上的文件和资源交互。

g.硬件加速：使SWF文件能够使用硬件加速，包括以下选项：第1级——直接，"直接"模式通过允许Flash Player在屏幕上直接绘制，而不是让浏览器进行绘制，从而改善播放性能；第2级——GPU在"GPU"模式中，Flash Player利用图形卡的可用计算能力执行视频播放并对图层化图形进行复合。

h.脚本时间限制：设置脚本在SWF文件中执行时可占用的最大时间量，在"脚本时间限制"中输入一个数值。

（6）选择"HTML"选项卡，如图7-85所示，使用HTML选项卡用户可以改变以下设置。

① 模板：通过"模板"下拉列表选择需要的模板。

② 尺寸：设置动画的宽度和高度。

a.匹配影片：使用SWF文件的大小。

b.像素：输入宽度和高度的像素数量。

c.百分比：指定SWF文件所占浏览器窗口的百分比。

③ 回放：控制SWF文件的回放和功能。

a.开始时暂停：会一直暂停播放SWF文件，直到用户单击按钮或从快捷菜单中选择"播放"后才开始播放。

b.显示菜单：用户右键单击或按住［Ctrl］键并单击SWF文件时，会显示一个快捷菜单。

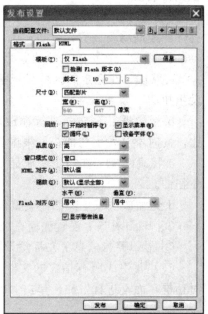

图7-85　HTML选项卡

c. 循环：使动画反复循环播放。

d. 设备字体：会用消除锯齿（边缘平滑）的系统字体替换用户系统上未安装的字体。

④ 品质：在处理时间和外观之间确定一个平衡点。

a. 低：使回放速度优先于外观，并且不使用消除锯齿功能。

b. 自动降低：优先考虑速度，但是也会尽可能改善外观。

c. 自动升高：在开始时是回放速度和外观两者并重，但在必要时会牺牲外观来保证回放速度。

d. 中：应用一些消除锯齿功能，但并不会平滑位图。

e. 高：使外观优先于回放速度，并始终使用消除锯齿功能。

f. 最佳：提供最佳的显示品质，而不考虑回放速度。所有的输出都已消除锯齿，而且始终对位图进行光滑处理。

⑤ 窗口模式：窗口模式修改内容边框或虚拟窗口与HTML页中内容的关系。

a. 窗口：内容的背景不透明并使用HTML背景颜色。

b. 不透明无窗口：将Flash内容的背景设置为不透明，并遮蔽该内容下面的所有内容。

c. 透明无窗口：将Flash内容的背景设置为透明。

⑥ HTML对齐：在浏览器窗口中定位SWF文件。

a. 默认：使内容在浏览器窗口内居中显示，如果浏览器窗口小于应用程序，则会裁剪边缘。

b. 左对齐、右对齐、上对齐或底对齐：将SWF文件与浏览器窗口的相应边缘对齐，并根据需要裁剪其余的三边。

⑦ 缩放：在更改文档的原始宽度和高度的情况下将内容放到指定的边界内。

a. 默认：在指定的区域显示整个文档，并且保持SWF文件的原始高宽比，而不发生扭曲。

b. 无边框：对文档进行缩放以填充指定的区域，并保持SWF文件的原始高宽比，同时不会发生扭曲，并根据需要裁剪SWF文件边缘。

c. 精确匹配：在指定区域显示整个文档，但不保持原始高宽比，因此可能会发生扭曲。

d. 无缩放：禁止文档在调整Flash Player窗口大小时进行缩放。

⑧ Flash对齐：设置如何在应用程序窗口内放置内容以及如何裁剪内容。

⑨ 显示警告信息：在标签设置发生冲突时显示错误消息。

(7) 要生成所有指定的文件，单击"发布"；要在FLA文件中保存设置并关闭对话框，而不进行发布，单击"确定"。

小结

本章以介绍Flash的基本操作、基本知识为主,从理论与实践相结合的角度入手,系统地介绍了Flash的各项功能和用法。通过对本章的学习,能熟练掌握Flash的基本设置和各项工具的使用方法,制作出优美的动画效果。

习题

1. 绘制圆形或矩形时,如何设置它们的边框色和填充色?
2. 如何编辑声音文件?
3. Flash中包含哪些元件?各个元件分别有什么特点?
4. 请使用本章所学内容,制作一个网页Banner,要求使用到遮罩技术。

制作篇

第八章
网页制作工具软件——Dreamweaver

网站作为新媒体，具有很多与传统媒体不同的特征与特性，在开始制作网页之前，需要对网站的设计有全面的了解和认识。由于互联网具备同时传送文字、动画、图形、声音等多媒体的能力，其已成为当今最流行的媒体。而形式各异、内容繁杂的网页是这些信息的载体。那么，什么是网页？什么是网站？网页与网站究竟有哪些异同？网页包含哪些基本构成要素？

网页就是包含了文字、图片、动画、声音等内容的可以在网上传输的界面。网页可以用来共享信息、宣传自己、服务用户等。

网站（Web Site）是各种各样网页的集合，有的网站内容众多，如新浪、搜狐等门户网站；有的网站只有几个页面，如个人网站。

主页、网站中的众多网页通过超（级）链接的方式集合起来的，当我们打开网站时展现在我们眼前的第一个网页通常被叫做主页，命名为"index"索引（目录）的意思，在其上面通过超（级）链接可以打开网站上的其他页面。

超链接是指从一个网页指向一个目标的连接关系，这个目标可以是另一个网页，也可以是相同网页上的不同位置，还可以是一个图片，一个电子邮件地址，一个文件，甚至是一个应用程序。而在一个网页中用来超链接的对象，可以是一段文本或者是一个图片。当浏览者单击已经链接的文字或图片后，链接目标将显示在浏览器上，并且根据目标的类型来打开或运行。

虽然网页种类繁多，形式内容各有不同。但网页的基本构成要素大体相同，包括标题、导航、文本、图片、动画、超链接、表单、音视频等。网页设计就是要将上述构成要素有机整合，表现出美与和谐。

目前，比较流行的网页制作软件有Adobe公司的Dreamweaver，下面将具体介绍这种软件的使用方法。

第一节　Dreamweaver基础

一、Dreamweaver基本界面讲解

Dreamweaver的工作界面主要由菜单栏、文档工具栏、编辑区、状态栏、属性检查器、面板组等部分组成，而插入栏则整合在面板组中，如图8-1所示。

（1）菜单栏主要包括"文件"、"编辑"、"查看"、"插入"、"修改"、"格式"、

第八章 网页制作工具软件——Dreamweaver

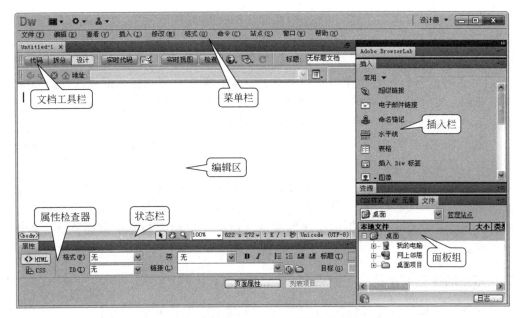

图 8-1　Dreamweaver 的工作界面

"命令"、"站点"、"窗口"、"帮助"等菜单。单击菜单栏中的命令，在弹出的下拉菜单中选择要执行的命令。

（2）插入栏在右部面板组中，按以下的类别进行组织。

① "常用"类别可以创建和插入最常用的对象，例如图像和 Flash 等。

② "布局"类别主要用于网页布局，可以插入表格、div 标签、层和框架。

③ "表单"类别包含用于创建表单和插入表单元素的按钮。

④ "数据"类别可以插入 Spry 数据对象和其他动态元素，例如记录集、重复区域、显示区域以及插入记录和更新记录等。

⑤ "Spry"类别包含一些用于构建 Spry 页面的按钮，例如 Spry 文本域、Spry 菜单栏等。

⑥ "文本"类别可以插入各种文本格式设置标签和列表格式设置标签。

⑦ "收藏夹"类别可以将"插入"栏中最常用的按钮分组和组织到某一常用位置。

（3）文档工具栏中包含一些按钮可以在文档的不同视图间快速切换，例如"代码"视图、"设计"视图、同时显示"代码"和"设计"视图的拆分视图。文档工具栏中还包含一些与查看文档、在本地和远程站点间传输文档有关的常用命令和选项，如"在浏览器中预览/调试"、"文件管理"、"验证标记"、"检查浏览器兼容性"等。

（4）状态栏提供与您正创建的文档有关的其他信息。其中"标签选择器"显示环绕当前选定内容的标签的层次结构。单击该层次结构中的任何标签以选择该标签及其全部内容。比如，单击＜body＞可以选择文档的整个正文。"缩放工具"可以设置当前页面的缩放比率。"窗口大小"用来将"文档"窗口的大小调整到预定义或自定义的尺寸。状态栏最右侧显示当前页面的文档大小和估计下载时间。

（5）Dreamweaver将各种工具面板集成到面板组中，包括插入面板、行为面板、框架面板、文件面板、CSS样式面板、历史面板等。用户可以根据自己的需要，单击菜单栏"窗口"命令，在下拉菜单中选择隐藏和显示的面板。

（6）编辑区则是中间大面积的空白区域，所有的页面框架设计、图片添加和文字修改工作都将在编辑区中完成。

（7）属性检查器，用户可以利用其检查和编辑当前选定页面中元素的常用属性，例如，选择页面上的一个图像，属性检查器可以更改图像的路径、宽高和边框等。属性检查器一般位于工作区的底部，但也可以根据自己的需要停靠在页面的顶端。

二、站点的管理和维护

站点是一系列文档的组合，这些文档之间通过各种链接联系起来，拥有相似的属性。如描述相关的主题、采用相似的设计或实现相同的目的等，但也可能只是毫无意义的链接。

1. 创建站点

（1）选择"站点＞新建站点"命令，弹出"新建站点"对话框，选择"站点"选项卡，如图8-2所示。

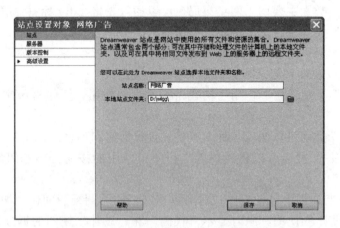

图8-2　新建站点对话框

（2）在弹出的"站点"选项卡中，要求为站点输入名称"网络广告"，在"本地站点文件夹"的位置通过"浏览"按钮，选择站点根目录文件夹D:\wlgg\，如图8-2所示。

（3）如果要使用服务器技术，选择"服务器"选项卡。如果此时还没确定，则不需填写。

（4）单击"保存"按钮，系统将站点根目录下的文件扫描一遍，并建立缓冲区。

2．管理站点

建立站点之后，在"文件"面板组中的"文件"面板，里面是类似于资源管理器的文件目录结构，如图8-3所示。拉开左上角的下拉菜单，可以看到所有的站点标题名称，然后选择当前要编辑的站点名称。站点建立之后，Dreamweaver就可以对其实施各种管理。

执行"站点＞管理站点"命令，弹出"管理站点"对话框，如图8-4所示。利用这个对话框可以新建站点，也可以选中一个已有的站点，进行编辑、复制、删除操作。此外，还可以导入、导出站点。

图8-3　站点文件目录结构　　　　图8-4　"管理站点"对话窗口

3．发布及维护

网站文件进行整体检查和整理后，系统经过完整性测试后，就可以借助Dreamweaver实现对整个网站的发布操作。

（1）选择"站点＞管理站点"命令，弹出"管理站点"对话框，如图8-4所示。

（2）单击"编辑"按钮，在"站点设置对象"这一步中选择"服务器"选项卡，如图8-5所示。单击"添加新服务器"按钮，弹出服务器设置对话框，如图8-6所示。

图8-5　站点设置对象　　　　　　图8-6　服务器设置

在"基本"选项卡中中选择以FTP方式连接到测试服务器,并设置相应的FTP信息,包括Web服务器的主机名或FTP地址、用户名、密码等;然后选择"高级"选项卡,选择"测试服务器"。

(3)单击"保存"按钮,结束远程站点的完整设置。这样就可以直接对网站内容进行发布了。

三、创建网页

站点目录结构规划好了,站点也定义好了,就可以创建网页了。

1. 页面准备工作

(1)选择"文件>新建"命令,弹出如图8-7所示的"新建文档"对话框。

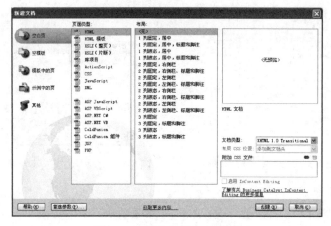

图8-7 "新建文档"对话框

(2)选择"空白页>HTML",单击"创建"按钮,创建一个空白网页,如图8-8所示,默认的名称为untitled-1。

图8-8 "设计"视图

提示：还可以使用站点管理窗口创建新网页。

（3）选择"文件＞保存"命令，弹出"另存为"对话框，将名称改为 index.htm，作为网站的首页。

2．设置页面标题

页面标题出现在浏览器的标题栏中，可以帮助用户确认当前浏览的内容。在如图 8-8 所示的"标题"文本框中，把默认的"无标题文档"改为"传奇网络传媒工作室"，作为本网页的标题，如图 8-9 所示。

图 8-9　网页标题

3．设置页面属性

选择"修改＞页面属性"命令（也可以单击"属性"面板上的"页面属性"按钮），弹出"页面属性"对话框，如图 8-10 所示。在该对话框中可以设置关于整个网页文档的一些信息，其中"外观"类别用来设置页面的一些基本属性。

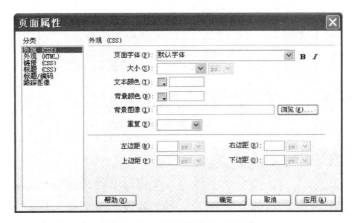

图 8-10　"页面属性"对话框

四、创建基本文字页面

文字是基本的信息载体，是网页中的基本元素。在浏览网页时，是获取信息最直接、最直观的方式。插入文本非常方便，主要用以下两种方法。

（1）直接在设计视图下的文档窗口中输入文本。

（2）从其他应用程序或窗口复制文本，粘贴到文档中。

插入文本非常简单，但是把文本编排好还需要格式化文本。格式化文本主要有两种方法：一种是使用文本的"属性"面板；另一种就是使用样式表。

在 Dreamweaver 中，可以单独设置文本的属性，也可以设置段落属性，所有这

些属性都可以在"属性"面板中进行,如图8-11所示。

图8-11 文本"属性"面板

在"属性"面板的"HTML"可选项卡中可以设置的文本属性有格式、粗体、斜体、编号列表、项目列表、文本缩进、文本突出等,设置方法同普通文字编辑软件。

如果要设置文本的其他属性,在"属性"面板中选择"页面属性"按钮,打开页面属性对话框,如图8-12所示。

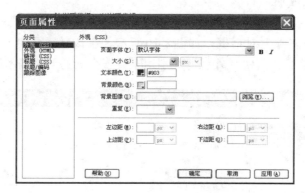

图8-12 "页面属性"对话框

五、插入特殊字符

在网页中,设计人员还经常需要插入一些特殊字符,如版权符号、产品的注册符号等。插入特殊字符的具体步骤是:把光标定位到要插入特殊字符的位置;在"插入"面板中打开"文本"选项卡;在"字符"下拉列表中选择要输入的字符。

除此之外,在"插入"面板中打开"常用"选项卡,还可以插入"水平线"、"日期"等其他元素。

第二节 网页中的多媒体对象

一、插入图像

1. 插入图像

网页中,常用的图片格式包括GIF,JPG,PNG。用户可以在文本段落中、表格内、表单和层中插入图片。而插入的图像可以是本地磁盘中的图片，也可以是网络图片。

可以通过"插入＞图像"菜单命令插入图像，也可以使用"插入栏"上的图像按钮插入图像。如果选择的图片文件不在站点内，系统就会提示是否将图像复制到站点内。这时，需要单击"是"按钮；否则，网页上传服务器后，图像将不会显示。

插入图像后，再单击图片，打开"属性"面板，如图8-13所示。在该面板中，可以对图片的各项属性进行设置。设置操作如下所示。

图8-13　图像"属性"面板

（1）在属性面板的左上角，显示当前图像的缩略图，同时显示图像的大小。在缩略图右侧有一个文本框，在其中可以输入图像标记的名称。由于该名称用于客户端脚本编程，所以尽量使用英文名称。

（2）在【宽】文本框中输入图片显示的宽度。在【高】文本框中输入图片的显示高度。

（3）【源文件】文本框中显示该图片的路径。单击"浏览文件"按钮可以在弹出的"选择图像源文件"对话框中选择图像文件。

（4）【链接】文本框通常用来设置图片的超级链接。

（5）【替代】文本框用来设置图像的替代文本，可以输入一段文字，当图像无法显示时，将显示这段文字。

（6）【对齐】下拉列表框时设置图像与文本的相互对齐方式，共有10个选项。

（7）【低解析度源】指定在图像下载完成之前显示的低质量图像。

（8）【水平边距】和【垂直边距】文本框用来设置图像左右和上下与其他页面元素的距离。

（9）【边框】文本框时用来设置图像边框的宽度，默认的边框宽度为0。

2．插入其他图像元素

在我们单击常用插入菜单创建"图像"时，可以看到，"插入"菜单中还有"图像对象"命令，选择此命令后在弹出的级联菜单里有"图像占位符"、"鼠标经过图像"、"导航条"三个命令。

插入图像占位符，在我们布局页面时，如果要在网页中插入一张图片，可以先不制作图片，而是使用占位符来代替图片位置。单击"插入＞图像"级联菜单中的

"图像占位符",打开"图像占位符"对话框。按设计需要设置图片的宽度和高度,输入待插入图像的名称即可。

鼠标经过图像,鼠标经过图像实际上由两个图像组成,即主图像(当首次载入页时显示的图像)和次图像(当鼠标指针移过主图像时显示的图像)。这两张图片要大小相等,如果不相等,DW自动调整次图片的大小跟主图像大小一致。

二、插入 Flash 动画

Flash 也是 Adobe 力推的网页动画标准。所以,Flash 在 Dreamweaver 中,得到很好的支持,设计者可以直接在网页中插入 Flash 动画。插入 Flash 影片的步骤如下所示。

(1)首先将当前网页存盘(插入 SWF 文件只能在保存过的网页中进行)。

(2)移动光标到需要插入 Flash 影片的地方,单击"插入>媒体>SWF"命令,在弹出的"选择文件"话框中选择要插入的 Flash 动画。

(3)单击"确定"按钮,将 Flash 影片插入到网页中。

(4)保存网页,在浏览器中预览,查看 Flash 效果。如果不符合要求,可以在【属性】面板中重新设置,如图 8-14 所示。相关参数说明如下。

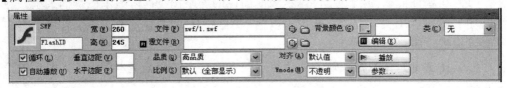

图 8-14 文本"属性"面板

①【名称】:指定 SWF 动画的名称。该名称用来进行脚本调用。

②【宽】、【高】文本框:指定影片的宽度和高度,以像素为单位。

③【文件】文本框:指定 SWF 文件的路径。

④【编辑】按钮:单击该按钮,启动 Flash 用以更新 .fla 文件;如果计算机上没有安装 Flash,此按钮将被禁用。

⑤【循环】复选框:选择该选项,影片将连续播放;如果没有选中该选项,影片只播放一次。

⑥【自动播放】复选框:选择该选项,在加载页面时,自动播放影片。

⑦【垂直边距】和【水平边距】文本框:指定影片上、下、左、右间距,单位为像素。

⑧【品质】下拉列表:该选项用以设置 Flash 动画播放的质量。

⑨【比例】下拉列表:该选项设置影片如何在宽度和高度文本框中设置适合的尺寸。"默认"选项设置显示整个影片;"无边框"选项设置影片适合设定的尺寸;"严格匹配"选项设置影片进行缩放以适合设定的尺寸。

⑩【对齐】下拉列表:该选项设置影片在页面上的对齐方式。

⑪【背景颜色】选项:设置影片区域的背景颜色。

第八章 网页制作工具软件——Dreamweaver

⑫【参数】按钮：单击该按钮，打开【参数】对话框。在该对话框中，可以输入影片的参数值。

三、插入其他视频或音频文件

除Flash格式的音频和视频文件外，网页中还经常使用一些其他格式的多媒体文件，如WMV的视频文件、WAV的音频文件等。

1. 插入ActiveX控件

ActiveX控件是用来增强软件的功能和提高代码的复用性。ActiveX控件技术插入网页后，提供了不受浏览器限制的交互能力。在网页中插入ActiveX控件的步骤如下。

（1）单击网页空白处。

（2）选择"插入＞媒体.＞ActiveX"命令，在编辑窗口中插入一个ActiveX控件。

（3）选中ActiveX控件，然后在属性面板中设置ActiveX控件属性，如图8-15所示。

图8-15　ActiveX属性面板

ActiveX属性面板中各参数说明如下。

①【ActiveX名称】文本框：设置ActiveX控件的名称，以便在脚本中能够引用。

②【宽】和【高】文本框：设置ActiveX控件的宽度和高度，默认以像素为单位。

③【ClassID】下拉列表：为浏览器识别ActiveX控件，可输入或选择一个值。在加载页面时，浏览器使用该类ID来确定与该页面相关联的ActiveX控件所需的ActiveX控件的位置。如果浏览器没有找到指定的ActiveX控件，它将尝试从【基址】指定的位置中下载。如果选择【ClassID】下拉列表中的【Shockwave for Director 6】，则ActiveX属性面板将变成Shockwave属性面板，可直接对Shockwave电影的属性进行设置。如果选择【ClassID】下拉列表中的【Shockwave for Flash】，则ActiveX属性面板变成Flash属性面板，可直接对Flash动画的属性进行设置。

④【对齐】下拉列表：设置ActiveX控件和页面的对齐方式。

⑤【嵌入】复选框：选中该复选框，则把ActiveX控件同时设置成插件，可被Netscape Communicator浏览器所支持。Dreamweaver把用户给ActiveX控件属性输入的值同时分配给等效的Netscape Communicator插件。

⑥【源文件】文本框：设置用于插件的数据文件，如果没有设置，则

211

Dreamweaver 将根据已输入的 ActiveX 属性确定该值。

⑦【垂直边距】和【水平边距】文本框：设置 ActiveX 控件的上、下、左、右与其他元素的距离。

⑧【基址】文本框：设置 ActiveX 控件的地址。如果浏览者的系统中未安装 ActiveX 控件，则浏览器从这个地址下载它。如果没有设置【基址】文本框，则浏览者未安装相应的 ActiveX 控件，浏览器无法显示 ActiveX 对象。

⑨【ID】文本框：设置 ActiveX 控件的编号。

⑩【数据】文本框：ActiveX 控件指定数据文件，很多类 ActiveX 控件不需要设置数据文件。

⑪【替代图像】文本框：设置 ActiveX 控件的替代图像，当 ActiveX 控件无法显示时，将显示这个替代图像。

⑫【播放】按钮：单击该按钮可在 Dreamweaver 编辑窗口预览这个 ActiveX 控件效果，同时【播放】按钮变成【停止】按钮，单击【停止】按钮，则停止 ActiveX 控件的预览。

⑬【参数】按钮：单击该按钮可打开【参数】对话框，设置参数以对 ActiveX 控件进行初始化。

2. 插入背景音乐

在实际中，使用背景音乐和使用背景图片一样，可以表达网页特定的主题。可以作为背景音乐的声音文件格式有：MID、WAV 和 MP3 等。插入背景音乐的操作如下所示。

（1）单击网页空白处。

（2）单击"插入＞媒体＞插件"命令，打开"选择文件"对话框。

（3）选择一个音乐文件，单击"确定"按钮，网页中将显示一个插件图标。

（4）选中该图标，在属性面板中设置属性值。

（5）单击"播放"按钮，可以试听一下音乐效果。

（6）单击"参数"按钮，打开"参数"对话框，如图 8-16 所示。

（7）单击加号按钮，在可编辑文本域中输入文字"hidden"，在后面的可编辑文本域中输入"true"，如图 8-17 所示，隐藏图表。

（8）单击加号按钮，在可编辑文本域中输入文字"loop"，在后面的可编辑文

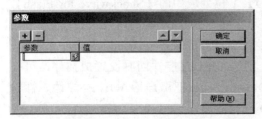

图 8-16 "参数"对话框图

图 8-17 添加隐藏参数

本域中输入"true",如图.8-18所示,使背景音乐循环播放。

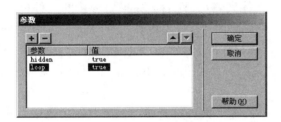

图8-18　添加循环播放参数

第三节　超级链接的建立

超级链接是互联网的核心技术。通过超级链接,网页之间可以建立连接。用户可以通过超级链接访问各种资源。按照形式,超级链接可以分为外部链接、锚点链接、电子邮件链接、热区链接、空链接和脚本链接等几种。本章依次讲解这几种链接的使用。

一、路径

Dreamweaver识别3种类别的路径:绝对路径、根相对路径以及文档相对路径。

1. 绝对路径

绝对路径是互联网上资源的完整地址。一个完整的地址应该包括3部分:协议种类、放有所需文件的计算机地址(计算机域名)、具体文件的路径及文件名。其格式为:

协议://计算机域名/文件路径及文件名

例如:

http://www.macromedia.com/support/dreamweaver/contents.html

用户必须使用绝对路径来链接其他服务器上的文档,也就是说,创建对站点以外的链接必须用绝对路径。

2. 根相对路径

根相对路径是指,从站点根文件夹到文档所经过的路程,以斜杠"/"开始,如/html/*.htm。如果工作于一个使用数台服务器的大型网站或者一台同时作为数个不同站点主机的服务器,那么可能需要使用根相对路径。

浏览器不能像服务器那样识别站点根目录,故与根目录相对的路径必须放在远程服务器上才能浏览。

3. 文档相对路径

文档相对路径是指相对于当前文档的路径。如果要链接的文件与当前文档处在同一文件夹中,只需输入文件名;如果要链接的文件位于当前文档所在文件夹的子文件夹中,格式为:文件夹名/文件名。如果要链接的文件位于当前文档所在的文件夹的父文件夹中,路径前加"../"(其中".."表示"文件夹分层机构中的上一级文件夹")。例如:index.htm 指的是当前文件夹内的文档;../index.htm 指的是当前文件夹上级目录中的文档;flash/index.htm 指的是当前文件夹下的 flash 文件夹中的文档。

相对地址本身并不能唯一地定位资源,但浏览器会根据当前网页的位置正确地理解相对地址。使用相对地址的好处是:当将站点上传到服务器时,只要保持站点内各资源的相对位置不变,就可以确保上传后各网页之间的超链接正常工作。所以,在编写网页时,应该使用文档相对路径。

二、外部链接

外部链接指链接到本文档之外的文档,包括站内和站外的网页,这是超级链接最基本的方式。步骤如下。

(1)选中添加超级链接的文本或图片,如图8-19所示。

图8-19 选中文本

(2)在"属性"面板的"链接"框中填入超链接的外部文档地址,如图8-20所示。或者单击"链接"框右侧的"浏览"按钮,在弹出的"选择文件"对话框中,选择一个文件作为超级链接目标,如图8-21所示。也可以单击"链接"框右侧的"指向文件"按钮,按住鼠标左键不放,指向超级链接目标,然后松开鼠标,链接即被建立,如图8-22所示。

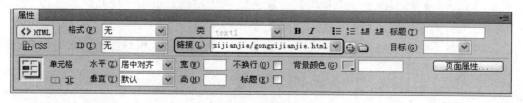

图8-20 链接地址

图8-21 "选择文件"对话框

图8-22 "指向文件"按钮

（3）在"目标"下拉列表框中设置超链接的目标窗口。主要有4个选项：_blank，将链接的文件载入到新的无标题浏览器窗口中；_parent，将链接的文件载入到父框架，若该框架非嵌入式框架，则链接到整个浏览器窗口；_self（默认值），将链接的文件载入到自身框架或自身窗口中；_top，将链接的文件载入到整个浏览器窗口中，并删除所有框架。

三、锚点链接

当网页内容较多时，通常在页面开始处列出大纲标题，在下面书写具体内容。当用户单击上端内容列表中感兴趣的某一标题项时，网页会自动跳转到该标题项的具体内容位置。之所以能自动跳转到特定的位置，是因为网页设计者在这里做了一个标记，即锚点。有时需要链接到外部文档，但不链接到它的首行，而需要链接到离首行较远的特定位置，那么也需要在那里建立一个书签。书签链接地址的书写是书签名前加西文"#"号。

（1）打开网页，将光标置于文字"一、总则"前面，这就是锚点要插入的位置，如图8-23所示。

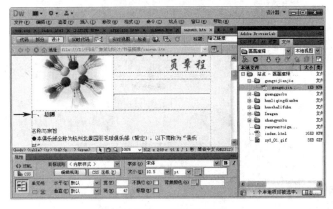

图8-23 锚点位置

（2）选择"插入>命名锚点"命令，弹出如图8-24所示的"命名锚点"对话框。在对话框的"锚点名称"文本框中输入"zongze"，给锚点命名为"zongze"（锚点名称只能用字母或数字，且要以字母开始）。

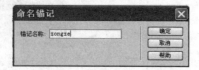

图8-24 "命名锚点"对话框

（3）单击"确定"按钮，即可插入锚点，如图8-25所示。

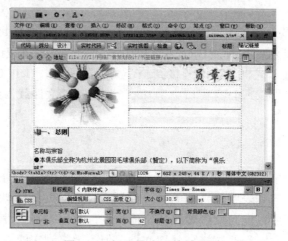

图8-25 插入锚点后的效果图

（4）在网页中找到要链接到该位置的文字，选中文字，在"属性"面板中的"链接"文本框中输入"#zongze"，即可创建锚点链接，如图8-26所示。

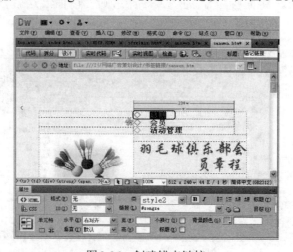

图8-26 创建锚点链接

四、电子邮件链接

电子邮件正日益成为人们的重要沟通手段。因此，在网页中设置电子邮件链接已经变得非常普遍。创建电子邮件的操作步骤如下。

（1）选择文档中要创建电子邮件链接的文本或图片。

（2）单击"插入＞电子邮件链接"，弹出如图8-27所示的窗口。在"电子邮件"框中填入电子邮件地址即可。

图8-27 电子邮件链接

注意：使用邮件收发程序发送邮件，需要预先配置收发程序；否则，用户无法正确发送邮件。现在很多用户不使用这类程序，所以电子邮件地址链接的应用有所局限。

五、热区链接

同一个图像的不同部分可以链接到不同的文档，这就是热区链接。要使图像的特定部分成为超级链接，就要在图像中设定"热区"，然后再创建链接。这样，当鼠标指针移动到图片热区的时候会变成手的形状，当按下鼠标的时候，页面可以跳转或者打开设定的链接地址。

创建热区链接的具体操作步骤如下。

（1）选择图像，并在"属性"面板中选择"矩形热点工具"，将鼠标指针拖动至图像上要创建热区的部分，创建一个矩形热区，如图8-28所示。

（2）当绘制完矩形热点区域后，图像属性面板将变成热点属性面板。在链接栏处选择热点区域所要链接的目标网页，在"替代"框中填入相关的提示说明，并使链接的网页在新窗口中打开。

（3）绘制其他热点区域。使用属性面板中的另外两个热点工具"椭圆形热点"工具和"多边形热点"工具同样可以在地图上绘制热点并设置相关的热点属性，其使用方法和"矩形热点"工具相同。大家可利用这3个热点工具在地图上继续绘制其他热点区域并设置链接，最终效果如图8-29所示。

注：热区绘制完之后，可以使用指针热点工具对热区移动及编辑。

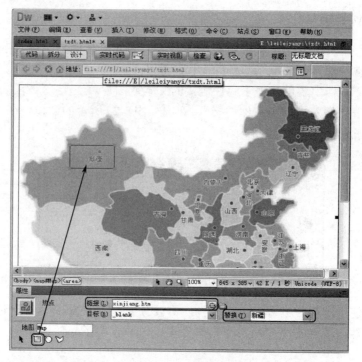

图 8-28　设置图像热区图

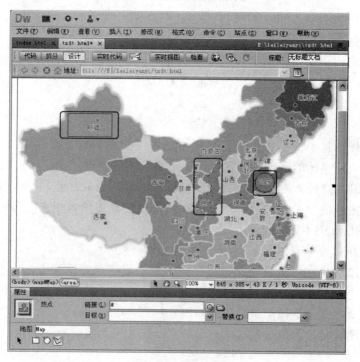

图 8-29　绘制热区

六、空链接

空链接是一个未指向链接目标的链接。空链接的目标 URL 使用"#"表示。在制作链接时，只要"属性"面板的"链接"文本框中输入"#"标记。空链接主要有以下几种。

（1）去掉 href 属性，通过 JavaScript 的 onclick 事件执行操作，并且把 style 设为"cursor:hand"。

（2）href＝"#"，页面跳到页面的顶部。

（3）href＝"#temp"，任意设置一个页面上没有的锚点，页面就不动。

七、脚本链接

脚本链接就是一段 JavaScript 代码。当单击该链接，将执行该段 JavaScript 代码。由于用户可以手动编写代码，所以可以灵活实现各种功能。下面演示一个脚本链接插入方式。

（1）新建一个空白网页，输入文字"执行脚本"。

（2）选中该文字，然后在下方的属性面板【链接】文本框中输入如下代码：javascript:alert('这是一段脚本程序')。

（3）保存网页，在浏览器中预览。单击链接文字"执行脚本"，系统会弹出对话框，如图 8-30 所示。

图 8-30　系统对话框

八、指向下载文件的链接

如果链接的目标文件不是 HTML 文件，则该文件将作为下载文件。单击热点文字，将弹出如图 8-31 所示的对话框，再根据需要单击"保存"按钮，即可将文件下载到指定位置，当然也可以用下载工具软件下载。

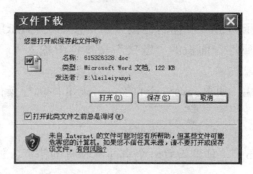

图 8-31 "文件下载"对话框

第四节 表　格

表格是网页设计的一个重要组成部分。它不仅用于显示表格数据，还可以用于网页排版。使用表格排版可以精确排版和定位。表格通常由单元行和单元格构成。

一、插入表格

在 Dreamweaver 中使用表格，首先需要插入一个表格。插入表格后，才能对表格中行、列和单元格进行操作。在插入表格的时候，需要指定表格的行数、列数、宽度、边框宽度、单元格间距和边距等属性，插入表格操作如下。

（1）单击"插入>表格"命令，弹出"表格"对话框，如图 8-32 所示。

（2）在"表格"对话框中，输入表格参数，其中，"表格宽度"文本框中输入 500，并在后面的下拉列表框中选择"像素"。其他参数设置如图 8-32 所示。

（3）单击"确定"按钮，关闭当前对话框，即可看见网页编辑区中已经插入了一个表格，如图 8-33 所示。

图 8-32 "表格"对话框

第八章 网页制作工具软件——Dreamweaver

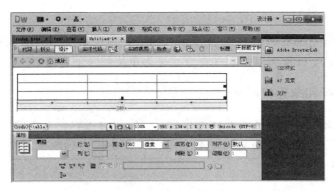

图8-33 插入表格

二、设置表格属性

当选取了整个表格后，编辑区下方的属性检视面板会显示表格的属性，如图8-34所示。

图8-34 "表格属性"面板

表格"属性"面板参数说明如下。

（1）【表格】下拉列表框：指定表格的ID。

（2）【行】和【列】文本框：指定表格中行和列的数目。

（3）【宽】文本框：指以像素为单位或按占浏览器窗口宽度的百分比计算的表格宽度。

（4）【填充】文本框：单元格内容和单元格边框之间的像素数。

（5）【间距】文本框：指相邻的表格单元格之间的像素数。如果没有明确指定单元格间距和单元格边距的值，大多数浏览器都按单元格边距设置为1，单元格间距设置为2来显示表格；如果不想显示表格中的边距和间距，请将"单元格边距"和"单元格间距"设置为0。

（6）【对齐】下拉列表框：确定表格相对于同一段落中其他元素（例如文本或图像）的显示位置。

（7）【边框】文本框：指定表格边框的宽度（以像素为单位）。如果没有明确指定边框的值，则大多数浏览器按边框设置为1显示表格。若要确保显示的表格没有边框，请将"边框"设置为0。若要在边框设置为0时查看单元格和表格边框，请选择【查看】|【可视化助理】|【表格边框】菜单项。

（8）清除列宽按钮 和清除行高按钮 ：指按钮从表格中删除所有明确指定的

221

行高或列宽。

（9）将表格宽度转换成像素 按钮和将表格宽度转换成百分比按钮 ：指将表格中每列的宽度设置为以像素（百分比）为单位的当前宽度。

三、设置列、行和单元格属性

设置表格属性是对表格的整体进行设置。用户也可以但对表格中一列、一行或者一个单元格进行设置。设置方法如下所示。在表格中选取单元格。打开【属性】面板，如图8-35所示。

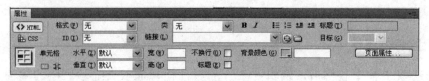

图8-35 "单元格属性"面板

单元格属性面板参数说明如下。
（1）水平：指定单元格、行或列内容的水平对齐方式。
（2）垂直：指定单元格、行或列内容的垂直对齐方式。
（3）宽和高：以像素为单位或按占整个表格宽度或高度百分比计算的所选单元格的宽度和高度。
（4）背景颜色：使用颜色选择器选择的单元格、列或行的背景颜色。
（5）合并单元格按钮可以将所选的单元格、行或列合并为1个单元格。
（6）拆分单元格按钮可以将一个单元格分成两个或更多单元格。
（7）不换行：可以防止换行，从而使给定单元格中的所有文本都在一行上。
（8）标题：可以将所选的单元格格式设置为表格标题单元格。默认情况下，表格标题单元格的内容为粗体并且居中。

四、拆分及合并单元格

选定多个要合并的单元格，只有当单元格形成矩形或直线的块时才可以合并这些单元格，如图8-36所示。然后在展开的属性面板中选择合并单元格按钮 ，如图8-37所示。将表格的单元格合并。如果要分割单元格，选定要分割的一个单元格，用拆分单元格按钮 。

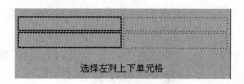

图8-36 选择多个单元格

第八章 网页制作工具软件——Dreamweaver

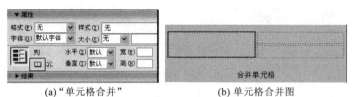

(a)"单元格合并"   (b) 单元格合并图

图 8-37   合并单元格的过程

五、利用表格布局复杂网页

表格是网页排版的灵魂，利用表格可以实现各种不同的布局方式，而且可以保证浏览器改变页面字体的大小时，保持页面布局不变。表格的网页定位主要通过将网页内容利用表格分成若干区域，然后将相应的内容填入对应的单元格内。如图 8-38 所示，利用表格制作的网页。

图 8-38   使用表格布局制作复杂网页

（1）页面头部主要包括 Logo，Banner 和导航条。Logo 是代表企事业单位形象的标志。Banner 通常是单位的一些宣传口号。导航条既是网页设计中的重要部分，又是整个网站设计中的一个较独立的部分。下面以图 8-38 为例，讲述如何插入 Logo、Banner 和导航条，具体操作如下。

① 创建一个空白文档，插入一个 3 行、1 列的表格，表格参数设置如图 8-39 所示。选中表格在属性面板中设置为居中对齐。

② 将光标置于第 1 行单元格中，插入一个 3 行、3 列的表格，表格参数设置如图 8-40 所示。

③ 将光标置于第 1 个单元格中单击"插入＞图像"命令，插入图片 zy1_01.gif。在单元格属性面板中，设置当前单元格宽度与图片宽度一致。

④ 将光标置于第 2 行、第 1 列单元格中单击"插入＞图像"命令，插入图片

223

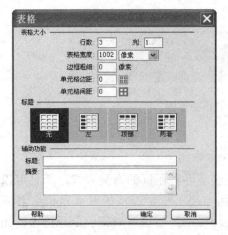 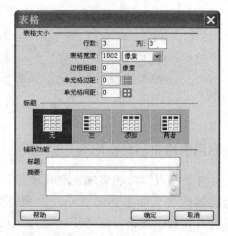

图 8-39　表格属性设置　　　　　图 8-40　表格属性设置

zy1_03.gif。

⑤ 将光标置于第 3 行、第 1 列单元格中单击"插入＞图像"命令，插入图片 zy1_05.gif。

⑥ 将光标置于第 1 行、第 2 列单元格中，单击鼠标右键，在弹出的快捷菜单中选择"编辑标签"命令，弹出如图 8-41 所示的窗口，在左侧窗口中选择"浏览器特定的"，单击右侧背景图像的浏览按钮，选择图片 zy1_02.gif。

图 8-41　单元格背景设置

⑦ 将光标置于第 1 行、第 2 列单元格中，与步骤⑥相同的方式设置背景。插入一个 1 行、3 列、宽度为 60% 的嵌套表格，每个单元格中分别输入文本"联系我们"、"设为首页"、"加入收藏"。

⑧ 用鼠标选中第 2 行、第 2 列和第 2 行、第 3 列单元格，单击属性面板上的合并按钮，将两个单元格合并为一个单元格。用与步骤⑥相同的方式将新单元格的背

景设置为 zy1_04.gif。在此单元格中输入导航栏，如图 8-42 所示。

图 8-42　导航栏设置

⑨ 合并第 3 行剩下的两个单元格，单击"插入＞媒体＞SWF"命令，插入 Flash 影片 banner.swf。最终效果如图 8-43 所示。

图 8-43　最终效果

（2）页面主体与页面底部的设计操作步骤可页面头部的设计操作，这里不再赘述。

第五节　框架

框架（Frame）和框架集（Frameset）是将浏览器窗口划分为称为"框架"的区域，用一种称为"框架集"的特殊结构，定义网页整体的布局，但并不提供实际内容。每个框架都显示具有独立内容的网页。框架集告诉浏览器开始时应加载哪些网页，以后超链接将根据用户的选择重新加载单个框架而不是全部框架。将屏幕分为若干区域，每个区域称为一个框架，各框架分别加载一个页面，即将屏幕分割成多个 HTML 页面，这些页面可以分别显示，互相控制。框架集不会在浏览器中显示，它只是用来存放页面中框架如何显示的信息。一个包括 n 个框架的网页，实际上是由 $n+1$ 个 HTML 文档组成，即 1 个框架集和 3 个包含在框架中显示的页面。使用框架集设计网页时，为了该网页功能在浏览器中正常工作，必须对这 $n+1$ 个页面都进行保存。

一、创建框架集

（1）创建一个空白网页，选择"插入＞HTML＞框架"，在级联菜单里选择"上方及左侧嵌套"选项，如图 8-44 所示。

（2）为每个框架命名后（或保留默认框架名），单击"确认"按钮即可创建一空白框架集页面，如图 8-45 所示。

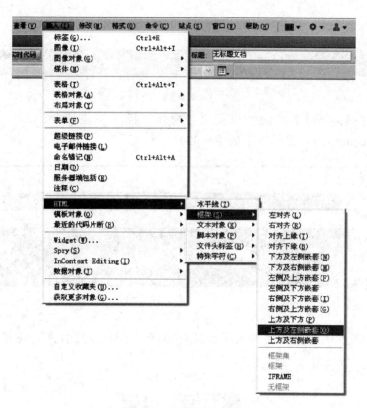

图 8-44 选择框架集图

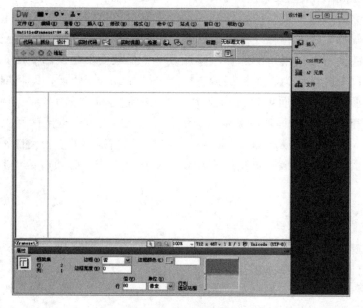

图 8-45 空白框架集

二、删除框架

把框架边框拖离页面或将其拖动至父框架的边框即可将其删除。

提示：如不显示框架边框，可选择"查看>可视化助理>框架边框"命令，以显示框架边框。

三、保存框架

（1）选择"文件>保存全部"命令，弹出"另存为"对话框。

（2）将框架集命名为 index.htm，上方框架命名为 top.htm，左侧框架命名为 left.htm，右侧框架命名为 right.htm。

四、框架属性

框架和框架集均为独立的 HTML 文档，要对框架和框架集进行修改，应该先选择进行更改的框架或框架集。

（1）选择"窗口>框架"命令，打开框架面板。

（2）选择"框架面板"中的上方框架，上方框架边框四周呈虚线显示，如图 8-46 所示。

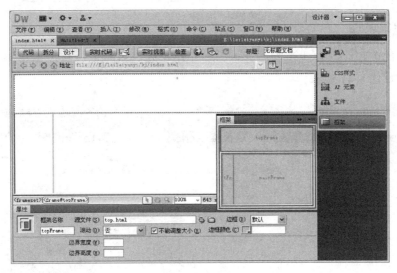

图 8-46　框架属性

此时的框架面板主要包括以下属性。

① 框架名称：为当前框架命名。注意：在这里输入的框架名，将被超链接和脚本引用。因此，命名框架必须符合以下要求：框架名应该是一个单词，允许使用下划线"_"，但不能使用横杠"-"、句号"."和空格。框架名应以字母开头，不要使用 JavaScript 的保留字（例如 top 或 navigator）。

② 源文件：用来指定在当前框架中打开的源文件(网页文件)。可以直接在输入域中输入文件名；或单击文件夹图标，浏览并选择一个文件；也可以把光标置于框架内，然后选择"文件＞在框架中打开"命令来打开一个文件。注意：除了可以在框架中打开已编辑好的网页，也可以在当前框架编辑网页。

③ 滚动：用来设置当没有足够的空间来显示当前框架的内容时是否显示滚动条。本项属性有4种选择："是"，显示滚动条；"否"，不显示滚动条；"自动"，当没有足够的空间来显示当前框架的内容时自动显示滚动条；"默认"，采用浏览器的默认值（大多数浏览器默认为Auto）。

④ 边框：决定当前框架是否显示边框，有是、否和默认3种选择。大多数浏览器默认为是，此项选择覆盖框架集的边框设置。注意：只有所有比邻的框架此项属性均设为否时（或父框架集设为否，本项设为默认），才能取消当前框架的边框。

⑤ 不能调整大小：选择此复选框，可防止用户浏览时拖动框架边框来调整当前框架的大小。

⑥ 边框颜色：设置与当前框架比邻的所有边框的颜色。此项选择覆盖框架集的边框颜色设置。

⑦ 边框宽度：设置以像素为单位的框架边框和内容之间的左右边距。

⑧ 边框高度：设置以像素为单位的框架边框和内容之间的上下边距。

五、框架集属性

在框架面板中，单击框架集边框，整个框架集被选中后，框架集边框四周呈虚线显示。如图8-47所示。

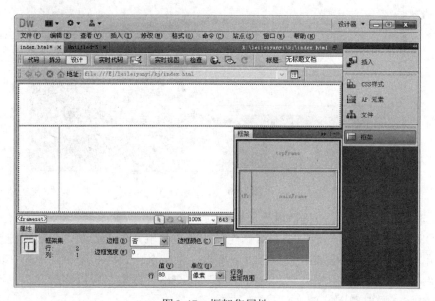

图8-47　框架集属性

框架集主要包括以下属性。

① 边框：弹出菜单中，设置当文档在浏览器中被浏览时是否显示框架边框。要显示边框，选择是；不显示边框，选择否；让用户的浏览器决定是否显示边框，选择默认。

② 边框颜色：输入颜色的十六进制值，或使用拾色器为边框选择颜色。

③ 边框宽度：输入一个数字以指定当前框架集的边框宽度。输入 0，指定无边框。

④ 要设置框架大小，在行（列）选择区中单击行选择标签选择行，或单击列选择标签选择列。然后，在值域输入一个数字，设置选定行或列的大小，并在单位弹出菜单上为值域中输入值设定量度单位。量度单位有 3 个选项。

a.像素：以像素数设置列宽度或行高度。这个选项对总是要保持一样大小的框架（如导航栏）是最好的选择。如果你为其他框架设置了不同的单位，这些框架的空间只能在以像素为单位的框架完全达到指定大小之后才分配。

b.百分数：当前框架行（或列）占所属框架集高度（或宽度）的百分数。设置以百分数为单位的框架行（或列）的空间分配在设置以像素为单位的框架行（或列）之后，在以相对为单位的框架行（或列）之前。

c.相对：当前框架行（或列）相对于其他行（或列）所占的比例。以相对为单位的框架行（或列）的空间分配在以像素和百分比为单位的框架行（或列）之后，但它们占据浏览器窗口所有的剩余空间。

六、实例操作

使用框架设置如图 8-48 所示的页面。

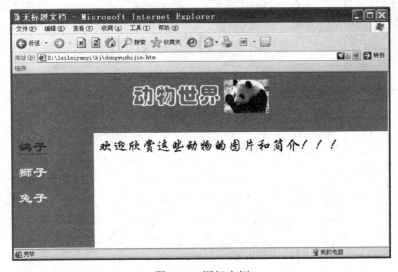

图 8-48　框架实例

（1）创建一个"上方及左侧嵌套"的框架集，并保存。

（2）鼠标在顶部框架任意位置单击，选择"修改＞页面属性"命令，打开页面属性面板，单击背景颜色，设置背景颜色为#D6D6D6。输入文本及插入图片。

（3）鼠标在左侧框架任意位置单击，设置背景颜色及输入文字。

（4）在框架面板中选则右侧框架，单击属性面板上源文件右侧的"浏览文件"按钮，在"选择HTML文件"对话框中选择dongwushijieq.htm。

（5）创建链接：选中左侧框架中的文本"鸽子"，建立与gezi.htm文件的超级链接。要在右侧窗口中显示gezi.htm页面，需要设置链接目标，在链接目标下拉列表中，选择mainFrame。单击鸽子文本链接后，显示效果如图8-49所示。

（6）重复应用步骤（5）建立狮子、兔子的链接。

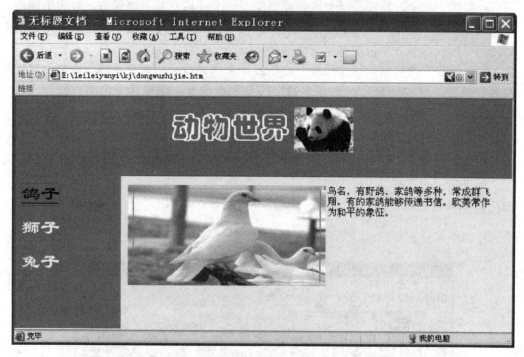

图8-49 链接文件

小结

本章主要介绍了网页设计与制作技术，详细介绍了网页各要素的处理方法，包括网页中文本、表格、图像、超链接、框架、多媒体的处理方法。最后结合每节的内容给出相应的网页制作实训案例，方便读者进行实训练习，便于读者更好地掌握网页制作技术。

习题

1. 在Dreamweaver中，如何插入文本？
2. 常用的链接有哪些？分别是什么？如何操作？
3. 简述框架与框架集的文件结构及各自的作用。
4. 结合本章所学内容，选择一个你感兴趣的主题，制作一个个人网站。

参考文献

[1] 崔银河．广告媒体研究．北京：中国传媒大学出版社，2008．
[2] 陈培爱，覃胜南．广告媒体教程．北京：北京大学出版社，2005．
[3] 林升梁．网络广告原理与实务．厦门：厦门大学出版社，2009．
[4] 魏超．网络广告，石家庄：河北人民出版社，2000．
[5] 屠忠俊．网络广告教程．北京：北京大学出版社，2004．
[6] 陈念群．数字媒体创意艺术．北京：中国广播电视出版社，2006．
[7] 张建军．网络广告实务．南京：东南大学出版社，2002．
[8] 卢小雁．市场精灵：网络传播与广告．上海：复旦大学出版社，2001．
[9] 杨坚争等．网络广告学．北京：电子工业出版社，2002．
[10] 陈孟建．网络营销与策划．北京：电子工业出版社，2002．
[11] 彭宗勒．Photoshop CS3 入门与实战．北京：电子工业出版社，2007．
[12] 唐有名，张春蓉等．网页设计与制作（CS4中文版）从新手到高手．北京：清华大学出版社，2010．
[13] 王传华，段青玲，马钦．网页设计与制作技术教程．第二版．北京：清华大学出版社，2007．
[14]《Flash动画制作实用教程》丛书编委会．Flash动画制作实用教程．北京：中国电力出版社，2008．
[15] 文丰科技．中文Flash 8动画制作教程与上机实训．北京：机械工业出版社，2008．
[16] 陈思羽．新媒体广告：盛装入宴时的冷思考．视听界，2009（4）．
[17] 熊雁，王明伟．网络广告．现代传播，1998（3）．
[18] 中国互联网络信息中心（CNNIC）．27次互联网发展状况统计报告．